$2\Phi(\frac{1}{2})-1$            $2\bar{X}$

$P(Y=0)=0.\overset{2}{5}+0.15=0.35$

$Y=X^2+1$ 的分布律.

| Y | 1 | 3 | 9 | 17 |
|---|---|---|---|---|
| P | 0.15 | 0.45 | 0.3 | 0.1 |

$E(Y)=1\times0.15+3\times0.45+9\times0.3+17\times0.1=5.9$.

| Y | 1 | 2 | 3 |   |
|---|---|---|---|---|
| $P_j$ | 0.35 | 0.3 | 0.35 | |

"十四五"职业教育国家规划教材

数字商贸"岗课赛证"融通新形态一体化教材
电子商务数据分析1+X证书制度系列教材

新目录
新专标

高等职业教育商科类专业群
电子商务类专业新目录·新专标配套教材

# 电子商务数据分析概论

## （第二版）

主编　北京博导前程信息技术股份有限公司

中国教育出版传媒集团
高等教育出版社·北京

## 内容提要

本书是"十四五"职业教育国家规划教材、数字商贸"岗课赛证"融通新形态一体化教材、电子商务数据分析1+X证书制度系列教材之一，也是高等职业教育商科类专业群电子商务类专业新目录·新专标配套教材，针对《电子商务数据分析职业技能等级标准》（中级）设计内容，同时配套开发中级实践教材。

本书共包括六个模块，即电子商务数据化运营概述、数据采集与处理方案的制定、市场数据分析、运营数据分析、产品数据分析、数据监控与数据分析报告撰写。本次修订为体现"岗课赛证"融通的特色，新增了"1+X考证提要"和"竞赛直达"栏目；为体现数字经济时代特色和育人要求，新增了"数据赋能"和"法治导航"栏目，使内容更加符合数字经济和职业教育新时代的新要求。

本书既可作为高等职业教育专科、本科院校、应用型本科院校和中职院校电子商务类、物流类、工商管理类、经济贸易类等专业的教材，又可作为电子商务数据分析培训教材，还可作为电子商务运营、数据分析从业人员的自学用书。

与本书配套的"电子商务数据分析概论"在线开放课程建设了微课、PPT课件、习题答案、源数据等类型丰富的数字化教学资源，精选其中具有典型性、实用性的优质资源在教材中以二维码方式标注，供读者即扫即用。其他资源服务见"郑重声明"页资源服务提示。

### 图书在版编目（ＣＩＰ）数据

电子商务数据分析概论 / 北京博导前程信息技术股份有限公司主编. -- 2版. -- 北京 : 高等教育出版社，2023.1

ISBN 978-7-04-059465-2

Ⅰ. ①电⋯　Ⅱ. ①北⋯　Ⅲ. ①电子商务－数据处理－高等职业教育－教材　Ⅳ. ①F713.36 ②TP274

中国版本图书馆CIP数据核字(2022)第184632号

电子商务数据分析概论（第二版）
DIANZI SHANGWU SHUJU FENXI GAILUN

| | | | | | | | |
|---|---|---|---|---|---|---|---|
| 策划编辑 | 康　蓉 | 责任编辑 | 康　蓉 | 封面设计 | 李树龙 | 版式设计 | 杜微言 |
| 责任绘图 | 杨伟露 | 责任校对 | 窦丽娜 | 责任印制 | 朱　琦 | | |

| | | | |
|---|---|---|---|
| 出版发行 | 高等教育出版社 | 网　　址 | http://www.hep.edu.cn |
| 社　　址 | 北京市西城区德外大街 4 号 | | http://www.hep.com.cn |
| 邮政编码 | 100120 | 网上订购 | http://www.hepmall.com.cn |
| 印　　刷 | 北京宏伟双华印刷有限公司 | | http://www.hepmall.com |
| 开　　本 | 787mm×1092mm 1/16 | | http://www.hepmall.cn |
| 印　　张 | 19 | | |
| 字　　数 | 330 千字 | 版　　次 | 2019 年 11 月第 1 版 |
| 插　　页 | 1 | | 2023 年 1 月第 2 版 |
| 购书热线 | 010-58581118 | 印　　次 | 2023 年 12 月第 3 次印刷 |
| 咨询电话 | 400-810-0598 | 定　　价 | 54.80 元 |

# 总　序

随着数字经济与各领域的融合发展，数据已成为全球经济社会所关注的焦点。2019 年 10 月，党的十九届四中全会明确将数据作为一种生产要素。2020 年 4 月，中共中央、国务院印发《关于构建更加完善的要素市场化配置体制机制的意见》提出要加快培育数据要素市场，推进政府数据开放共享，提升社会数据资源价值，加强数据资源整合和安全保护。这对于推动我国数字经济发展具有重要意义。2021 年 12 月，国务院印发的《"十四五"数字经济发展规划》在推动我国数字经济健康发展的保障措施中提出，提升全民数字素养和技能。当前企业已经意识到数据的重要性，纷纷成立数据分析部门，电子商务应用企业、服务企业一致认为需要设置电子商务数据分析专职岗位，提升利用数据进行决策的能力。2022 年 10 月，党的二十大报告指出："加快发展数字经济，促进数字经济和实体经济深度融合，打造具有国际竞争力的数字产业集群。"2023 年 3 月，中共中央、国务院印发了《国务院机构改革方案》，明确提出了要组建国家数据局，负责协调推进数据基础制度建设，统筹数据资源整合共享和开发利用，统筹推动数字中国、数字经济、数字社会规划和建设等职能。

作为数字经济最活跃、最重要的支撑领域，电子商务行业保持持续增长，在创造大量就业机会的同时，也存在着巨大的人才缺口。数据分析分布于电子商务企业商品采购、视觉设计、网店销售、营销推广、客户服务、物流管理等全链条岗位中，成为电子商务企业各工作岗位必备的核心能力。企业需要大量知识与技能结构完整、能力与要求高度匹配、方法与技能应用灵活的高素质、高技能复合型电子商务数据分析专业人才。巨大的人才缺口使电子商务数据分析人才的培养和教育成为一个亟待解决的问题。

2019 年 1 月，国务院印发的《国家职业教育改革实施方案》（简称"职教 20 条"）明确提出：从 2019 年开始，在职业院校、应用型本科高校启动"学历证书 + 若干职业技能等级证书"制度试点（以下称 1+X 证书制度试点）。2019 年 4 月，教育部等四部门印发了《关于在院校实施"学历证书＋若干职业技能等级证书"制度试点方案》的通知，部署启动 1+X 证书制度试点工作。《关于确认参与 1+X 证书制度试点的第二批职业教育培训评价组织及职业技能等级证书的通知》确定北京博导前程信息技术股份有限公司（简称"博导股份"）入围职业教育培训评价组织，其开发的电子商务数据分析职业技能等级证书入围第二批职业技能等级证书。

在数字经济大发展和 1+X 证书制度试点的大背景下，博导股份对相关企业和院校进行了大量调研，发现企业越来越重视电子商务数据分析，对业务精通、技能娴熟的高素质复合型电子商务数据分析人才需求旺盛，同时对招聘的人才投入了大量培训成本；但院校的电子商务数据分析职业技能人才培养与行业企业需求匹配度不高，不能满足行业、企业对人才的要求。为落实教育部对"X"证书是"1"的"强化、补充、拓展"的精神，博导股份以"精、深、新"为设计理念，与行业、企业及院校专家一起设计了"电子商务数据分析职业技能等级证书"。

该证书在研究院校相关专业课程内容的基础上，在注重强化基础技能的前提下，围绕企业实际工作应用场景，拓展技能范围，提高技能水平，做深技能内涵。为了保证电子商务数据分析职业技能等级证书培训在院校有序开展，提高培训质量和效果，博导股份组建了专门的教材编写团队，开发了电子商务数据分析 1+X 证书制度系列教材。本系列教材共 6 本，包括对应《电子商务数据分析职业技能等级标准》（初级）的《电子商务数据分析基础》和《电子商务数据分析实践（初级）》；对应《电子商务数据分析职业技能等级标准》（中级）的《电子商务数据分析概论》和《电子商务数据分析实践（中级）》；对应《电子商务数据分析职业技能等级标准》（高级）的《电子商务数据分析导论》和《电子商务数据分析实践（高级）》。

系列教材自出版以来，深得全国多所院校师生、企业员工、社会人员的普遍欢迎和认可，在获得了众多高度评价的同时也得到了许多宝贵建议。

本次修订在第一版的基础上，落实立德树人根本任务，依据《职业教育专业目录（2021 年）》和《职业教育专业简介（2022 年修订）》的要求，进一步强化"岗课赛证"融通特色、数字经济时代特色和职业教育育人特色，对系列教材中的案例、数据进行了更新，引入电子商务数据分析行业发展的新技术、新方法、新规范、新标准，保持知识体系的应用性、先进性、创新性，契合电子商务数据分析的快速发展。

百尺竿头，更进一步，一套好的教材需要长期不懈的打磨和提升。感谢使用本系列教材的院校师生、企业员工、社会人员，为本系列教材的修订提出了宝贵的意见和建议。本次修订得到了阿里巴巴、宝尊电商、网易考拉、有赞科技等企业，苏州经贸职业技术学院、杭州职业技术学院、武汉职业技术学院、北京信息职业技术学院、北京市商业学校等院校以及高等教育出版社的大力支持，在此一并表示衷心感谢。

1+X 证书制度试点、电子商务数据分析职业技能等级标准、电子商务数据分析 1+X 证书制度系列教材都是新生事物，会在实践发展中不断完善，博导股份将努力做好 1+X 证书培训支撑工作，帮助院校培养出行业、企业需要的电子商务数据分析人才。

电子商务数据分析职业技能等级证书项目建设委员会

2023 年 6 月

# 第二版前言

2021年12月，教育部办公厅印发的《"十四五"职业教育规划教材建设实施方案》的通知指出：开展"岗课赛证"融通教材建设，结合订单培养、学徒制、1+X证书制度等，将岗位技能要求、职业技能竞赛、职业技能等级证书标准有关内容有机融入教材。

由北京博导前程信息技术股份有限公司主编的电子商务数据分析1+X证书制度系列教材作为"十四五"职业教育国家规划教材，自2019年出版以来，不仅极大地推动了电子商务数据分析职业技能等级证书试点的落地实施，而且已经广泛地进入课堂，受到广大院校的高度认可。

本次修订以《"十四五"职业教育规划教材建设实施方案》《职业院校教材管理办法》《高等学校课程思政建设指导纲要》《职业教育专业目录（2021年）》《职业教育专业简介（2022年修订）》《电子商务数据分析职业技能等级标准》为指导，落实立德树人根本任务，及时反映产业升级和技术变革，进一步强化"岗课赛证"融通特色、数字经济时代特色和职业教育育人特色。

本书依据《电子商务数据分析职业技能等级标准》（中级），体现以下鲜明特色：

## 1. 落实立德树人根本任务，寓价值观引导于知识传授和能力培养中

党的二十大报告指出："育人的根本在于立德。全面贯彻党的教育方针，落实立德树人根本任务，培养德智体美劳全面发展的社会主义建设者和接班人。"本书以习近平新时代中国特色社会主义思想为指导，贯彻党的二十大精神，坚持正确的政治方向和价值取向，引导学生树立正确的世界观、人生观和价值观。本书通过模块前设置知识目标、技能目标、素养目标三维学习目标，文中设置体现党的二十大精神的"数据赋能""法治导航"等栏目，课后职业技能训练中融入课程思政考核，来系统体现教材的育人功能。

## 2. 体现"岗课赛证"融通特色

党的二十大报告指出："统筹职业教育、高等教育、继续教育协同创新，推进职普融通、产教融合、科教融汇，优化职业教育类型定位。"本书严格遵循电子商务数据分析职业技能等级证书的要求，结合专业教学标准，科学合理地优化教学内容体系。新增了"1+X 考证提要""竞赛直达"栏目，充分融入电子商务数据分析相关行业竞赛和考证内容，将赛证成果转化为教学资源，形成教学、岗位、标准、比赛"四对接""四融通"。

## 3. 紧扣行业发展，体现与时俱进

本书对接电子商务数据分析岗位，紧扣行业最新发展，引入电子商务数据分析行业发展的新技术、新方法、新规范、新标准，设置"数据赋能"栏目，以最新的数据分析案例为切入点，通过更新实训场景、实训案例、行业数据，保持内容的与时俱进，实现教学内容与职业岗位的无缝对接。

## 4. 丰富数字化资源，实现线上线下教学融合

本书升级了在线开放课程，同步更新了微课、课件、习题答案等数字化教学资源。通过在线开放课程平台和视频资源，不断更新、扩充相关知识、技能，使教材的数字化教学资源更丰富。

本次修订得到了电子商务数据分析职业技能等级证书项目建设委员会、高等教育出版社、电子商务相关企业和高职相关院校的大力支持和帮助，在此一并表示感谢。由于电商行业的发展日新月异，加之编者水平及时间有限，书中难免存在不当之处，恳请广大读者批评指正并提出宝贵意见，以使本书日臻完善。

北京博导前程信息技术股份有限公司

2023 年 6 月

# 第一版前言

2019 年 4 月，教育部等四部门印发了《关于在院校实施"学历证书＋若干职业技能等级证书"制度试点方案》的通知，部署启动 1＋X 证书制度试点工作。1＋X 证书制度试点是"职教 20 条"的重要改革部署，也是重大创新。

2019 年 1 月 1 日起实施的《中华人民共和国电子商务法》标志着我国电子商务走向成熟。在电子商务领域，商务数据蕴藏着巨大的商机，通过对商务数据进行专业而深入的分析，可以挖掘企业内在的商业价值，发现新的商机，电子商务数据分析已是电子商务从业人员不可或缺的一项重要技能。

北京博导前程信息技术股份有限公司依据教育部《职业技能等级标准开发指南》的相关要求，以客观反映现阶段行业水平和对从业人员的要求为目标，在遵循电子商务数据分析相关技术规程的基础上，以专业活动为导向，以专业技能为核心，组织企业院校专家联合开发了《电子商务数据分析职业技能等级标准》，并在此基础上开发电子商务数据分析 1＋X 证书制度系列教材。

《电子商务数据分析概论》和《电子商务数据分析实践（中级）》依据《电子商务数据分析职业技能等级标准》（中级）编写，通过本书的学习，使读者对电子商务数据分析在实际运营过程中的作用、价值、意义形成更系统、更清晰的认识。

本书具有以下特点：

**1. 课证融合，科学构建知识体系，实现《电子商务数据分析职业技能等级标准》与专业教学标准的双覆盖**

严格遵循电子商务数据分析职业技能等级证书的要求，结合《电子商务数据分析职业技能等级标准》和专业教学标准，由企业与院校共同组成的团队多次研讨、论证，确定核心知识技能体系，形成了从标准到培训的教材体系和内容。

**2. 探索课程思政特色的实现，落实立德树人根本任务**

本书以习近平新时代中国特色社会主义思想为指导，坚持正确的政治方向和价值取向，通过知识目标、能力目标、素养目标三维学习目标的构建，"素养园地"栏目的开发，课后引入思政考核等措施，系统实现知识体系与价值体系的双规并建，充分体现社会主义核心价值观的内涵。

### 3. 以案例为驱动，以职业活动为导向，实现教学做一体化目标

本书将新技术、新知识、新产品、新工艺以案例形式引入教学，以案例为驱动实现边操作边学习，以职业活动为导向设计框架和内容。同时，教材设置了引导案例、想一想、知识链接、实训专区、敲重点等栏目，以及课后的职业技能训练，实现了教学做一体化目标。

### 4. 建设数字化教学资源，实现线上线下融合的"互联网+"新形态一体化教材

本书建设了在线开放课程，同步开发了微课、课件、习题答案等类型丰富的数字化教学资源，扫描教材边白处的二维码，即可获取重要知识点、技能点对应的优质教学资源。

本书在电子商务数据分析职业技能等级证书项目建设委员会的指导下，由北京博导前程信息技术股份有限公司主持编写，由北京信息职业技术学院陈悦团队审稿。高等教育出版社康蓉为本书的出版做了大量的组织管理工作。本书的编写还得到了很多一线企业运营人员、院校专业人士的大力支持和帮助，在此一并表示感谢。由于时间及编者水平所限，书中难免存在不当之处，恳请广大读者批评指正并提出宝贵意见，以使本书日臻完善。

北京博导前程信息技术股份有限公司

2019 年 10 月 1 日

# 目　录

**模块一　电子商务数据化运营概述** / 1

　　单元一　电子商务运营认知 / 3

　　单元二　电子商务数据化运营认知 / 10

**模块二　数据采集与处理方案的制定** / 21

　　单元一　数据分析目标制定 / 23

　　单元二　数据分析指标制定 / 27

　　单元三　数据采集渠道及工具选择 / 30

　　单元四　数据采集与处理的方案构成

　　　　　　及常用表格 / 34

**模块三　市场数据分析** / 45

　　单元一　市场数据分析认知 / 47

　　单元二　行业数据分析 / 49

　　单元三　竞争数据分析 / 66

**模块四　运营数据分析** / 85

　　单元一　运营数据分析认知 / 87

　　单元二　客户数据分析 / 91

　　单元三　推广数据分析 / 123

　　单元四　销售数据分析 / 164

　　单元五　供应链数据分析 / 191

**模块五　产品数据分析** / 215

　　单元一　产品数据分析认知 / 217

　　单元二　产品行业数据分析 / 221

　　单元三　产品能力数据分析 / 227

**模块六　数据监控与数据分析报告撰写** / 245

　　单元一　数据监控 / 247

　　单元二　数据分析报告 / 274

**参考文献** / 289

# 电子商务数据化运营概述

## 学习目标

### 知识目标

◆ 了解电子商务运营的概念及基本内容

◆ 了解电子商务数据化运营的含义

◆ 熟悉电子商务企业组织结构及各部门的职责

### 技能目标

◆ 能够理解电子商务运营的业务流程

◆ 能够掌握电子商务数据化运营的工作流程

### 素养目标

◆ 具备较强的理解能力和实践能力，能够根据不同的运营目标搭建有效的数据指标体系

◆ 熟悉《中华人民共和国电子商务法》《中华人民共和国广告法》，在企业运营过程中能够严格遵守相关法律法规

◆ 能够在电子商务数据化运营过程中坚持科学的价值观，养成正确的道德观

## 思维导图

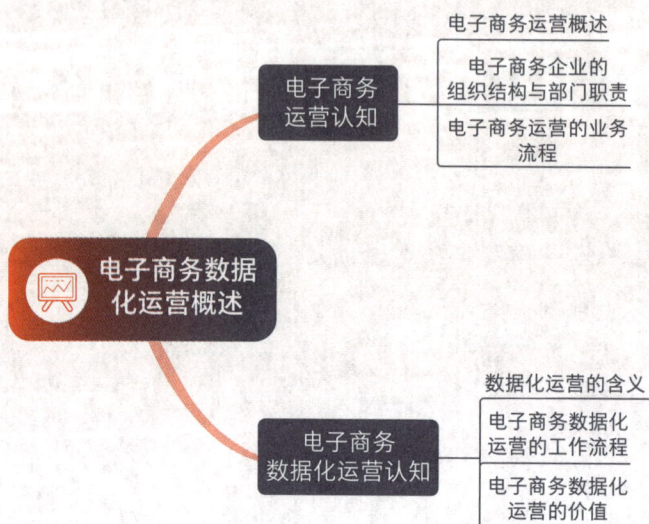

- 电子商务运营认知
  - 电子商务运营概述
  - 电子商务企业的组织结构与部门职责
  - 电子商务运营的业务流程

电子商务数据化运营概述

- 电子商务数据化运营认知
  - 数据化运营的含义
  - 电子商务数据化运营的工作流程
  - 电子商务数据化运营的价值

## 学习计划

- 知识学习计划

_____

_____

- 技能训练计划

_____

_____

- 素养提升计划

_____

_____

_____

# 单元一  电子商务运营认知

## 引导案例

企业作为特定的社会经济组织，有一个完善并且根据实际情况不断调整更新的目标体系，是其存在和发展的前提。根据实际情况的变化不断调整更新的目标体系，是企业把更多的人吸引和稳定在这个特定的社会组织之中的根本保障，也是企业向社会提供的一个共同约定的框架。

党的二十大报告指出："坚持高水平对外开放，加快建构以国内大循环为主体、国内国际双循环相互促进的新发展格局。"在经济全球化背景下，越来越多的中国企业在国际市场上参与竞争。而面对越来越庞大的经营规模，企业如何构建一个良好的组织结构，使得每个成员都能尽可能发挥自己的才华，成为企业不得不认真研究的问题。

某企业以生产传统工艺品为主，伴随着我国对外开放政策的深化，逐渐发展壮大起来。销售额和出口额近十年来平均增长 15% 以上。员工也由原来的不足 200 人增加到了 2 000 多人。但是，企业还是采用过去的类似直线型的组织结构，企业一把手王厂长既管销售，又管生产，是一个多面全能型的管理者。

最近企业发生了一些事情，让王厂长难以应对。其一，生产基本是按订单生产，由厂长传达生产指令。碰到交货紧的情况，往往是厂长带头，和员工一起挑灯夜战。虽然按时交货，但质量不过关，产品多次被退回，并被要求索赔。其二，以前企业招聘人员少，所以王厂长一人就可以做决定。现在每年要招收大中专毕业生近 50 人，还涉及人员培训等，以前的做法就不行了。其三，过去总是王厂长临时派人去做后勤等工作，现在这方面工作太多，临时派人去做，已经做不了、也做不好了。凡此种种，以前有效的管理方法已经失去作用了。

结合案例，思考并回答以下问题：

（1）请从组织工作的角度，说明该企业存在的问题，并提出建议和措施？

（2）请思考企业组织结构以及各部门的管理对企业运营的意义？

# 一、电子商务运营概述

## 1. 电子商务与电子商务运营的含义

电子商务是指在互联网开放的网络环境下，基于浏览器或服务器应用方式，在买卖双方不见面的情况下进行的各种商贸活动，从而实现消费者的网上购物、企业间的网上交易和在线电子支付，以及完成各种商务活动、交易活动、金融活动和相关综合服务活动的一种新型商业运营模式。

运营是指对运营过程的计划、组织、实施和控制，是与产品生产和服务密切相关的各项管理工作的总称。对于传统企业来讲，运营涵盖的内容以及运营经理的职责主要包括 7 个方面：产品研发、制造和生产、供应链管理、质量管理、销售和营销、资金管理、人力资源管理。

电子商务运营与企业运营存在相似之处，包括调研、产品定位、运营策划、产品管控、数据分析、营销与推广等。但其执行对象有别于实体产品，电子商务运营的对象是根据企业需要开发设计的电子商务平台的所有附属推广产品。从广义上看，电子商务运营是一个很大的范畴，是指一切与企业电子商务运营相关活动的总称，包括平台建设、技术、美工、市场、销售、内容建设等，甚至包括企业电子商务战略、物流建设等；从狭义上看，企业电子商务平台的运营是独立于技术、销售、市场、物流等工作内容而存在的。

## 2. 电子商务运营的基本内容

电子商务运营的基本内容如下：

（1）店铺运营。店铺运营包括基本的开店操作、店铺装修、店铺管理、营销推广、产品更新、订单处理等工作内容，任何一个环节都关系到店铺最终的运营效果。

（2）产品运营。产品运营是店铺中产品的包装、上下架、价格定位、补货出货等工作内容，其中还涉及产品的包装文案等内容运营的工作，也有线下渠道和物流合作等。

（3）流量运营。流量运营是电子商务运营的核心工作。流量运营一般有三种形式：凭借电商平台内部渠道规则，通过店铺免费优化提升自己的展示排名；通过平台内部竞价机制排名，获取更多的流量，属于付费推广形式；通过平台外部推广，例如社群推广、第三方分销平台等。

（4）活动运营。活动运营是一种刺激产品销售以及吸引流量的形式，在天猫、京东的"双11""618"等大型电商活动过程中，很多店铺也会推出自己的活动。无论是大型活动还是小型活动，都属于活动运营，一般活动运营有秒杀活动、打折活动、发放优惠券等形式。

此外，客户服务、数据统计等也是电商运营的一部分，当然它们也可以单独成为一个岗位。从具体工作内容上，还可以将电商运营的主要工作分为产品包装文案、运营编辑、图文设计、视频制作、活动策划、在线宣传推广及日常运营等。

## 二、电子商务企业的组织结构与部门职责

电子商务企业的组织结构完全不同于传统企业的组织结构，是以互联网为核心的信息通信技术高速发展而产生的一种新型企业组织结构。

### 1. 电子商务企业的组织结构

组织结构（Organizational Structure）概括地讲是指企业、组织或团队的整体结构形式。具体是指企业、组织或团队在管理要求、管控定位、管理模式及业务需求等多因素影响下，根据内部资源、业务流程等形成的职能部门。

电子商务企业要想长久发展，在激烈的竞争中站稳脚跟，首先必须有一个与企业发展相符合的组织结构。传统企业中常见的组织结构形式有中央集权制、分权制、直线式和矩阵式等，但电子商务企业则简化了许多，以直线式和矩阵式为主。

（1）直线式组织结构。深圳某电商品牌专注于大码女装行业，2015年成立，经过多年发展，年销售额过千万元。然而，其团队组织结构非常简单，只有5个部门，采用直线式组织结构，如图1-1所示。

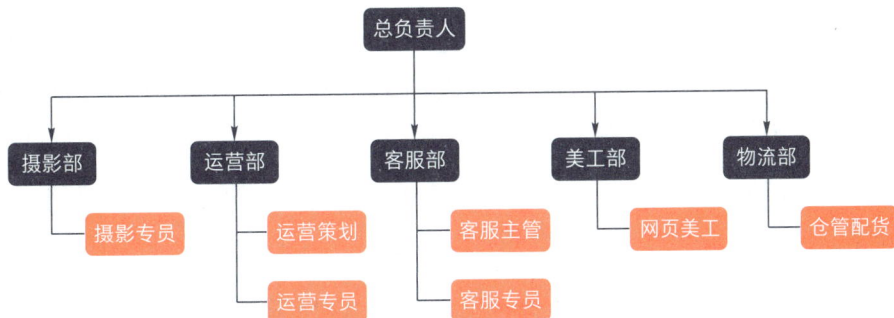

图1-1 直线式组织结构

直线式组织结构是最简单、最基础的组织形式。它的优点是结构简单，统一指挥，部门之间分工明确；缺点是若组织规模较大，一人承担所有管理职能会执行困难，并且不同部门之间的协调性比较差。

（2）矩阵式组织结构。传统企业在电商化过程中往往会设置独立的电商团队，但在组织结构上带有严重的传统色彩，即带有集权和分权的色彩。不过，在电子商务团队中，这种色彩被大大淡化了，只保留了模式。矩阵式组织结构以某生产型企业的电子商务团队为例，如图 1-2 所示。

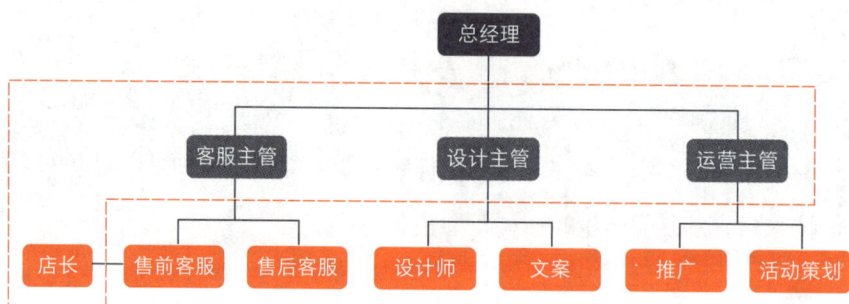

图 1-2　矩阵式组织结构

从图 1-2 中可以看出，该企业的电商团队大致可分为三层：最高层是最高负责人——总经理；中间层是与高层有直接隶属管理关系的部门主管；最基层是团队员工，直接对部门主管负责。

矩阵式组织结构的优点在于灵活性和适应性较强，部门之间协调性较好，可相互支持。其缺点在于双重领导，若发生意见不一致，可能导致工作难以展开；资源分配与项目优先的问题产生冲突，管理成本增加；难以监测和控制。

在很多传统企业中，电子商务工作仅仅是市场部的一个分支，或几个人搭建的小型部门，企业对电子商务的认识还停留在开个网店、搭建网上商城的阶段，对电商运营没有提供必要的组织保障。事实上，企业首先要从宏观上认识并且理解电子商务线上业务的模式、规模、影响力，以及未来明确向上的趋势和巨大的潜力，并从电商渠道、品牌、产品、服务、人才等方面综合考虑公司未来电商的发展方向和基础组织结构，这样才可能把电商业务真正做成熟、做长久。趋于成熟的电商企业组织结构如图 1-3 所示。

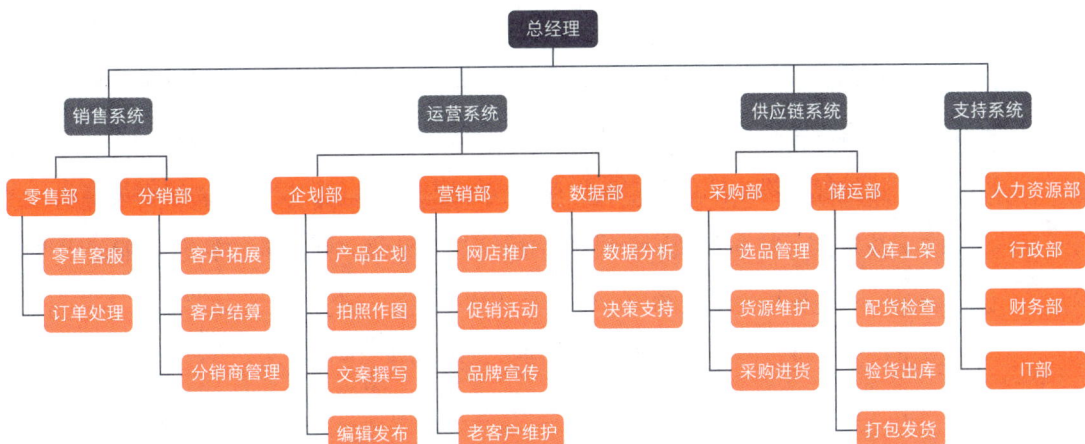

图 1-3　趋于成熟的电商企业组织结构

在选择组织结构时，先要确定企业类型，再结合企业的实际需求和现状设置分部门。值得注意的是，一个电商团队的组织结构无论选择哪种方式，设置什么样的部门，其核心框架都不能变。这就像盖房子，虽然里面的格局会有所差异，但几个重要的要素不可或缺，例如基石、承重墙、大梁等。

### 2. 电子商务企业的部门职责

大部分人一提到电商运营，想到的都是运营网店，事实上，淘宝和京东都不等于电商。电子商务运营是分角色的，电子商务企业中有不同的电商运营职责细分，工作要求也不一样。同时，数据信息传递在企业的决策制定及日常运作维持中起到重要作用，数据信息传递效率的高低，直接影响组织的效率。因此，每个岗位都应该制定标准，进行科学、精细的管理。

（1）市场部。市场部负责市场营销、推广工作，包括以各种方式或途径提高网站的声誉和网站访问的流量，并确保订单转化率。

（2）运营部。运营部负责团队内部资源由上到下地整合、计划、组织，跟进团队的运营事务，掌控全局，综合统筹，把控团队方向。

（3）推广部。推广部通过微博、微信公众号、短视频等工具对产品信息进行宣传推广，以提高网站的访问量；通过其他网络方式进行产品推广。根据流量指标，通过直通车、钻展活动等手段，提高店铺流量，在增强营销效果的同时降低费用。

（4）营销部。营销部负责项目推广定位和主题策划设计工作。如通过自身的主题式营销再结合运营活动，改善买家的购物体验，同时增强营销效果，提高店铺转化率。

（5）销售部。销售部直接面对消费者，需以良好的服务态度和专业的销售技巧，寻找和满足消费者的需求点，并提供良好的售后服务和顾客体验。

（6）物流部。物流部负责管理库存，安排配货、打包、发货等物流相关事项。

（7）技术部。技术部负责企业网站程序功能升级，开发新的特色功能；定期设计活动促销网页与相关促销图片；根据搜索引擎状况与企业网络推广需要，进行搜索引擎优化；每天进行产品信息的采集、产品或新闻信息的发布等。

（8）人力资源部。人力资源部主要负责人力规划、招聘、薪资、培训、绩效等各方面的工作。

（9）行政部。行政部主要负责办公设备、办公用品的采购和管理，活动组织，车辆管理等各种繁杂事务。

（10）客服部。客服部主要负责后台的订单审批、到账确认、订单追踪、积分处理、退货处理、退款处理，以及前台的客户投诉和咨询处理。

（11）商品部。商品部负责商品的规划、销售预测、招商、基础数据处理等工作。商品部更多关注商品、商品供应商以及销售前端的工作。

总而言之，不论是在企业的哪个部门工作，各部门之间关系处理得融洽与否，都会直接影响企业的运转效率。因此，部门之间关系的处理需要不断加强，努力打破现有的解决某一个点或是局部问题的思路，立足长远，解决整体性的问题。

# 三、电子商务运营的业务流程

动画：电商
运营流程及
团队分工

电子商务运营是以成交为导向的。运营在整个电商中占据着不可或缺的重要地位。电子商务运营的业务流程由四个部分组成：营销流程、订单流程、交易流程和售后服务流程，如图 1-4 所示。

> **想一想**
>
> 结合上述内容，想一想企业如何做好电子商务运营？

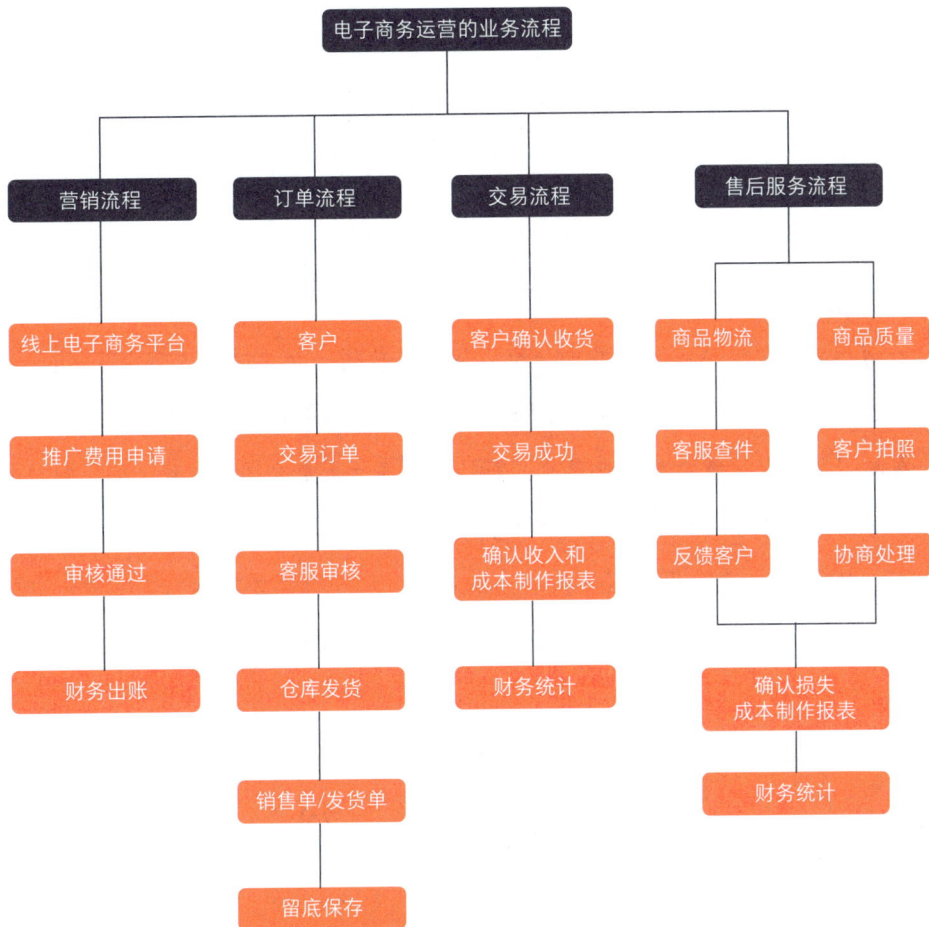

图1-4 电子商务运营的业务流程图

---

**本单元需重点理解与掌握的内容**

（1）电子商务与电子商务运营的含义。

（2）电子商务企业的组织结构与部门职责。

（3）电子商务运营的业务流程：营销流程、订单流程、交易流程、售后服务流程。

# 单元二　电子商务数据化运营认知

## 引导案例

所谓运营就是精细化进行数据分析。掌握了数据，就掌握了运营的节奏。同样，电子商务数据化运营也需要围绕指标进行数据收集、整理、分析等一系列操作。因此，在学习数据化运营的具体步骤前，需要先明确什么是数据化运营，在了解数据化运营之后，再根据数据化运营的流程展开相应操作。

某网店运营人员采集了店铺某款商品在 14 天内的销售数据，如表 1-1 所示。通过表 1-1 可以看到每天的访客数、支付买家数、交易金额、支付转化率、客单价，以及 UV 价值[①]。

表 1-1　网店商品 14 天销售数据情况

| 序号 | 日期 | 访客数/个 | 支付买家数/个 | 交易金额/元 | 支付转化率/% | 客单价/元 | UV 价值 |
|------|------|-----------|----------------|--------------|----------------|-----------|---------|
| 1 | 7 月 9 日 | 41 | 7 | 770 | 17.07 | 110 | 18.78 |
| 2 | 7 月 10 日 | 33 | 6 | 2 240 | 18.18 | 373.33 | 67.88 |
| 3 | 7 月 11 日 | 24 | 4 | 1 340 | 16.67 | 335 | 55.83 |
| 4 | 7 月 12 日 | 42 | 3 | 1 760 | 7.14 | 586.67 | 41.9 |
| 5 | 7 月 13 日 | 28 | 4 | 2 459 | 14.29 | 614.94 | 87.82 |
| 6 | 7 月 14 日 | 111 | 10 | 11 510 | 9.01 | 1 151.00 | 103.69 |
| 7 | 7 月 15 日 | 120 | 15 | 13 610 | 12.50 | 907.33 | 113.42 |
| 8 | 7 月 16 日 | 147 | 17 | 11 187 | 11.56 | 658.11 | 76.1 |
| 9 | 7 月 17 日 | 175 | 16 | 11 990 | 9.14 | 749.38 | 68.51 |
| 10 | 7 月 18 日 | 176 | 17 | 11 350 | 9.66 | 667.65 | 64.49 |
| 11 | 7 月 19 日 | 127 | 13 | 7 970 | 10.24 | 613.08 | 62.76 |
| 12 | 7 月 20 日 | 121 | 14 | 10 270 | 11.57 | 733.57 | 84.88 |
| 13 | 7 月 21 日 | 149 | 14 | 13 180 | 9.40 | 941.43 | 88.46 |
| 14 | 7 月 22 日 | 117 | 11 | 20 364 | 9.40 | 1 851.31 | 174.05 |

注意：如无特别说明，本书所有表格与图中的金额单位均为"元"。

---

① UV 是指独立访客，其英文全称为 Unique Visitor，即在统计周期内访问网站的独立客户数。同一个访客在统计周期内重复访问网站，会进行去重处理，仅记为一个访客。

$$UV 价值 = 交易金额 \div 访客数$$

结合案例，思考并回答以下问题：

（1）请根据该网店商品的销售数据（统计周期内无重复下单），思考该产品在14天内共成交了多少订单量？平均转化率是多少？平均客单价和 UV 价值是多少？

（2）请思考数据化运营给未来的电子商务带来了哪些价值？

# 一、数据化运营的含义

数据化运营有广义和狭义之分。广义的数据化运营是一种思维方式和技能，是指通过数据化的工具、技术和方法，对运营过程中的各个环节进行科学分析、引导和应用，从而达到优化运营效果和效率、降低成本、提高效益的目的。狭义的数据化运营指数据运营这个工作岗位，它与活动运营、产品运营、用户运营、内容运营等都属于整个运营体系的分支。一般公司常见的数据化运营都是指狭义的数据化运营。

从工作岗位来看，数据化运营属于运营的一个分支，从事数据采集、清理、分析、策略等工作，支撑整个运营体系朝精细化方向发展。从思维方式和技能来看，数据化运营通过数据分析的方法，发现问题，解决问题，提升工作效率，促进业务增长。

# 二、电子商务数据化运营的工作流程

电子商务数据化运营的工作流程如下：

## 1. 确定运营目标

同一个企业不同人员的运营目标或者关注点是不一样的。比如，企业领导更关注有多少用户、产生多少订单、有多少收益等较为核心的数据，而产品运营人员更关注产品的流程转化、订单流失等数据。因此，面向不同人员，需要确定不同的运营目标。这个目标可以是长期的，也可以是短期的，但一定是具体可实现的。

## 2. 搭建指标体系

根据不同的运营目标，需要搭建有效的数据指标体系，帮助业务人员快速发现并定位问题。数据运营指标体系如表1-2所示。

**表 1-2　数据运营指标体系**

| 运营小组 | 运营指标体系 |
| --- | --- |
| 整站运营 | PV[①]、UV、订单、收入、转化率、跳出率…… |
| 产品运营 | 产品查看、产品各流程转化、订单流失率…… |
| 活动运营 | 活动参与率、活动转化率、活动 ROI…… |
| 用户运营 | 新注册用户、登录用户、流失用户…… |

### 3. 数据采集

数据源多种多样，企业常用的有生产系统数据、CRM 数据等静态的结果型数据，而在互联网上也有网站、App、微信等动态的用户行为数据。针对用户行为数据，目前市场上有各种各样的数据采集分析工具，既有付费版，也有免费版，付费版还有按流量收费、按版权收费等不同模式，企业可以根据自身情况进行选择。

### 4. 数据分析

通过建立数据监控体系，及时发现网站在运营过程中的问题，迅速定位并分析原因。数据分析中常用的方法很多，其中最重要的有两种：一是对比，通过与行业标准、历史数据的对比，发现目前运营的差距与异常；二是细分，通过不断细分来定位问题，再具体问题具体分析。针对一个问题，可以从时间、来源、渠道、产品、类型、用户等不同细分维度进行分析，找到具体原因。

### 5. 运营优化

找到问题的原因之后，就要解决问题。这里更多的是使用一些运营方法，比如利用促销活动提高用户活跃度，购物送优惠券等。

### 6. 持续跟踪

在方案实施后，需要对应用的效果进行持续跟踪，通过用户数据的反馈来验证方案的正确性。如果不能解决问题，应该及时更换第二套方案；如果问题得到了解决，还要持续跟踪数据表现，以避免新的变化导致新的问题出现。

总而言之，数据化运营的关键在于企业如何使用数据，而不是数据本身。数据需要与业务结合起来，才能实现真正的数据化运营，实现以数据指导运营的目标。

---

① PV 是指浏览量，其英文全称 Page View，是指在统计周期内，客户浏览网站页面的次数。客户每访问一个网页即增加一个访问量，多次打开或刷新同一个页面，该指标均累加。

# 三、电子商务数据化运营的价值

数据化运营首先需要的就是认同数据的价值。数据化运营对企业的营销价值是毋庸置疑的，同样，数据也可以为企业的精细化运营提供帮助。比如，企业可以根据收到的大量用户数据构建一些关于用户体验的检测模型，用来分析关注企业的用户属性；企业可以利用这些模型分析出用户使用产品或者用户购物行为的关键接触点，然后检测每个接触点相互之间的转化率。电子商务数据化运营的价值主要体现在以下几个方面：

## 1. 洞悉用户

电子商务数据化运营可以帮助企业洞悉用户，如了解用户从哪些渠道来，用户关注什么，用户是新用户还是老用户。通过对这三个维度的分析，可以帮助企业决定自己的营销策略和方向，这就是数据给电子商务运营带来的价值。

在分析用户渠道来源方面，通过分析用户是来自微博、微信、短视频平台，还是来自门户网站，可以帮助企业调整营销投放策略，发现对用户更有吸引力和价值的渠道；在分析用户关注什么方面，通过用户对产品的点击和评价，对话题的讨论，对内容的转发等数据的分析，可以帮助企业有效找到用户的兴趣点和接受内容的方向，方便企业在运营内容和形式上及时做出调整；通过对新老用户的观察分析，可以让企业掌握好用户的生命周期，知道什么时候该对什么样的用户进行哪些内容的营销，从而帮助企业找到激活老用户、开发新用户的方法。

## 2. 宏观预测

预测是数据分析的终极目标。对于电子商务企业而言，首先，数据预测可以优化企业原有的业务流程，为用户提供更好的消费体验；其次，在企业运营过程中，数据的宏观预测还能够及时帮助企业发现自身的问题，对于业务运营过程中可能出现的问题提出预警，将问题处理在萌芽状态，防患于未然；最后，数据预测可以更合理地优化资源配置，达到效益最大化的目的。

## 3. 数据化管理

数据化管理可以在整个电商企业的运营体系中发挥很大的作用，除了可以监控运营的整个流程，还能提供相关的 KPI（Key Performance Indicator，关键绩效指标）数据、人力管理数据、财务数据等，使得企业方便快捷地知道各个关键运营节点的表现，从而制定出更优化、更高效的执行策略。

此外，数据还能让企业在社交平台上的运营更加完善，让企业产生理想的口碑，并对一些不良的言论做舆情监测，然后根据数据对产品进行改进，并利用数据更好地驱动用户体验，促进企业的运营目标朝着正确的方向前进。

数据化管理贯穿于电商运营的整个环节，所有成功的运营一定是基于数据的。企业做运营是为了拉新、留存和促活，只有这样才能帮助企业增加收入，提升粉丝的活跃度。当有了足够的数据，养成以数据为导向的习惯之后，就可以不再依赖主观判断和经验盲目运作，而是让数据说话，让数据成为公司的"裁判"。

> **想一想**
>
> 根据上述内容，请思考企业如何根据不同的运营目标来搭建有效的数据指标体系？生活中关于数据宏观预测的例子还有哪些？

## 📋 1+X 考证提要

### 本单元需重点理解与掌握的内容

（1）数据化运营的含义。

（2）电子商务数据化运营的工作流程：确定运营目标、搭建指标体系、数据采集、数据分析、运营优化、持续跟踪。

（3）电子商务数据化运营的价值：洞悉用户、宏观预测、数据化管理。

## 📱 竞赛直达

### 赛题一：电子商务运营认知

背景：结合所学的电子商务数据化运营内容，研读题干并完成答题。

要求：根据工作内容或岗位职责，判断该工作内容属于企业的哪个部门。如例题1-1所示；结合已知信息，运用指标计算公式，进行计算并答题，如例题1-2所示。

例题 1—1　负责团队内部资源由上到下的整合，计划组织，跟进团队的运营事务，掌控全局，综合统筹，把控团队方向。这句话说的是企业的（　　）。

　　A. 市场部　　　　　B. 营销部　　　　　C. 运营部　　　　　D. 销售部

例题 1—2　某店铺当天访客数为 111 人，有 10 位顾客成功购买产品，则该店铺当日的支付转化率为（　　）。

　　A. 25%　　　　　　B. 9.01%　　　　　C. 100%　　　　　D. 62.5%

## 赛题二：电子商务数据化运营的工作流程

背景：结合所学电子商务数据化运营的工作流程，研读题干并回答问题。

要求：描述正确的电子商务数据运营的一般工作流程。

---

## 🖥 数据赋能

### 互联网大厂"定制"冬奥会

2022 年北京冬奥会，中国队以 9 枚金牌，共 15 枚奖牌的历史最好成绩完美收官。在本届冬奥会上，中国向世界展现了科技创新的力量。

阿里巴巴：技术赋能，实现首届"云上冬奥"

冬奥会采用的转播云平台 OBS Cloud 是在阿里巴巴的技术支持下，首次实现了全程 4K/8K 赛事云上转播。有了云转播平台，导播切换、编辑等功能全部搬到云端，制作人员在云端就可以对现场的信号进行切换；在用户层面，观众则看到了更高清、更流畅、更多维度的赛事画面，而且可以全场景、全终端无缝收看，观赛体验大幅度提升。

京东物流：为冬奥会提供了 MDS 系统服务

MDS（Master Demand Schedule，MDS）指北京 2022 年冬奥会和冬残奥会总体配送计划。北京冬奥会期间，京东物流实现了供应链的全面数字化，自动搬运机器人、分拣机器人、智能快递车、无人机、双面智能配送柜均在冬奥会物流服务中被广泛应用。

绿色奥运的基调没有改变，京东物流在保证运输效率的同时也在兼顾低碳环保。据了解，京东在主物流中心和场馆内设立了物资回收角，提升物流包装再利用率；在赛区城市配送和场馆内部物流中使用电动物流车，并在张家口赛区运行氢能源物流车等。

百度：用 AI 技术还原细节，让用户看懂冬奥

百度智能云通过"3D+AI"技术打造出"同场竞技"系统，将单人比赛项目变成"多人比赛"，实现了冠军、亚军比赛画面的三维恢复和虚拟叠加，方便观众通过一个赛道看到不同选手的实时动作。同时，通过技术手段对运动员的动作数据进行量化分析，将滑行速度、腾空高度、落地远度、旋转角度等一系列运动数据与原始画面叠加起来，使普通观众都有了裁决胜负和打分的能力。

服务北京冬奥会的互联网企业还有很多，猎豹／猎户星空智能交互服务机器人"豹小秘"，美团的"无接触取餐"助力冬奥会防疫闭环管理，办公软件 WPS 保障了冬奥会的高效办公和远程协同办公。

正如奥运会选手们在赛场上不断追求更高、更快、更强，人们将大数据和智能技术应用推向新高度的追求，也正在加速推动着这些被运用于冬奥会场景下的黑科技普及并运用到人们的日常生活中。

## 法治导航

为个人数据安全加把锁

最近小白发现自己的手机越来越"知心意"了，打开浏览器或者 App，总是会出现自己最近想买商品的相关推荐信息。后来她从朋友处得知，这是电商平台在做大数据采集，她搜索过什么商品，系统就会记录下她的爱好和需求，然后自动匹配，为她推荐相关商品。

随着技术的发展，互联网企业采用这种数据采集方式收集消费者喜好，进行定向的信息推送。这种定向推荐信息的行为在《中华人民共和国电子商务法》（简称《电子商务法》）第十八条中有明确规定：电子商务经营者根据消费者的兴趣爱好、消费习惯等特征向其提供商品或者服务的搜索结果的，应当同时向该消费者提供不针对其个人特征的选项，尊重和平等保护消费者合法权益。

电子商务经营者向消费者发送广告的，应当遵守《中华人民共和国广告法》（简称《广告法》）的有关规定。例如，《广告法》第五条规定：广告主、广告经营者、广告发

布者从事广告活动，应当遵守法律、法规，诚实信用，公平竞争。第九条第六款规定：广告不得危害人身、财产安全，泄露个人隐私。

党的二十大报告明确指出："加强个人信息保护。"为个人数据安全加把锁，对于维护公民的合法权益、保障社会秩序的稳定具有重要意义。

# 职业技能训练

## 一、单项选择题

1. 传统企业中常见的组织结构形式有中央集权制、分权制、直线式和矩阵式等，但电子商务企业则简化了许多，以（　　　）为主。

   A. 直线式和分权制　　　　　　B. 直线式和矩阵式

   C. 矩阵式和分权制　　　　　　D. 中央集权制、矩阵式

2. 运营部的职责是（　　　）。

   A. 负责市场营销、推广工作，包括以各种方式或途径提高网站的声誉和网站访问的流量

   B. 负责项目推广定位和主题策划设计工作

   C. 直接面对消费者，提供良好的售后服务和顾客体验

   D. 负责团队内部资源由上到下地整合、计划、组织，跟进团队的运营事务，掌控全局，综合统筹，把控团队方向

3. 负责项目推广定位和主题策划设计工作。如通过自身的主题式营销再结合运营活动，增强买家的购物体验，同时增强营销效果，提高店铺转化率。这句话说是企业的（　　　）。

   A. 市场部　　　　B. 营销部　　　　C. 运营部　　　　D. 推广部

4. 以下不属于矩阵式组织结构的优点的是（　　　）。

   A. 结构简单，统一指挥　　　　B. 灵活性和适应性较强

   C. 部门之间可相互支持　　　　D. 部门之间协调性较好

5. 关于电子商务数据化运营的工作流程，正确的是（　　　　）。

A. 确定运营目标—数据采集—搭建指标体系—数据分析—持续跟踪—运营优化

B. 确定运营目标—数据采集—搭建指标体系—数据分析—运营优化—持续跟踪

C. 确定运营目标—搭建指标体系—数据采集—数据分析—运营优化—持续跟踪

D. 确定运营目标—搭建指标体系—数据采集—数据分析—持续跟踪—运营优化

## 二、多项选择题

1. 电子商务运营的基本内容包括（　　　　）。

A. 店铺运营　　　B. 产品运营　　　C. 流量运营　　　D. 活动运营

2. 电子商务运营的业务流程主要包括（　　　　）、订单流程、交易流程（　　　　）。

A. 营销流程　　　B. 发货流程　　　C. 推广流程　　　D. 售后服务流程

3. 下列属于电子商务数据化运营的价值的有（　　　　）。

A. 洞悉用户　　　　　　　　　B. 客观预测

C. 数据化管理　　　　　　　　D. 高收益、高利润

4. 以下属于用户运营指标体系的是（　　　　）。

A. 收入　　　B. 流失用户　　　C. 登录用户　　　D. 新注册用户

5. 电子商务数据化运营可以帮助企业洞悉用户，具体表现在（　　　　）。

A. 用户关注什么　　　　　　　B. 用户的姓名、收入、爱好等

C. 用户从哪些渠道来　　　　　D. 用户是新用户还是老用户

## 三、判断题

1. 直线式组织结构是最简单、最基础的组织形式。它的优点是结构简单，统一指挥，部门之间分工明确。（　　　）

2. 直线式组织结构的优点是结构简单，统一指挥，部门之间分工明确。（　　　）

3. 狭义的数据化运营指数据运营这个工作岗位。（　　）

4. 数据化运营的关键在于数据本身，而不是如何使用数据。（　　）

5. 企业做运营是为了拉新、留存和促活，只有这样才能帮助企业增加收入，提升粉丝的活跃度。（　　）

## 四、案例分析题

1. 请结合身边的企业举例说明直线式、矩阵式两种组织结构各自的优缺点。

2. 某电子商务企业准备策划一次年货节活动，为了评估活动效果，进一步优化活动策略，为下次活动积累经验，请为这次活动策划数据化运营的工作流程。

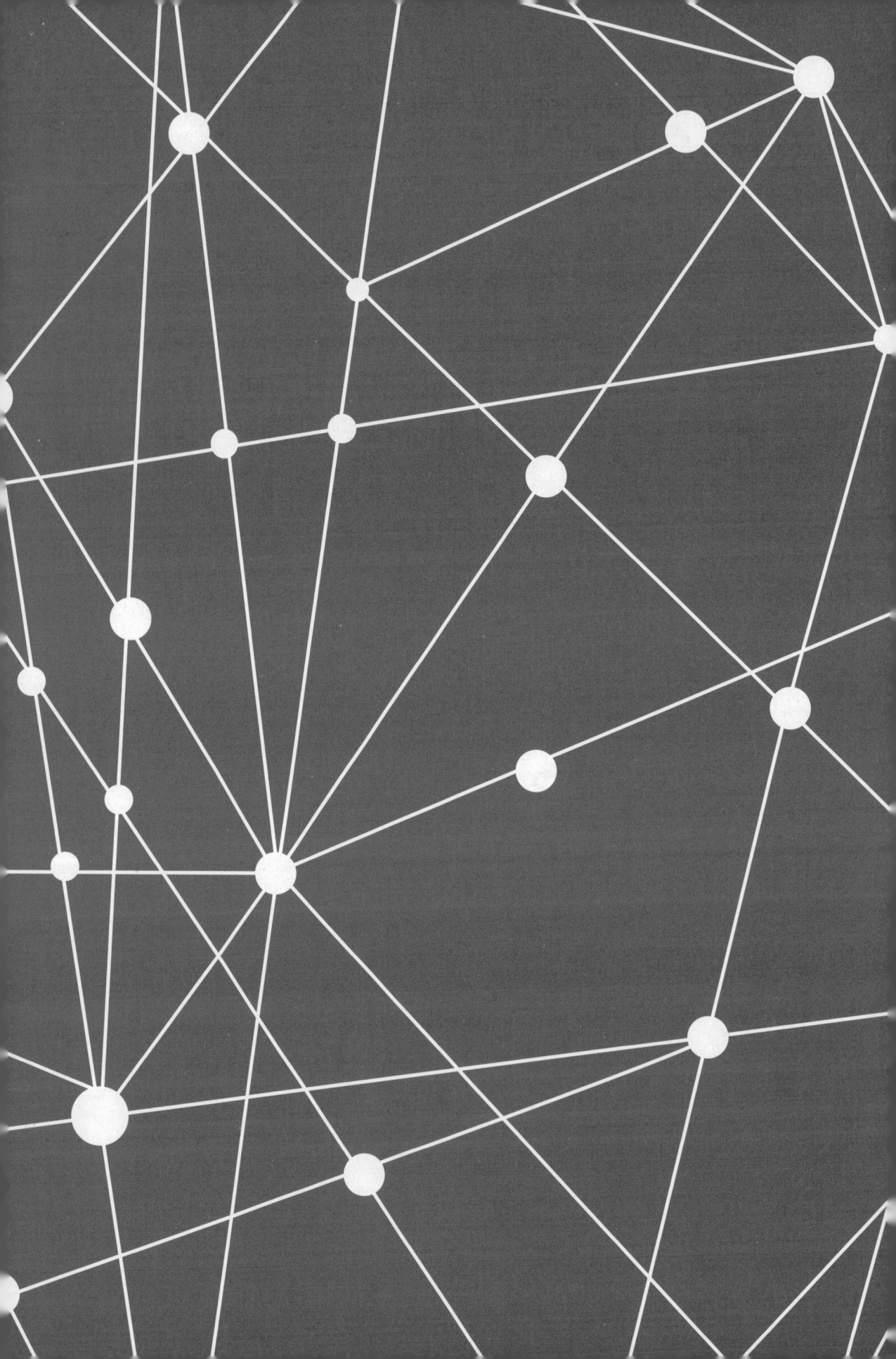

# 数据采集与处理方案的制定

## 学习目标

### 知识目标

◆ 了解数据采集与处理方案的构成
◆ 掌握电子商务数据指标体系
◆ 熟悉电子商务数据采集渠道和数据采集类型
◆ 熟悉常用电子商务数据采集工具的使用范围及功能

### 技能目标

◆ 能够制定数据分析目标
◆ 能够合理选择数据采集工具并确定数据采集渠道
◆ 能够撰写数据采集与处理方案并制作数据采集表

### 素养目标

◆ 熟悉《中华人民共和国个人信息保护法》和《中华人民共和国刑法》，在数据采集过程中能够严格遵守相关法律法规，在数据采集和制定方案的过程中做到不侵权、不违法
◆ 具备科学、严谨的职业素养，熟练掌握数据采集工具的使用，合法合规地进行数据采集

## 思维导图

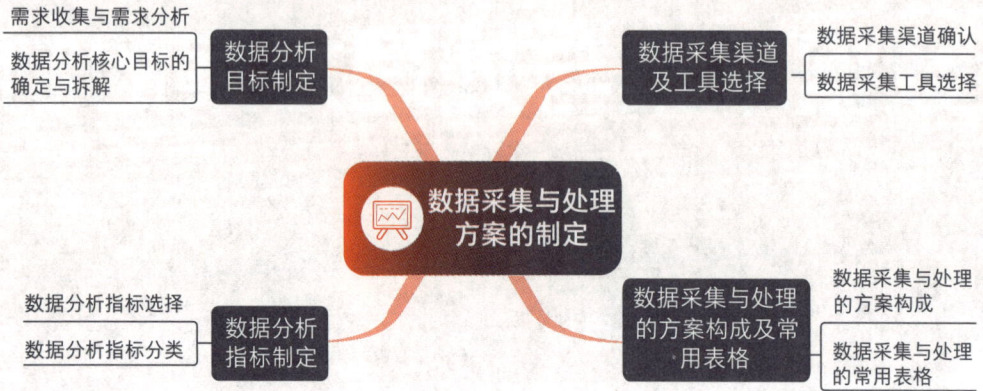

需求收集与需求分析

数据分析核心目标的确定与拆解

数据分析目标制定

数据采集渠道及工具选择

数据采集渠道确认

数据采集工具选择

数据采集与处理方案的制定

数据分析指标选择

数据分析指标分类

数据分析指标制定

数据采集与处理的方案构成及常用表格

数据采集与处理的方案构成

数据采集与处理的常用表格

## 学习计划

- 知识学习计划

_____

_____

- 技能训练计划

_____

_____

- 素养提升计划

_____

_____

_____

# 单元一　数据分析目标制定

## 引导案例

　　某天猫旗舰店的主营产品是儿童玩具。该店铺在 2022 年 3—4 月份，店铺 DSR 综合评分、商品整体评价、物流服务评分及服务态度评分均出现了整体下降，如图 2-1 所示。

| 统计指标 | 原评分 | 现评分 |
|---|---|---|
| 店铺DSR综合评分 | 4.85 | 4.72 |
| 商品整体评价 | 4.84 | 4.71 |
| 物流服务评分 | 4.85 | 4.80 |
| 服务态度评分 | 4.85 | 4.65 |

图 2-1　某天猫旗舰店 2022 年 3—4 月份店铺评分情况统计

　　根据图 2-1，该公司电商运营总监对负责该店铺的店长提出要求，针对 DSR 综合评分下降的情况撰写数据采集与处理方案。店长接到指示后，立即举行会议，对该情况进行讨论和分析，结果如下：

　　（1）客服部反馈，近日售出的商品中，售后服务问题较多，主要集中在物流过程包装破损问题、商品质量问题、缺件少件问题。

　　（2）产品部反馈，A 款商品是店铺热销款，但一直定位在引流款上，毛利率太低，公司 2022 年年初对该商品进行了二次升级研发，增加了若干功能，在外观上又进行了改进，3 月份该商品上线售卖，在售价和毛利率上都有所提高，但增加功能所需部件需从外部订购，非公司机型生产，在质量上有一定缺陷。

　　（3）物流部反馈，因公司 3 月份之前合作的物流公司费用较高，公司更换服务商后，费用下降了 10%，但物流时效无法保证。

　　结合案例，思考并回答以下问题：

　　（1）该网店为什么要进行店铺评价分析？

　　（2）根据客服部、产品部、物流部反映的问题，思考本次数据分析的目标是什么?

（3）数据分析目标制定的步骤有哪些?

微课：电子商务数据分析需求分析

# 一、需求收集与需求分析

在电子商务数据化运营工作中，各个部门所产生的数据与运营分析的需求各不相同，数据分析人员需要针对各个部门的数据分析具体需求进行收集和分析。

## 1. 需求收集

为了能够保证电子商务项目高效快速地向预期方向发展，数据分析人员必须利用内外部多种渠道来获取各部门对于数据分析的业务需求。因获取渠道存在差异，数据分析人员所采取的方式与方法相应也会有所差异，数据分析人员必须根据不同的渠道选择需求获取方式，并对获取的这些需求做初步记录，以便后续对需求进行分析、整理与实现。每个企业对需求记录的要求不尽相同，这里仅列举需求初步记录的一些基础要素，如表 2-1 所示，并对需求类型、需求来源、需求内容、需求场景等介绍如下。

表 2-1　数据分析需求记录表

| 需求编号 | |
| --- | --- |
| 需求类型 | |
| 需求来源 | |
| 需求内容 | |
| 需求场景 | |
| 记录时间 | |
| 记录人员 | |

（1）需求类型。在进行需求记录时，明确需求类型会使需求更有条理性，以便数据分析人员后续的需求整理与实现。以下是需求类型的两种基本分类法：

① 按需求职能划分，需求类型可分为市场类数据需求、运营类数据需求、产品类数据需求、服务类数据需求等。

② 按需求性质划分，需求类型可分为显性需求和隐性需求。比如，某网店开展了某项营销活动，想了解店铺订单的增长情况，则获取店铺订单量就属于显性需求；而在店铺订单数据背后，运营人员可能还需要分析此次营销活动的转化情况，以及各个渠道的投入产出情况等，这些数据就属于隐性需求。因此，在填写需求记录表的"需求类型"一栏时，格式是：运营类／显性。

（2）需求来源。从需求获取阶段可以看出，需求来源是多种多样的，每一个提出需求的主体都会有自己特定的立场和观点，明确这个需求提出者是谁，将有利于理解他们所提出的需求。

在填写需求记录表的"需求来源"一栏时，可以参照需求获取阶段的几种获取方式，格式是：部门—姓名，如运营部—小黑。

（3）需求内容。需求内容就是需求提出者在数据分析方面的需要。在填写过程中，需要尽可能做到客观描述，避免在后续进行需求分析时，因主观描述而对需求产生歧义。

（4）需求场景。需求场景，简单理解就是需求提出者在何种情况下产生了这种需求。

## 2. 需求分析

在每次进行数据分析时，各个部门都会列举各种各样的需求，可能需要多位数据分析人员协同配合，最终形成相应的数据分析报告，呈现给所需部门。如果对需求不加以分析梳理，盲目开始数据分析，往往会造成很多重复性工作，降低工作效率。

不同部门有不同的数据分析需求。例如，营销推广部门的工作核心是获客、拉新；运营部门关注如何提升客户购买频次和客单价，同时减少客户流失；客服部门则聚焦客户的咨询量、咨询转化率等数据；管理层更关心各个部门的运营状况，以及业绩达成情况。

各部门除了对于不同的数据分析需求可以进行整合外，在提出数据分析需求时，往往还会根据自身的实际情况进行通俗化描述，而数据分析人员在数据分析过程中，则需要将这些需求转化为相应的指标和数据，同时还要分析这些需求是否可以实现。

通过需求收集所收集到的需求有真伪、强弱、缓急之分，但这些需求并非都能够实现，常常会受到人力、技术、经费等资源的限制。需求分析的目的在于确定每个需求背后的真实目的和所需的数据内容。

需求分析可以分为三个部分：需求筛选、需求透视和需求排序。首先要过滤掉不做的需求，其次对要做的需求进一步提炼，最后对提炼过的需求进行优先级排序。在进行需求筛选和需求透视时，可遵循以下三个原则：

（1）真实性。在需求分析过程中，首先需要分析这个需求是否是服务于企业发展需要的、现实中真实存在的需求。通过考察需求的真实性过滤掉伪需求。

（2）价值性。通过解决这个需求分析，能够帮助网店或企业实现何种价值？这种价值的效益有多少？该需求在实现过程中需要付出多少成本？通过考察需求的价值性，过滤掉没有价值、价值不大或投入产出比不理想的需求。

（3）可行性。所提出的需求在现有资源条件下是否能够实现？如果不能，之后是否有实现的可能性？考察需求的可行性可以过滤掉超出企业实现能力的需求。

通过以上分析，对需求进行了筛选透视之后，再按照需求的真实性、价值性、可行性等对需求进行排序，确定出分析的先后顺序。

## 二、数据分析核心目标的确定与拆解

### 1. 确定核心目标

在实际工作中，进行电子商务数据分析实施的第一步是数据分析人员需要明确进行数据分析的对象，也就是需要确定分析目标。通常会选取各部门最关心的核心 KPI（Key Performance Indicator，关键绩效指标），例如营销部门关注的投入回报率、采购部门关注的商品次品率、运营部门关注的用户留存率等。一般来说，分析目标不要过多，如果实在需要同时分析多个核心 KPI 指标，那么可以将这些核心 KPI 指标分解给对应的业务负责人。

### 2. 核心目标拆解

确定好分析目标之后，在实施过程中通常需要再对核心目标进行子目标拆解，这也符合企业各团队分工协作的特性。核心目标拆解的过程中需要遵循 MECE（Mutually Exclusive Collectively Exhausive）原则，也就是"相互独立，完全穷尽"。如电子商务数据分析指标体系，就分别从网站运营指标、经营环境指标、销售指标、营销活动指标、客户价值指标等几个方面进行了详尽拆解，然后交由各个团队分工实现。

## 1+X 考证提要

### 本单元需重点理解与掌握的内容

　　（1）数据分析需求收集记录的基础要素：需求编号、需求类型、需求来源、需求内容、需求场景、记录时间、记录人员等。

　　（2）需求分析可以分为三个部分：需求筛选、需求透视和需求排序。

　　（3）数据需求分析需注意：真实性、价值性、可行性。

　　（4）数据分析目标制定：确定核心目标、核心目标拆解。

# 单元二　数据分析指标制定

## 引导案例

　　小李是某大学电子商务专业的一名学生，毕业后就职于一家主营箱包的电子商务公司，主要负责网店运营工作。

　　2022 年 6 月，网店准备策划年中大促活动以增加流量，进而提高销量和转化率。运营主管安排小李负责活动的策划和具体执行，小李接到任务后，首先通过淘宝网后台"生意参谋"的流量看板查看了网店 6 月份的一级流量走向，如图 2-2 所示。

　　通过数据对比，小李发现：目前网店流量来源方面存在的问题主要是对付费流量渠道的利用还不够充分，因此他决定从这部分入手，优化调整网店的流量数据。

图 2-2　网店 6 月份的一级流量走向

　　小李首先需要明确网店当前的各项流量数据以及与网店流量相关的数据分析指标，并据此制定相应的优化调整目标，进而完成本任务。

结合案例，思考并回答以下问题：

（1）网店的付费流量渠道有哪些？请简单举例说明。

（2）与网店流量相关的数据分析指标有哪些？

# 一、数据分析指标选择

　　进行电子商务数据分析的核心是通过对各项指标的分析，得出与数据分析目标相关的结论。选择符合数据分析需求的指标是获得准确结论的保障。

　　数据分析通常会涉及众多过程指标，比如转化率、咨询率等，这些数据指标可能无法直接获取，需要进一步拆解为可以采集到的数据指标。数据采集完成后，再将相关数据进行处理、计算，转化为企业所需要的数据指标。

# 二、数据分析指标分类

微课：常用
的数据分析
指标及分类

　　电子商务数据根据来源与性质不同，大致可以分为以下三大类，如表 2-2 所示。

## 1. 市场数据

市场数据包括行业数据和竞争数据两部分。行业数据是企业所处行业发展的相关数据。竞争数据是能够揭示企业在行业中竞争力情况的数据。

### 2. 运营数据

运营数据是企业在运营过程中产生的客户数据、推广数据、销售数据、供应链数据。客户数据是客户在购物过程中的行为所产生的数据。推广数据是企业在运营过程中的一系列推广行为所产生的数据。销售数据是企业在销售过程中产生的数据。供应链数据是产品在采购、物流、库存过程中产生的数据。

### 3. 产品数据

产品数据是围绕企业产品产生的相关数据，包括行业产品数据和企业产品数据两部分。行业产品数据是产品在整个市场的数据。企业产品数据是产品在具体企业的数据。

表 2-2　数据分析指标分类

| 一级分类 | 二级分类 | 三级分类 |
|---|---|---|
| 市场数据 | 行业数据 | ● 行业总销售额、行业增长率等行业发展数据<br>● 需求量变化、品牌偏好等市场需求数据<br>● 地域分布、职业等目标客户数据 |
| | 竞争数据 | ● 竞争对手的销售额、客单价等交易数据<br>● 活动形式、活动周期等营销活动数据<br>● 畅销商品、商品评价等商品运营数据 |
| 运营数据 | 客户数据 | ● 浏览量、收藏量等客户行为数据<br>● 性别、年龄等客户画像数据 |
| | 推广数据 | ● 推广渠道的展现、点击、转化等推广数据 |
| | 销售数据 | ● 销售额、订单量等交易数据<br>● 客服响应时长、咨询转化率等服务数据 |
| | 供应链数据 | ● 采购数量、采购单价等采购数据<br>● 物流时效、物流异常量等物流数据<br>● 库存周转率、残次库存比等仓储数据 |
| 产品数据 | 行业产品数据 | ● 行业产品搜索指数、行业产品交易指数等数据 |
| | 企业产品数据 | ● 新客点击量、重复购买率等产品获客能力数据<br>● 客单价、毛利率等产品盈利能力数据 |

**本单元需重点理解与掌握的内容**

电子商务数据指标可分为：市场数据、运营数据、产品数据。

市场数据包括：行业数据、竞争数据。

运营数据包括：客户数据、推广数据、销售数据、供应链数据。

产品数据包括：行业产品数据、企业产品数据。

# 单元三　数据采集渠道及工具选择

## 引导案例

　　小张经营一家淘宝网店，主要销售家乡特产，包括木耳、黄花菜、香菇等特色农产品。2022 年 3 月，小张家种的"大红袍"花椒产量大增，他准备将花椒作为新品在网店上架，并将其打造为当季引流产品。

　　为此，小张首先通过百度指数进行查询，发现最近一个月以来，花椒的搜索指数一直维持在中等偏上水平，并有逐渐上升的态势，如图 2-3 所示，可以安排即时上架。

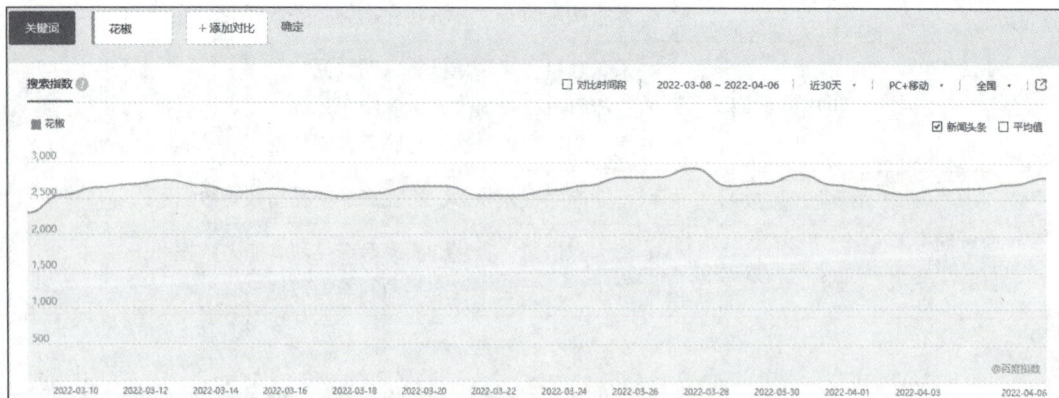

图 2-3　花椒搜索指数

小张还注意到，花椒的受众人群以 30–39 岁为主，20–29 岁次之，如图 2-4 所示，可以针对这部分人群进行重点推广。

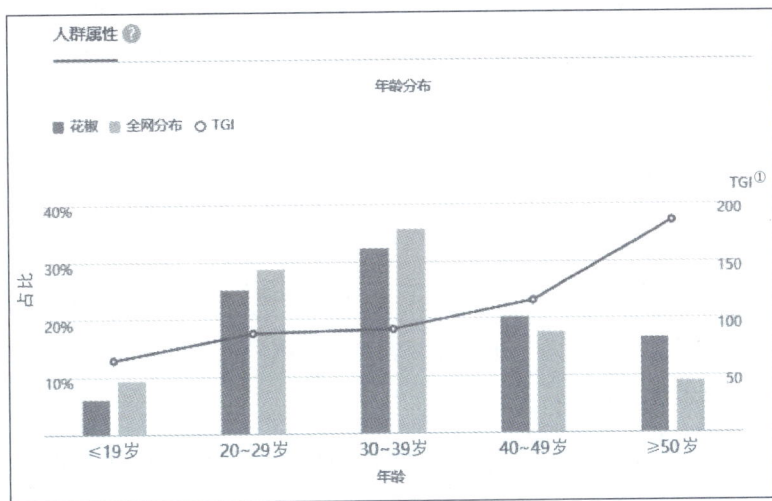

图 2-4　人群属性

通过采集以上数据，小张对计划上新的花椒有了初步判断。

结合案例，思考并回答以下问题：

数据采集与分析的渠道与工具除了上述提到的"百度指数"外，还有哪些？

# 一、数据采集渠道确认

进行电子商务数据分析与采集时，常用的数据采集渠道有电子商务网站、店铺后台或平台提供的数据工具，以及政府部门、机构协会、媒体、权威网站、数据机构、电子商务平台，指数工具等提供的数据。数据分析人员可按以下步骤选择适合自身数据分析需求的数据源，如表 2-3 所示。

微课：常见的数据采集渠道

表 2-3　不同数据采集渠道的数据类型

| 数据采集渠道 | 数据类型 | 典型代表 |
| --- | --- | --- |
| 电子商务网站、店铺后台或平台提供的数据工具 | 产品数据、市场数据、运营数据、人群数据等 | 淘宝、京东店铺的后台，生意参谋，京东商智等 |

---

① TGI（Target Group Index）指数，也称客户画像指数，是反映目标群体在特定研究范围内（如地里区域、人口统计区域、媒体受众、产品消费者）的强势或弱势的指数。

| 数据采集渠道 | 数据类型 | 典型代表 |
|---|---|---|
| 政府部门、机构协会、媒体 | 行业数据 | 国家及各级统计局、各类协会、电视台、报纸、杂志等 |
| 权威网站数据机构 | 行业数据、产品数据 | 艾瑞咨询、199IT 等 |
| 电子商务平台 | 行业数据 | 淘宝、京东等 |
| 指数工具 | 行业数据、人群数据 | 百度指数、360 趋势等 |

首先，数据分析人员需要明确以上几类数据源所能获取到的数据指标，选择具有所需数据指标的数据源。比如，在进行网店销售数据分析时，其所能选择的数据来源渠道有店铺后台或平台提供的数据工具。

其次，数据分析人员需要对数据源按照所提供数据的精准度划分等级，优先获取等级更高的数据源。如某淘宝网店进行商品的购买人群画像分析，则优先使用生意参谋进行数据采集，百度指数、360 趋势等工具仅作为辅助数据采集的渠道。

## 二、数据采集工具选择

在进行数据采集过程中，为了提升工作效率，往往需要使用数据采集工具。对于一般数据分析人员而言，目前市场上有大量的数据采集工具，其功能、用途、使用难易程度各异，选择数据采集工具可以从以下几方面考虑：

微课：常见
的数据采集
工具介绍

### 1. 适用范围

用户根据自身的不同情况，应当选择不同的数据采集工具。比如，生意参谋基础版本可以采集到所属淘宝、天猫店铺的流量、销售、产品、运营相关数据；采集行业市场数据，需要选择市场行情版；采集京东等其他平台的店铺数据，需要选择京东商智等对应平台提供的数据采集工具；采集各大电商平台的商品信息、商品售价、销量数据，除了使用店侦探等电商专用数据采集工具外，有一定网页代码知识的数据分析人员还可以使用八爪鱼、火车采集器等专业网页数据采集工具。

### 2. 数据类型

很多电商类数据采集工具所提供的数据并非电商企业运营的实际数据，而是对实际数据进行计算转化后的数据展现。比如，百度指数显示的数据并非是真实的搜索数量，而是将真实的搜索数量转化为指数数据呈现，如图 2-5 所示。

图 2-5  百度指数

### 3. 功能需求

专门针对电子商务类数据采集的工具大多是数据分析工具中的一个功能模块，除了能进行数据采集外，还具备一定的数据处理分析功能，比如使用逐鹿工具箱进行淘宝商品数据采集，采集完成后，系统还提供了数据分析结果和可视化呈现，如图 2-6 所示。

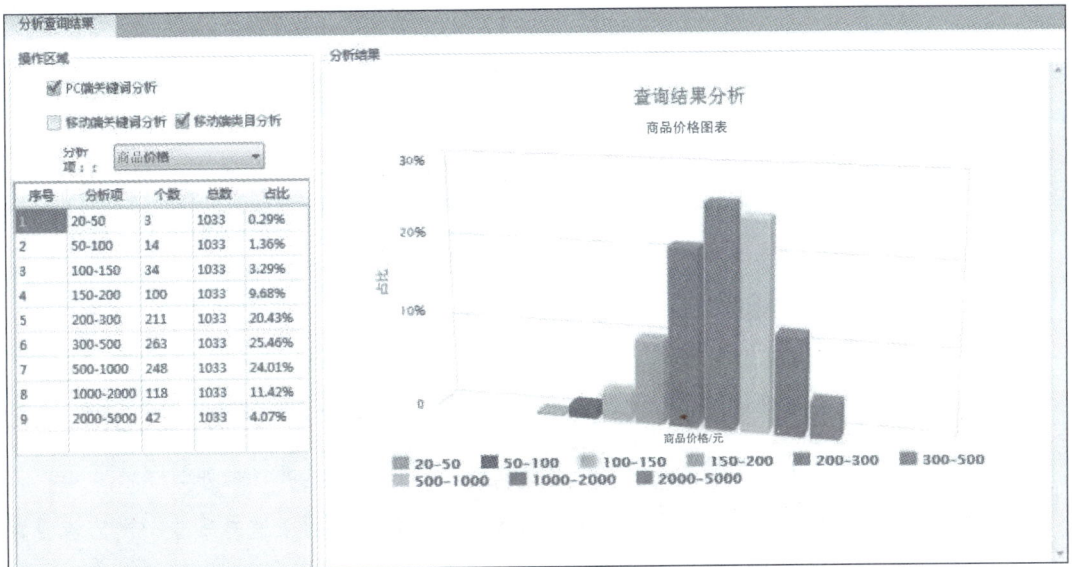

图 2-6  逐鹿工具箱的分析结果

常用数据采集工具如表 2-4 所示。在进行数据采集工具选择时，并非适用范围越广泛、数据类型越丰富、功能越强大越好，核心选择要素是数据采集人员能够熟练操作并能采集到所需的数据。

表 2-4　常用数据采集工具

| 数据采集工具 | 功能及适用 |
| --- | --- |
| 生意参谋（京东商智） | 店铺运营、产品流量、交易、客户、服务等数据，市场的趋势、规模、人群等数据 |
| 逐鹿工具箱 | 淘宝平台的市场行情、竞争等数据 |
| 店侦探 | 淘宝平台的竞品、竞店推广渠道、排名、销售等数据 |
| 火车采集器、八爪鱼、后羿采集器等 | 网页数据采集，如商品详情、价格、用户评价等 |

📋 1+X 考证提要

### 本单元需重点理解与掌握的内容

（1）常用的数据采集渠道有：电子商务网站、店铺后台或平台提供的数据工具，政府部门，机构协会，媒体，权威网站，数据机构，电子商务平台，指数工具等。

（2）数据采集工具选择时必须注意：适用范围、数据类型、功能需求。

# 单元四　数据采集与处理的方案构成及常用表格

## 引导案例

小吴毕业于某高校电子商务专业，目前在一家经营童装的天猫店铺做运营工作。随着行业竞争压力不断加大，小吴希望通过网店数据分析来进行更加精准的营销。

要完成网店数据分析工作，首先要明确网店流量来源的渠道有哪些？网店流量数据分析的步骤是什么？网店经营数据的分类有哪些？如何分析网店的经营数据？

针对以上问题，小吴认为，盲目开展工作不仅杂乱无章，而且工作效率低下，必须要有一个完整的方案来指导后期工作的推进和实施。于是，小吴在部门领导和同事的指导下，进行数据采集与处理方案的撰写，具体包括：数据分析目标的制定、数据分析指标的制定、数据采集渠道及工具的选择。在此基础上，对整体方案进行细化和完善，以便后期工作的展开。

结合案例，思考并回答以下问题：

（1）撰写数据采集与处理方案对网店营销工作的开展有何积极意义？

（2）数据采集与处理方案具体包括哪些内容？

# 一、数据采集与处理的方案构成

一份完整的数据采集与处理方案包含以下内容：

## 1. 数据采集背景介绍

数据采集背景介绍主要是让项目参与人了解该数据项目的来龙去脉，明确分析的环境和所处情况。通常是描述运营过程中出现的具体问题。

## 2. 数据分析目标

数据分析目标是数据分析人员完成数据分析后，对项目运营各部门基于哪些问题分析其出现的原因，并根据这些原因提出调整建议或策略。例如，运营部门发现店铺客户大量流失，则数据分析的目标是分析店铺客户流失的原因。

## 3. 数据分析指标

数据分析指标是为了明确进行此次数据分析所需要的指标类型及具体指标。

## 4. 数据来源渠道及数据采集工具

数据分析人员分析出合理的结果离不开数据来源渠道及数据采集工具为其提供的数据。因此，在数据采集处理方案中，注明数据来源及采集工具不仅可以为后续的工作指明方向，而且可以为后期效果评估及复盘提供理论依据。

---

📅 **知识链接**

某企业的数据采集与处理方案如下：

1. 背景介绍

某商品9月份销量下降，造成网店业绩下滑。

2. 分析目标

明确销量下滑的原因，并提出优化解决方案。

## 3. 数据分析指标

（1）流量类指标：商品近三个月的展现量、访客数、访问次数。

（2）服务类指标：商品近三个月的咨询量、咨询成交量。

（3）销售类指标：商品近三个月的销售量、销售价格。

（4）市场类指标：商品近三个月的交易指数、搜索指数。

## 4. 数据来源渠道及工具

流量类数据及销售类数据采用店铺后台交易数据；服务类数据采用客服日报；市场类数据采用生意参谋及百度指数工具。

# 二、数据采集与处理的常用表格

在电子商务已经发展得非常成熟的今天，并非所有的数据采集行为都需要撰写方案，更多的是上级数据需求部门给出工作报表，数据采集人员根据报表中的数据指标填写相应的数据内容。常用的数据采集表有如下几类：

## 1. 店铺流量类数据采集表

店铺流量类数据采集表的作用是了解店铺的流量来源情况和流量结构，常用的数据采集表有店铺 UV、PV、IP 等数据指标，如图 2-7 所示。

### 店铺UV数据采集表

| | 日期 | 5月1日 | 5月2日 | 5月3日 | 5月4日 | 5月5日 | 5月6日 | 5月7日 | 5月8日 | 5月9日 | 5月10日 |
|---|---|---|---|---|---|---|---|---|---|---|---|
| 流量来源 | PC端来源 淘宝搜索 | | | | | | | | | | |
| | 天猫搜索 | | | | | | | | | | |
| | 直通车 | | | | | | | | | | |
| | 淘宝客 | | | | | | | | | | |
| | 淘宝站内其他 | | | | | | | | | | |
| | 购物车 | | | | | | | | | | |
| | 商品收藏 | | | | | | | | | | |
| | 已买到的商品 | | | | | | | | | | |
| | PC端总计 | | | | | | | | | | |
| | 无线端来源 手淘首页 | | | | | | | | | | |
| | 淘宝搜索 | | | | | | | | | | |
| | 天猫搜索 | | | | | | | | | | |
| | 直通车 | | | | | | | | | | |
| | 淘宝客 | | | | | | | | | | |
| | 淘宝站内其他 | | | | | | | | | | |
| | 购物车 | | | | | | | | | | |
| | 商品收藏 | | | | | | | | | | |
| | 已买到的商品 | | | | | | | | | | |
| | 移动端总计 | | | | | | | | | | |
| 综合 | 总UV | | | | | | | | | | |
| | 销量 | | | | | | | | | | |
| | 转化率 | | | | | | | | | | |

图 2-7　店铺 UV 数据采集表

## 2. 店铺运营类数据采集表

店铺运营类数据采集表类型多样，最常见的就是店铺运营日报表，包含的数据指标通常有流量类、订单类、转化类、交易类等，如图2-8所示。

**店铺运营日报表**

| 日期 | | 流量 | 转化率 | | | | | | | | 销售额 | | | | |
|---|---|---|---|---|---|---|---|---|---|---|---|---|---|---|---|
| | | 访客数UV | 全店转化率 | CALL IN 转化率 | 访问深度 | 平均停留时间 | 询单转化率 | 收藏量 | 成交回头率 | 客单价 | 拍下总金额 | 支付宝成交金额 | 支付宝使用率 | 当日拍下未付款金额 | 退款金额 |
| | | | | | | | | | | | | | | | |
| | | | | | | | | | | | | | | | |
| | | | | | | | | | | | | | | | |
| | | | | | | | | | | | | | | | |
| | | | | | | | | | | | | | | | |
| | | | | | | | | | | | | | | | |
| | | | | | | | | | | | | | | | |
| | | | | | | | | | | | | | | | |
| | | | | | | | | | | | | | | | |
| | | | | | | | | | | | | | | | |
| | | | | | | | | | | | | | | | |
| | | | | | | | | | | | | | | | |

图 2-8　店铺运营日报表

## 3. 营销推广类数据采集表

营销推广工作直接关系到整个店铺的成交转化情况，因此，营销推广类数据采集表在日常运营过程中使用得非常广泛，通常包括通过各营销推广渠道的成交类指标、流量类指标、费用类指标等，如图2-9所示。

**CPS推广基础数据登记表**

| 日期 | 成交笔数 | 成交金额 | 成交累计金额 | 佣金 | 累计佣金 | 平均佣金比例 | 淘宝客流量 | 投入产出比 | 备注 |
|---|---|---|---|---|---|---|---|---|---|
| | | | | | | | | | |
| | | | | | | | | | |
| | | | | | | | | | |
| | | | | | | | | | |
| | | | | | | | | | |
| | | | | | | | | | |
| | | | | | | | | | |
| | | | | | | | | | |
| | | | | | | | | | |
| | | | | | | | | | |
| | | | | | | | | | |
| | | | | | | | | | |

图 2-9　CPS 推广基础数据登记表

每个电商企业根据其对业务、工作的细分程度不同，所使用的数据采集表的类型和数据量也不同，但通过数据分析各部门、人员对数据的不同需求，可以将不同需求明确到各个数据指标中，通过有效的数据渠道及数据工具，满足各个部门绝大部分数据需求。

### 本单元需重点理解与掌握的内容

（1）数据采集与处理方案包括：数据采集背景介绍、数据分析目标、数据分析指标、数据来源渠道及数据采集工具。

（2）常用的数据采集表：

① 店铺流量类数据采集表，包括店铺 UV、PV、IP 等数据指标。

② 店铺运营类数据采集表，包括流量类、订单类、转化类、交易类等数据指标。

③ 营销推广类数据采集表，包括通过各营销推广渠道的成交类指标、流量类指标、费用类指标等。

---

📱 **竞赛直达**

### 赛题：网店整体销售数据采集与处理方案撰写

背景：淘宝网店"好好吃"长期经营鸡肉制品系列商品，网店对于所销售的商品设定了年度销量目标并分解到每个月成为月度销量目标，月度销量是否达成直接影响运营人员的绩效考核。所以每月都需要对网店整体及各商品销量数据进行分析，明确月销量目标完成情况。

要求：调取源数据 2-1，通过对背景内容的分析和理解，根据数据化运营方案，完善店铺销售数据采集与处理方案。

题目：

【单选题】例题 2-1　根据背景内容选择的数据分析目标是（　　　）。

　　A. 对所属网店的商品客单价进行分析

　　B. 对所属网店各商品的销售额及销量进行分析

　　C. 对所属网店的整体及各商品月销量数据进行分析

　　D. 分析网店商品评价情况

【单选题】例题 2-2　根据背景内容选择需要用到的数据采集渠道或工具是（　　　）。

A. 生意参谋市场板块      B. 淘宝店铺交易管理板块

C. 一点数据流量板块      D. 360 指数

【多选题】例题 2-3　根据背景内容选择需要采集的指标是（　　　　）。

A. 商品评价数量      B. 商品销售量

C. 商品价格      D. 商品 ID

【多选题】例题 2-4　在使用 Excel 表格工具对数据进行排序时，排序依据除了可以选择数值外，还可以选择的排序依据有（　　　　）。

A. 单元格颜色      B. 字体颜色

C. 单元格图标      D. 字体大小

---

💻 **数据赋能**

### Web 3D 三维可视化数据采集平台为智慧工厂赋能

智慧工厂是现代工厂信息化发展的新阶段，它是在数字化工厂的基础上，利用物联网技术和设备监控技术加强信息管理和服务；清楚掌握产销流程，提高生产过程的可控性，减少生产线上人工的干预，即时正确地采集生产线数据，合理编排生产计划与生产进度。

目前，工厂的很多设备独立运行，设备运行状态、生产周期数据无法流动，导致信息孤岛的形成，无法对数据进行系统的分析和优化。借助物联网技术可以实现对人员（权限管理）、机器（监控设备）、物（数据采集）、生产环境（监测和能耗）的互联互通链接和智慧管理；在智慧工厂的建设中应用物联网技术可以有效降低生产成本，节能降耗，优化工艺流程，是由制造向智造升级的必然选择。

智慧工厂利用物联网技术实现对工厂人员和设备进行信息管理和服务，使得工厂形成万物互联和管理统一，实现数据信息的互联互通，帮助提高工厂的生产效率，降低生产成本，优化设备运行状态和节能降耗，将工业制造与物联网应用结合，构建智造生产区。这些研究和应用，契合党的二十大报告中提出的"推进新型工业化，加快建设制造强国、质量强国、航天强国、交通强国、网络强国、数字中国"要求，实现了"人""物""技术"层面的无缝链接和顺畅运转。

南京梅森信息技术有限公司通过采用自主研发的 Web 3D 控件，以及数据采集接口，可实现将智慧工厂的数据实时展现在监控大屏，实现工厂数据孪生。

通过逼真的动画设计，结合采集到的信号，实时真实地展现现场设备运行状态，如信号灯报警、烟雾报警、电压信息、温度信息、水流情况等，为工厂监控提供便利和效率，为智慧工厂的安全运行提供先进的技术支持。

法治导航

## 公民个人信息受法律保护

2020年上半年，杨某乙在取得杨某甲和吴某的同意后，使用"某房屋信息咨询服务部"公司资金购买了四川省大邑县境内一百余个小区业主的公民个人信息85 079条，交吴某用于该公司经营房产中介业务。

2020年10月，从事房屋中介工作的谢某等7人凑钱从杨某甲处以22 000元的价格将上述公民个人信息买了下来。

2020年11月，谢某等3人再次以6 000元的价格将买来的公民个人信息卖给王某等2名房屋中介工作人员，三人各分得2 000元。2020年12月至2021年1月，王某等7人先后被大邑县公安局民警抓获归案，刘某等5人陆续投案。

大邑法院经审理认为，根据《中华人民共和国刑法》第二百五十三条之一规定，被告人杨某甲等4人违反国家有关规定，非法获取并出售公民个人信息，情节特别严重；被告人吴某等8人非法获取公民个人信息，情节特别严重，其行为均构成侵犯公民个人信息罪。鉴于部分被告人犯罪后投案自首且全部被告人均如实供述了自己的罪行，可以从轻或者减轻处罚。

综合考虑12名被告人犯罪行为的性质、情节、危害后果及认罪态度。最终，大邑法院判决12人有期徒刑3年，并分别处罚金3万元至6万元不等。

随着大数据时代的到来，公民个人信息面临着被过度收集、非法收集和滥用的风险。个人信息的"透明化"也逐步成为滋生犯罪的温床。在便捷与安全问题并存时，个人信息如何得到保障？

公民个人信息包括但不限于公民的姓名、身份证号、电话、住址、生物识别信息，以及行踪轨迹等。2021年11月1日，《中华人民共和国个人信息保护法》正式实施，为公民个人信息安全增加了一层"堡垒"。同时，《中华人民共和国刑法》规定了侵犯公民个人信息罪，不管出售、购买还是窃取个人信息，达到一定标准都会构成犯罪。保护公民个人信息，人人有责，通信、中介、房产等涉及民生的服务领域，更要履行保护公民个人信息的职责，建立健全公民个人信息保护制度，决不能心存侥幸，以身试法。

# 职业技能训练

## 一、单项选择题

1. 一般通过政府部门、机构协会、媒体等渠道采集的是（　　）。

    A. 行业数据　　　　B. 市场数据　　　　C. 运营数据　　　　D. 人群数据

2. 需求分析可分为三个部分：（　　）。

    A. 需求整理、需求排序和需求筛选　　B. 需求树立、需求透视和需求实现

    C. 需求筛选、需求透视和需求排序　　D. 需求收集、需求罗列和需求整理

3. （　　）属于电子商务平台自身提供的数据分析工具。

    A. 百度指数　　　　B. 生意参谋　　　　C. 店侦探　　　　D. 逐鹿工具箱

4. 电子商务数据采集与处理方案中不包含（　　）。

    A. 数据采集背景介绍　　　　　　B. 数据分析目标

    C. 数据来源渠道　　　　　　　　D. 数据指标和数据内容

5. 以下行为中属于不合法行为的是（　　）。

    A. 某网店使用生意参谋市场行情功能分析目标用户群体

    B. 某网店工作人员在百度指数根据相关关键词的搜索指数变化预测行业未来发展趋势

    C. 某中介员工通过"相关渠道"购买上百个小区业主个人信息拓展业务，事后又高价卖出

    D. 某公司通过查阅国家统计局发布的行业市场分析报告，了解相关行业的发展现状

## 二、多项选择题

1. 在进行需求筛选和需求透视时，可遵循以下三个原则：（          ）。

   A. 真实性          B. 价值性          C. 技术性          D. 可行性

2. 店铺运营类数据采集表类型多样，最常见的就是店铺运营日报表，包含的数据指标通常有（          ）等。

   A. 流量类          B. 订单类          C. 转化类          D. 交易类

3. 选择数据采集工具可以从（          ）方面考虑。

   A. 适用范围          B. 数据类型          C. 功能需求          D. 技术实力

4. 某独立商城想要获取某细分行业的市场发展趋势，可以采用的数据采集渠道有（          ）。

   A. 某权威数据公司最新发布的含有该行业市场趋势的行业分析报告

   B. 电视台新闻报道的该行业所属重点商品年度消费数据

   C. 百度指数相关关键词搜索指数

   D. 生意参谋中该行业的市场交易指数

5. 产品数据是围绕企业产品产生的相关数据。下列不属于产品数据的有（          ）。

   A. 商品浏览量          B. 客服响应时长          C. 新客点击量          D. 重复购买率

## 三、判断题

1. 市场数据包括行业数据和竞争数据两部分。（          ）

2. 电子商务数据采集渠道包括权威网站、数据机构、个人网站。（          ）

3. 百度指数属于行业数据及人群数据分析工具。（          ）

4. 数据采集工具的选择需要注意工具的适用范围。（          ）

5. 数据采集与处理方案可以不包含数据采集背景介绍。（          ）

## 四、案例分析题

1. 某网店店长要求数据分析人员对网店"双 11"期间通过直通车、智钻等付费渠道投入产出的数据进行分析，请根据该情境回答以下问题：

（1）明确付费渠道推广数据分析的目标。

（2）明确采用哪些数据指标。

（3）明确数据来源。

2. 某网店准备进入生鲜电商领域，希望了解该行业的市场发展趋势，请根据该
   情境回答以下问题：

（1）明确数据分析的目标。

（2）明确采用哪些数据指标。

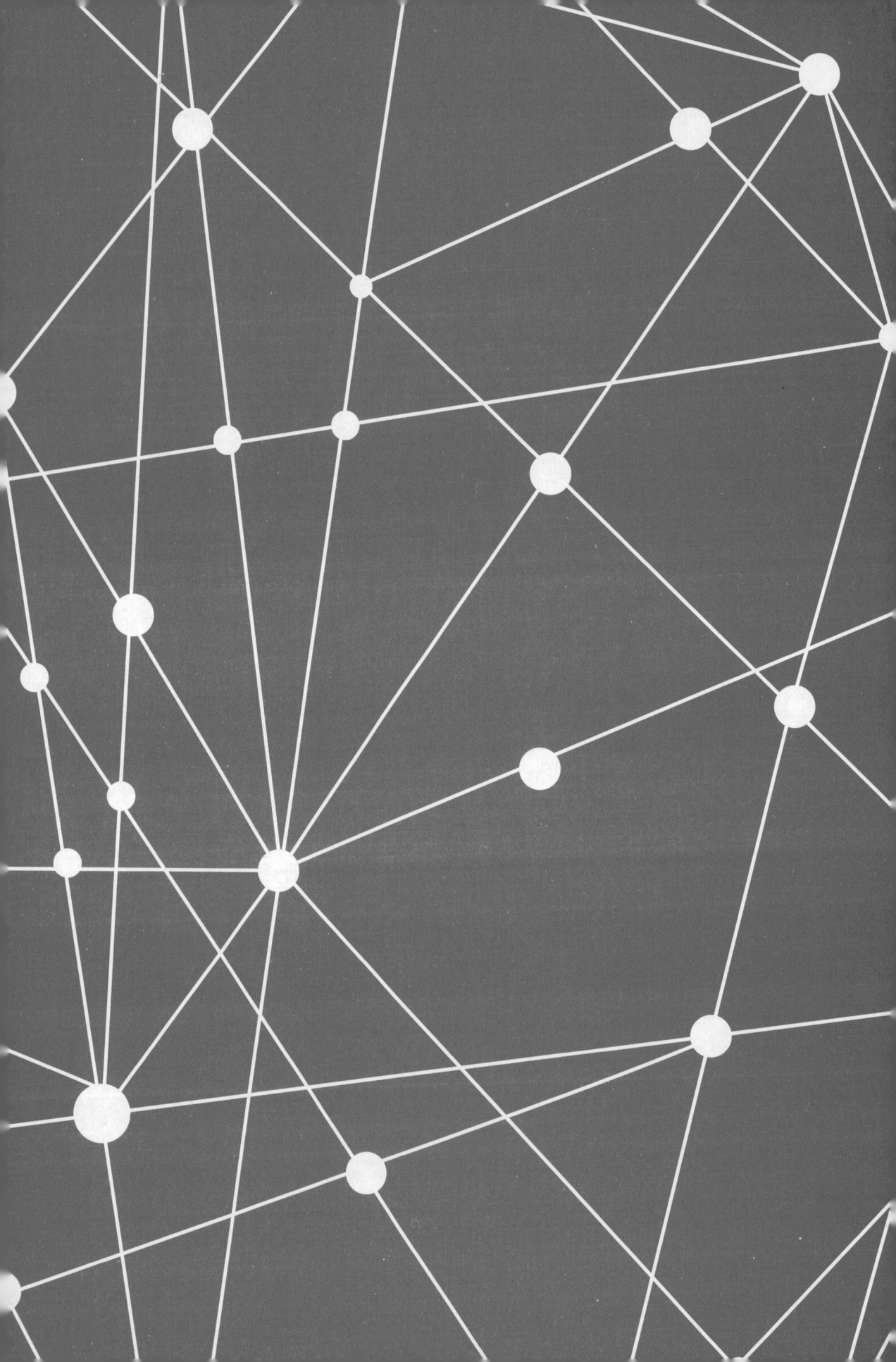

# 市场数据分析

## 学习目标

### 知识目标

◆ 了解市场数据分析的内容组成

◆ 明确市场数据分析的价值

◆ 了解市场需求分析的重要性

◆ 熟悉竞争对手的界定方法

### 技能目标

◆ 能够根据获取的数据进行行业集中度分析

◆ 能够进行市场容量分析及预测

◆ 能够分析市场需求量的变化趋势以及客户品牌、价格、属性偏好

◆ 掌握识别竞争对手的方法

◆ 能够进行竞店和竞品分析

### 素养目标

◆ 具备科学、严谨和实事求是的职业素养，在数据分析过程中不弄虚作假

◆ 具备较强的理解能力、分析能力和实践能力，能够借助数据分析工具、第三方平台等，完成市场数据分析

◆ 具备遵守《中华人民共和国电子商务法》《中华人民共和国反不正当竞争法》等相关法律法规的职业操守

## 思维导图

```
                          ┌──────────┐     市场数据分析的内容
                          │ 市场数据  │─────
                          │ 分析认知  │─────
                          └──────────┘     市场数据分析的价值

                                               行业发展分析
┌──────────┐          ┌──────────┐     ─────
│ 市场数据  │──────────│ 行业数据分析│─────  市场需求分析
│   分析    │          └──────────┘     ─────
└──────────┘                               目标客户分析

                                               竞争对手识别
                          ┌──────────┐     ─────
                          │ 竞争数据分析│─────  竞店分析
                          └──────────┘     ─────
                                               竞品分析
```

## 学习计划

- 知识学习计划

  _____

  _____

- 技能训练计划

  _____

  _____

- 素养提升计划

  _____

  _____

# 单元一　市场数据分析认知

## 引导案例

　　某企业想要加盟代理某家电品牌，但对于家电的市场行情不是很了解，该企业领导安排员工进行家电市场分析，辅助决策。

　　数据分析人员第一时间查找关于家电销售的专业报告，想要从中获取相关统计数据。根据奥维云网和中商产品研究院发布的家电市场规模及发展前景预测分析可知，2019 年我国家电市场零售额规模达到 8 208 亿元；受疫情影响，2020 年家电市场零售额有所下滑，降至 7 347 亿元；2021 年中国家电市场零售额出现回暖，达到 7 603 亿元，如图 3-1 所示。2021 年，电商渠道对家电零售的贡献率首次超过 50%，网络零售对家电消费的促进作用进一步提升，高端产品、生活家电大幅增长，有效促进了消费升级和产业转型。

图 3-1　2016—2022 年中国家电市场零售额

　　从细分品类来看，大多数品类受挫下滑较多，而白电品类展现出相对较强的韧性。2022 年 1—7 月白电各品类中，独立式干衣机、冰柜、集成灶、洗碗机等家电线上零售额规模同比增速分别为 58.7%、13.3%、11.1% 和 10.3%。

此外，数据分析人员了解到，随着人工智能时代的到来，高端产品、智能化产品将成为家电业发展的一大趋势，干衣机、集成灶、洗碗机等智能家电纷纷进入居民家庭。在主流大家电产品中，彩电、空调、洗衣机等智能化渗透率也在不断提升。综合各类市场数据分析信息，该企业决定进驻智能家电行业，并以电商销售为主。

结合案例，思考并回答以下问题：

（1）进行市场数据分析有哪些必要性？

（2）市场数据分析的内容包括哪些？

# 一、市场数据分析的内容

市场数据分析是指为了一定的商业目的，对市场规模、市场趋势、市场需求、目标客户、竞争态势等相关数据进行的分析。通过综合分析，使众多分散的市场信息相互融合、互为补充，辅助电商企业进行决策。如是否应进入该行业，如何确定销售目标，如何安排营销节奏等。

市场数据分析可从以下两个方面展开：

## 1. 行业数据分析

行业是指由众多提供同类或相似商品的企业构成的群体，通过对行业进行宏观及微观分析（如行业集中度、行业市场规模、商品售卖周期、客户品牌及属性偏好等），来判定电商企业选择的行业是否有较好的发展态势，行业的天花板在哪里，行业类目下有哪些子行业有较好的发展潜力等。据此对行业做出整体判断，找到电商企业后期销售额提升的"蓝海"机会，明确电商企业可以切入的品类。

## 2. 竞争数据分析

了解了行业的整体状况，还需要纵深下去，识别并分析企业的竞争对手。在信息透明的互联网时代，容量大、竞争小的市场很少，甚至可以说几乎不存在。因此，企业需要积极投入竞争环境中，通过比较，明确企业在同行业中的位置，了解自身的优势，找出自身和竞争对手的差距，并积极改善。

## 二、市场数据分析的价值

市场数据分析的价值体现在以下几个方面:

(1)有利于电商企业及时发现新的市场机会,预测市场行情,及时有效地调整市场或品牌战略,开拓潜在市场。

(2)提高信息对称性,为电商企业的经营决策提供参考,让决策的信息更充分,提高经营管理决策的科学性和有效性。

(3)帮助电商企业发现经营中存在的问题,探查问题出现的原因,找到解决问题的方法。

(4)内外数据整合,提升市场竞争力。如价格带分析、客户满意度分析,可作为企业调整战略目标的参考依据,帮助电商企业提升市场竞争力。

### 📋 1+X 考证提要

**本单元需重点理解与掌握的内容**

(1)市场数据分析是指为了一定的商业目的,对市场规模、市场趋势、市场需求、目标客户、竞争态势等相关数据进行的分析。

(2)市场数据分析分为行业数据分析和竞争数据分析。

(3)市场数据分析的价值体现。

# 单元二 行业数据分析

## 引导案例

某电商企业想要了解化妆品行业的市场需求变化,数据分析人员借助 360 趋势进行分析,在搜索框中输入行业类目词"化妆品",随即查看需求分布,如图 3-2 所示。

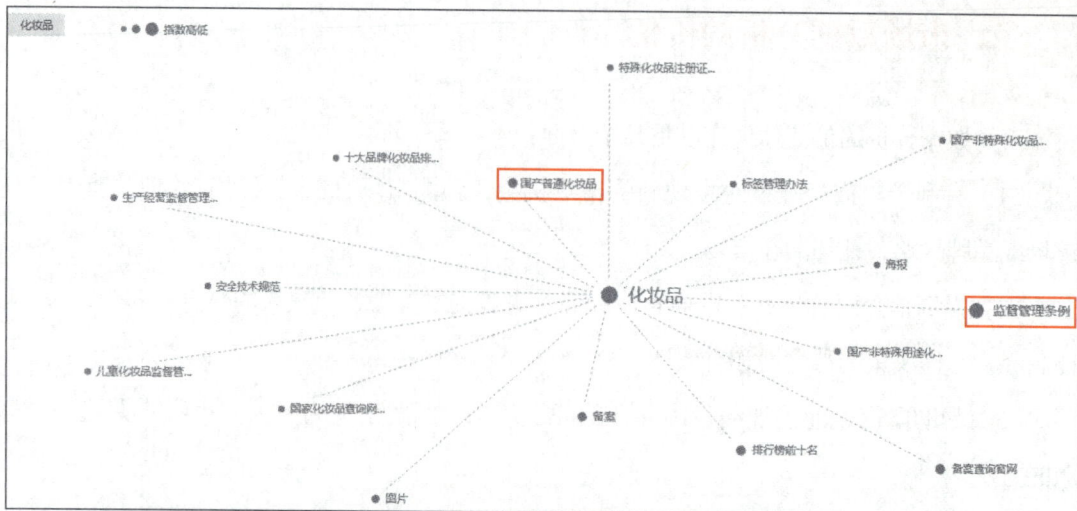

图 3-2　需求分布

　　通过 360 趋势统计的数据可知，客户比较关注化妆品的监督管理条例，其次是国产普通化妆品和化妆品排名。结合市场需求来看，该企业可以尝试做高质量的国产普通化妆品。

　　此外，通过分析 360 趋势中的用户画像可知，目标用户以女性居多，年龄集中在 19-24 岁、25-34 岁这两个年龄段，如图 3-3 所示。企业后期选择的商品可以综合这两个年龄段的客户需求分布，选择具有相应功能的美妆护肤品。

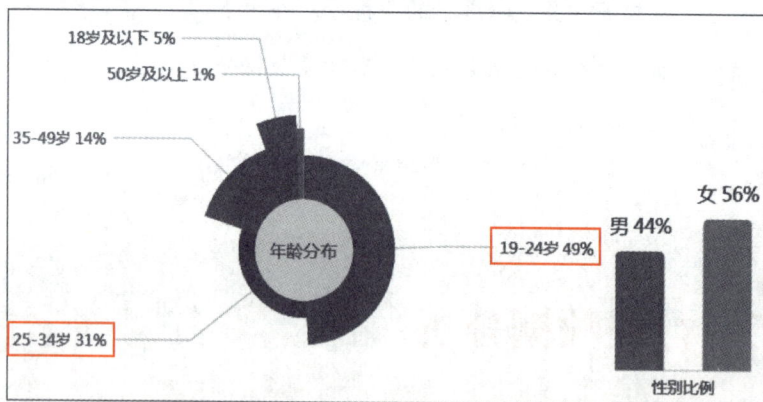

图 3-3　目标客户分析

结合案例，思考并回答以下问题：

（1）思考分析市场需求的必要性有哪些？

（2）为了使分析更全面，市场需求分析还包括哪些内容？

# 一、行业发展分析

电商企业的盈利水平不仅会受到自身发展周期的制约，而且会受到行业发展阶段的制约。如果一个行业处于衰退阶段，即使电商企业处于成长阶段，并愿意投入大量的人力、物力、财力，其发展空间仍然非常有限。因此，电商企业前期进行行业发展分析是非常有必要的。

行业发展分析主要围绕行业的发展现状展开，包括行业集中度分析、市场趋势分析、市场容量分析等。

## 1. 行业集中度分析

行业集中度，又称行业集中率或市场集中度，是对整个行业市场集中度和市场势力测量的重要量化指标，可以反映某个行业的饱和度和垄断程度，一般通过赫芬达尔指数（$HHI$）反映。该指数需要取得竞争对手的市场占有率。该指数在 $1/n \sim 1$ 之间变动，指数的数值越小，说明行业集中度越小，越趋于自由竞争。

微课：赫芬达尔指数计算

---

**知识链接**

## 赫芬达尔指数

赫芬达尔—赫希曼指数，简称赫芬达尔指数（$HHI$），是一种测量行业集中度的综合指数，在经济学界使用较多。赫芬达尔指数的计算方法及步骤如下：

第一步，获取竞争对手的市场份额。可忽略市场份额较小的竞争对手。

第二步，计算市场份额的平方值。

第三步，将竞争对手的市场份额平方值相加。

---

现假设某行业市场有 5 家企业，每家企业的市场份额分别为 0.31、0.15、0.2、0.23、0.11，如图 3-4 所示。

想要计算该行业的赫芬达尔指数，首先需要计算不同企业各自的市场份额平方值，如图 3-5 所示。

|  | A | B |
|---|---|---|
| 1 | 企业 | 市场份额 |
| 2 | A | 0.31 |
| 3 | B | 0.15 |
| 4 | C | 0.2 |
| 5 | D | 0.23 |
| 6 | E | 0.11 |

图 3-4　市场份额列表

C2　=B2*B2

|  | A | B | C |
|---|---|---|---|
| 1 | 企业 | 市场份额 | 市场份额平方值 |
| 2 | A | 0.31 | 0.0961 |
| 3 | B | 0.15 |  |
| 4 | C | 0.2 |  |
| 5 | D | 0.23 |  |
| 6 | E | 0.11 |  |

图 3-5　市场份额平方值计算

分别计算出 5 家企业的市场份额平方值之后，将市场份额平方值相加，即可得出该行业的赫芬达尔指数，如图 3-6 所示。

D2　=SUM(C2:C6)

|  | A | B | C | D |
|---|---|---|---|---|
| 1 | 企业 | 市场份额 | 市场份额平方值 | 行业赫芬达尔指数 |
| 2 | A | 0.31 | 0.0961 | 0.2236 |
| 3 | B | 0.15 | 0.0225 |  |
| 4 | C | 0.2 | 0.04 |  |
| 5 | D | 0.23 | 0.0529 |  |
| 6 | E | 0.11 | 0.0121 |  |

图 3-6　行业赫芬达尔指数

通过计算得到的赫芬达尔指数可知该行业的集中度，即 $HHI = 0.223\ 6$，$HHI$ 值越大，表明行业集中度越高。当行业处于完全垄断时，$HHI = 1$。

需要明确的是，该指数对规模较大的企业的市场份额反映比较敏感，而对众多小企业的市场份额小幅度的变化反映很小。此外，该指数不受企业数量和规模分布的影响，可以较好地测量行业的集中度变化情况。

电商企业在进行行业集中度分析时，可进入电商后台采集相应的数据。以淘宝网为例，进入生意参谋，采集选定行业排名前 50 位品牌的交易指数，通过交易指数拟合交易金额，随后计算出各自的市场份额（交易指数占比），进一步完成行业集中度计算。图 3-7 为生意参谋中女装排名靠前的品牌的交易指数，随后将采集的数据整理到 Excel 表格中，并按照赫芬达尔指数的计算步骤完成行业集中度的测算，如图 3-8 所示。

通过计算出的数据可知，女装的行业集中度为 0.022 048 876，说明该行业集中度较低，并未被垄断，电商企业可以进入该行业。

| 热门交易 | | 品牌 | 交易指数 ⬍ | 交易增长幅度 ⬍ | 操作 |
|---|---|---|---|---|---|
| 🏆 | 持平 | 品牌一 | 3 742 743 | +2.72% | 趋势分析 |
| 🏆 | 升4名 | 品牌二 | 3 561 366 | +113.02% | 趋势分析 |
| 🏆 | 升19名 | 品牌三 | 2 894 131 | +159.27% | 趋势分析 |
| 4 | 升15名 | 品牌四 | 2 863 800 | +133.70% | 趋势分析 |
| 5 | 降3名 | 品牌五 | 2 812 115 | -21.65% | 趋势分析 |
| 6 | 升8名 | 品牌六 | 2 797 367 | +102.28% | 趋势分析 |
| 7 | 降2名 | 品牌七 | 2 573 654 | +12.56% | 趋势分析 |

图 3-7　女装品牌的交易指数

| | A<br>行业排行 | B<br>品牌信息 | C<br>交易指数 | D<br>市场份额 | E<br>市场份额平方值 | F<br>行业集中度 |
|---|---|---|---|---|---|---|
| 1 | | | | | | |
| 2 | 1 | 品牌一 | 3742743 | 0.040287467 | 0.00162308 | 0.022048876 |
| 3 | 2 | 品牌二 | 3561366 | 0.038335096 | 0.00146958 | |
| 4 | 3 | 品牌三 | 2894131 | 0.031152875 | 0.000970502 | |
| 5 | 4 | 品牌四 | 2863800 | 0.030826388 | 0.000950266 | |
| 6 | 5 | 品牌五 | 2812115 | 0.030270042 | 0.000916275 | |
| 7 | 6 | 品牌六 | 2797367 | 0.030111293 | 0.00090669 | |
| 8 | 7 | 品牌七 | 2573654 | 0.027703211 | 0.000767468 | |
| 9 | 8 | 品牌八 | 2475177 | 0.026643189 | 0.00070986 | |
| 10 | 9 | 品牌九 | 2444750 | 0.026315669 | 0.000692514 | |
| 11 | 10 | 品牌十 | 2418127 | 0.026029094 | 0.000677514 | |

图 3-8　女装行业集中度计算

## 2. 市场趋势分析

市场趋势分析，即根据市场历史数据判定行业目前所处的发展阶段，是处于萌芽期、成长期、爆发期还是衰退期。电商企业选定行业所处的发展阶段，决定了电商企业未来的成长空间。

由于市场趋势分析需要了解过去的市场情况，并进一步预测未来的市场变化，在进行市场趋势分析时，需要持续收集市场趋势的相关数据。在进行市场趋势分析时，行业研究报告必不可少，行业研究报告通过对特定行业的长期跟踪监测，对行业的整体情况和发展趋势进行分析，包括行业生命周期、行业成长空间和盈利空间、行业演变趋势等。数据分析人员通过研读行业研究报告，从中挖掘反映行业市场趋势的关键数据信息，并根据这些信息预测未来市场的发展。

许多第三方调研机构会公布他们的研究成果，如前瞻产业研究院、199IT 互联网数据中心、艾瑞网等。如数据分析人员通过研读中研网发布的《2021 年女装电商行业市场深度分析及投资发展趋势》了解到，随着我国经济的不断发展和人们生活水平的不断提高，女装电商行业也得到了快速发展，市场规模连年增长，据此，数据分析人员可以分析出，女装电商市场没有呈现收缩趋势，并且处于发展之中。需要注意的是，如果行业处于衰退期，则说明该行业已经危机四伏，需谨慎进入。

### 3. 市场容量分析

市场容量即市场规模，其目的主要是研究目标行业的整体规模，是指目标行业在指定时间内的销售额。

市场容量分析对于电商企业的运营非常重要。一方面，有利于电商企业了解选定的行业前景如何；另一方面，有利于电商企业制订销售计划，确定销售目标。由于市场容量的大小决定了行业的天花板，销售目标定高了，会导致积压库存、占用资金；销售目标定低了，有可能错过市场机会，不利于电商企业的成长。

需要明确的是，市场的发展是动态的，要实时监控并分析市场容量的变化，可通过以下步骤展开：

步骤 1，明确分析需求。

明确分析需求即通过市场容量分析想要达成的目标，是了解行业市场容量历年来的变化趋势，还是预测未来几年的市场容量，据此制订发展计划并确定目标。

步骤 2，整合数据资源。

为了保证分析数据的客观性和科学性，需要整合不同来源渠道的数据，进行有效提取。

① 通过洞见研报、艾瑞网、艾媒网、中国产业信息网等发布的年度报告采集目标行业的市场容量数据。

| | A | B |
|---|---|---|
| 1 | 年份 | 市场规模/亿元 |
| 2 | 2016年 | 54.0 |
| 3 | 2017年 | 90.0 |
| 4 | 2018年 | 115.0 |
| 5 | 2019年 | 148.0 |
| 6 | 2020年 | 178.0 |
| 7 | 2021年 | 205.0 |

图 3-9　某行业的市场规模

② 通过目标销售平台采集相应的交易数据，如淘宝网、京东网、当当网等。

③ 作为上述两种数据采集途径的补充，可搜集整理一些个性化商品的数据，如百度指数、360 趋势、阿里指数等。

步骤 3，市场容量分析。

根据采集及整合的数据进行市场容量预测分析。图 3-9 为通过艾媒网发布的报告采集的某行业的市场规模数据。通过数据可知，2016年至2021年，该行业的市场规模保持了快速增长的趋势，2021年的市场规模达到205亿元，非常可观。

同时，想要预测2022年、2023年的市场规模，可采用图表趋势预测法，即制作市场规模折线图（如图3-10所示），并插入预测公式（如图3-11所示）。

微课：利用图表趋势预测法预测市场容量

图 3-10 2016—2021年某行业市场规模折线图

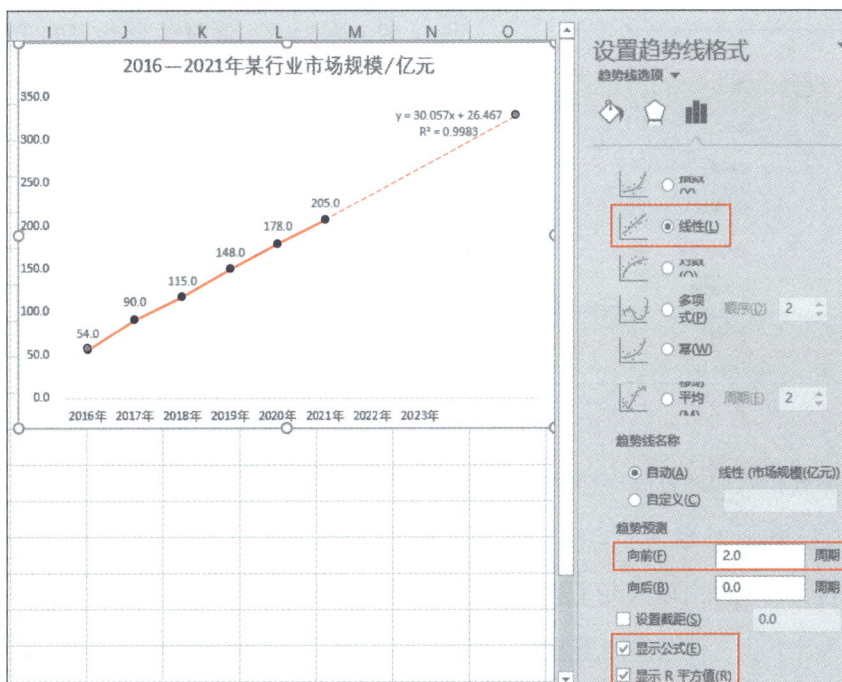

图 3-11 2016—2023年某行业市场规模预测

现已知预测公式为"$y = 30.057x + 26.467$"，$R$ 平方值为 0.998 3，$R$ 平方值接近 1，说明使用预测公式预测的结果可靠性高。预测公式中，$x$ 是每个年份对应的数据点，$y$ 是对应年份的市场规模。由于 2022 年是第 7 个数据点，2023 年是第 8 个数据点，由此计算出 2022 年、2023 年的预测市场规模如下：

$$2022 年市场规模 = 30.057 \times 7 + 26.467 \approx 236.87（亿元）$$

$$2023 年市场规模 = 30.057 \times 8 + 26.467 \approx 266.92（亿元）$$

此类整体性的市场规模数据具有一定的参考价值，但想要进一步明确所选平台的市场规模，还需要通过平台采集相应数据。以淘宝网为例，通过生意参谋计算出所选行业 TOP 品牌的成交金额后，采用累加一个自然年 TOP 品牌成交金额的方式，得到本行业的市场规模数据。据此，电商企业可以结合自身规模及实力制定销售目标。

### 4. 子行业容量分析

电商企业通过对行业集中度和行业市场容量的分析，能够确定计划进入的父行业，但在具体运营过程中，还需要了解父行业下所有子行业的发展情况，从中选出有销售前景、市场容量大的子行业，并进一步确定行业品类切入方案，制订合理的品类上新计划。

图 3-12　女装子行业

现以淘宝网为例，通过生意参谋的市场功能了解到女装类目下有众多子行业，如裤子、半身裙等，如图 3-12 所示。

现计划对所有子行业的市场容量进行分析，可以通过生意参谋采集行业构成数据。图 3-13 为女装子行业 2022 年 10 月的交易数据，通过采集的数据，可以清晰了解到所有女装子行业支付金额较父行业（即女装行业）的占比。

数据分析人员通过制作饼状图可以直观展示 2022 年 10 月女装所有子行业的市场容量占比，如图 3-14 所示。

通过该饼状图可以清晰了解到，2022 年 10 月裤子、连衣裙、毛针织衫等子行业容量份额比较大，但考虑到季节性因素，需要选定一个自然年的数据综合比较，从中选出市场容量比较大的子行业进入。

| | A | B | C | D | E |
|---|---|---|---|---|---|
| 1 | 日期 | 类目名 | 交易增长幅度 | 支付金额较父行业占比 | 支付子订单数较父行业占比 |
| 2 | 2022年10月 | 裤子 | 29.03% | 8.75% | 14.49% |
| 3 | 2022年10月 | 连衣裙 | -24.77% | 8.15% | 6.78% |
| 4 | 2022年10月 | 毛针织衫 | 22.24% | 8.13% | 8.98% |
| 5 | 2022年10月 | 毛呢外套 | 169.13% | 7.31% | 2.66% |
| 6 | 2022年10月 | 卫衣/绒衫 | 28.35% | 6.83% | 8.98% |
| 7 | 2022年10月 | 毛衣 | 92.58% | 5.93% | 6.43% |
| 8 | 2022年10月 | 套装/学生校服/工作制服 | -14.92% | 5.65% | 4.85% |
| 9 | 2022年10月 | 短外套 | 17.74% | 5.29% | 3.91% |
| 10 | 2022年10月 | 皮草 | 176.44% | 5.11% | 0.68% |

图 3-13　女装子行业数据

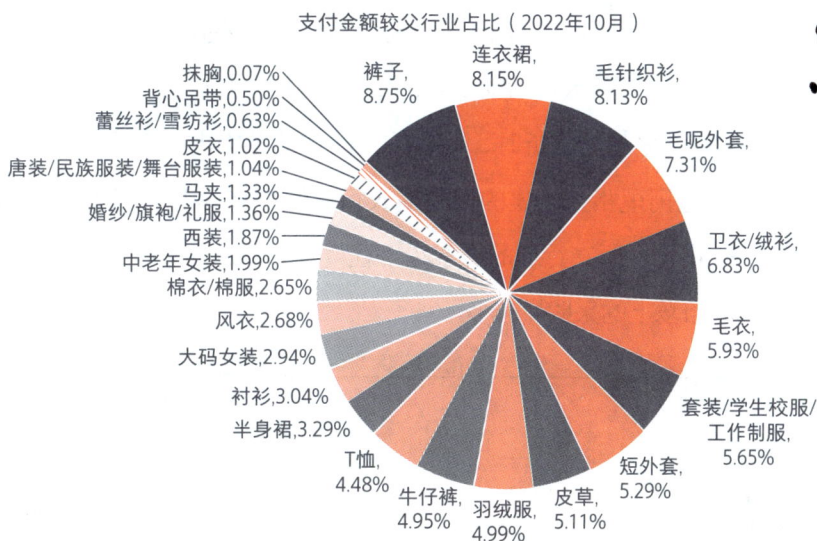

图 3-14　女装子行业市场容量情况

对于非服饰类的标品或者半标品，季节性因素影响较小，行业产品革新、客户消费习惯等因素影响较大。因此，在分析这些品类时，除了通过平台采集的数据，还需要综合这些因素，全面细致地进行分析。

**实训专区**

现已统计出某行业在某电商平台连续 6 年的销售额数据，请调取源数据 3-1，并结合图表趋势预测法，预测该行业在该电商平台未来 3 年的销售额。

## 二、市场需求分析

市场需求反映的是在一定时期和地区内，客户对计划购买的商品所表现出来的各类需求，包括品牌、质量、规格和型号等。如果不适应客户的这些需求，商品就有可能在后期出现销售疲软。因此，需要提前收集并分析市场反馈出的各类需求，做好需求量变化趋势分析以及客户品牌、价格、属性偏好分析。

### 1. 市场需求量变化趋势分析

电商企业在运营时需要关注市场需求量的变化趋势，以便为后期的商品布局提供参考依据。市场需求有些围绕季节变化，如服装类目；有些围绕节日变化，如儿童用品、节庆食品；有些则围绕大促活动变化，如"双11""618"等。

在进行需求量变化趋势分析时，可在较大的市场范围内综合采集行业的采购指数。图3-15为通过阿里指数采集的女装毛衣行业的1688采购指数趋势。1688采购指数是根据1688市场里所在行业的搜索频繁程度计算而成的一个综合数值，指数越高则表示在1688市场上的采购量越多。

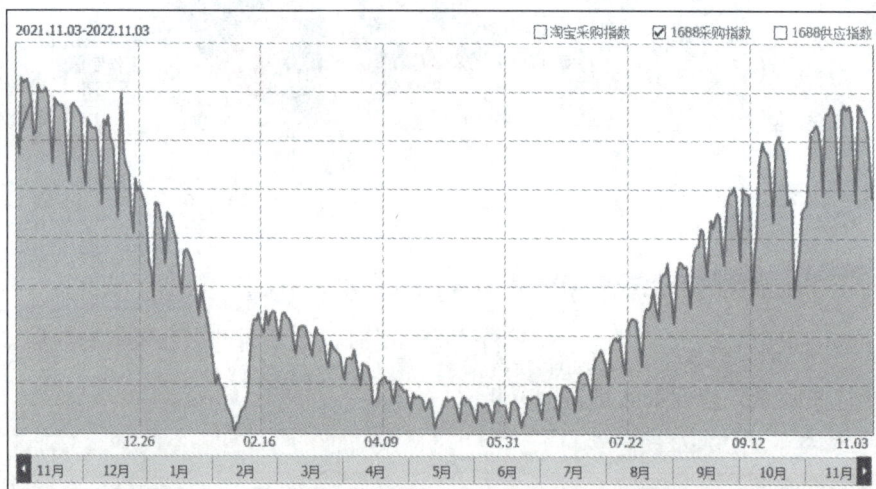

图 3-15　女装毛衣行业的 1688 采购指数趋势图

通过该趋势图可以分析出，女装毛衣在每年7月采购指数逐渐上涨，说明此时市场需求量逐渐增大，在每年的10-11月进入爆发期，市场需求达到顶峰，随后逐渐回落，进入衰退期。

为了进一步验证市场需求量的变化趋势，还可以通过生意参谋采集女装毛衣的交易数据，图 3-16 为女装毛衣一年的交易指数折线图。

当前行业 毛衣 VS 请选择类目 ∨

■ 交易指数

截至2020年10月人数类月粒度数据为根据日粒度数据求和计算，未经去重。其后人数类指标均为该周期内去重指标。
在上述时间段内涉及人数类去重指标（如访客数）其结果可能相对较大。

图 3-16 女装毛衣一年的交易指数折线图

通过该折线图可以了解到，淘宝网的交易指数趋势和 1688 市场的采购指数趋势具有一定的相似性，也是从 7 月市场需求量逐渐进入增长期，10~11 月进入爆发期，随后逐渐进入衰退期，说明女装毛衣行业具有明显的季节性特征。

结合上述分析数据，电商企业可以根据自身的产品开发和供应链生产情况，进行上新时间规划安排，一般服饰类目会提前 1~2 个月准备。如果电商企业没有根据市场需求趋势准备，晚一周甚至更长时间上新，就会被其他商家抢占先机，自身的销售额会受到直接影响。

后期进入正式运营后，除了大盘数据外，电商企业还需要结合不同品类销售数据进行分析，提前做好下一季度、下一年度的品类上新规划和上新工作安排，如表 3-1 所示。

表 3-1 女装类目品类上新规划

| 排序 | 上新时间 | 上新类目 | 上新数量 / 件 | 占比 /% |
|------|----------|----------|--------------|---------|
| 1 | | 女装／裤子 | | |
| 2 | | 女装／连衣裙 | | |
| 3 | | 女装／卫衣 | | |
| 4 | | 女装／外套 | | |

## 2. 客户品牌偏好分析

客户品牌偏好是品牌影响力的重要组成部分，是指某一市场中客户对某些品牌的喜爱程度，是对客户品牌选择意愿的了解。

客户品牌偏好是多个因素综合影响客户态度的结果。客户在购买之前，心中就已有了既定的品位及偏好，只有极少数客户会临时起意产生冲动性购买。整体而言，就算客户的购买是无计划性、无预期性的，仍会受到心中既有品位与偏好的影响。

在进行客户品牌偏好分析时，可通过生意参谋、京东商智等平台工具采集指定行业热销品牌榜数据。图 3-17 是通过生意参谋采集的女装毛衣的客户品牌偏好，电商企业通过品牌排名情况，找到高销量、高流量的品牌店铺商品，以此作为参考，然后根据热销品牌的商品，进行女装毛衣的数据优化和上新优化。

| 品牌偏好 | | |
|---|---|---|
| 排名 | 品牌名称 | 交易指数 |
| 1 | 品牌一 | 213 694 |
| 2 | 品牌二 | 92 925 |
| 3 | 品牌三 | 62 499 |
| 4 | 品牌四 | 58 538 |
| 5 | 品牌五 | 55 219 |
| 6 | 品牌六 | 55 217 |
| 7 | 品牌七 | 52 173 |
| 8 | 品牌八 | 50 958 |
| 9 | 品牌九 | 49 901 |
| 10 | 品牌十 | 47 824 |

图 3-17　女装毛衣的品牌数据

## 3. 客户价格偏好分析

市场价格是商品价值的货币表现，通常是指一定时间内某种商品在市场上形成的具有代表性的实际成交价格。

市场供求是形成商品价格的重要参数，当市场需求扩大时，商品价格呈上涨趋势，高于商品价值；当供求平衡时，商品价格相对稳定，符合商品价值；当需求减少时，商品价格呈下降趋势，低于商品价值。

电商企业在分析商品市场价格时，一个很重要的依据就是消费者的消费水平和价格承受能力，以此为标准来确定相应的价格带。如图 3-18 所示，以女装毛衣为例，最近 30 天 1688 市场的女装毛衣行业，买家浏览最多的商品价格带为 45.3-64 元；买家采购最多的商品价格带为 45.3-64 元。仅有 1688 市场的价格数据是不够的，还需要结合电商平台的数据综合评估，

图 3-19 为淘宝网女装毛衣客户价格偏好，集中在 49-133 元；图 3-20 为京东网女装毛衣客户价格偏好，集中在 57-133 元。综合比较，女装毛衣 45.3-133 元价格区间为客户价格偏好。但是，不同的价格分层，会有不同的市场体量和竞争产品，该价格区间的商品客户量大，但对应的竞品也多，电商企业需要根据自身的生产实力、供应链优势，预估商品的利润空间，确定自身商品的定价方向。

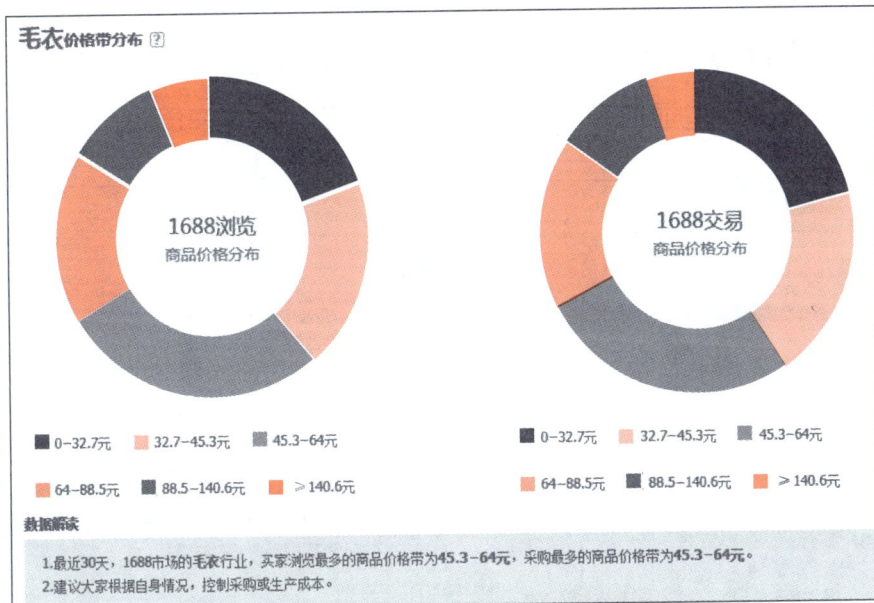

图 3-18 女装毛衣价格带分布

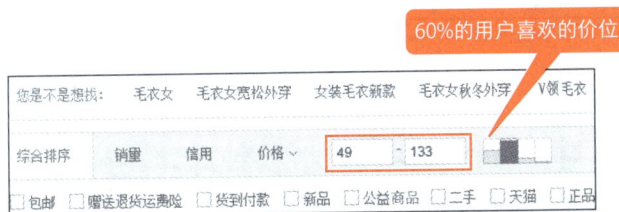

图 3-19 淘宝网女装毛衣客户价格偏好

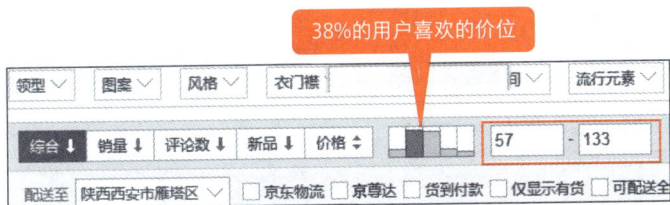

图 3-20 京东网女装毛衣客户价格偏好

需要明确的是，在市场发展过程中，消费者的消费层次也会发生相应变化。有些品类的消费水平会上升，而有些品类的消费水平会下降，不同的消费水平代表着不同的竞争环境。实时追踪消费市场消费层次的变化，对客户进行分层，有利于电商企业更精准地定位市场，把合适的商品放置在合适的客户面前。

### 4. 客户属性偏好分析

除品牌偏好、价格偏好之外，商品属性偏好同样影响客户的选择。以女装毛衣为例，通过阿里指数综合分析 1688 市场女装毛衣的热门属性，可以间接了解到客户对该行业在风格、领型、面料等方面表现出的属性偏好，如图 3-21 和图 3-22 所示。

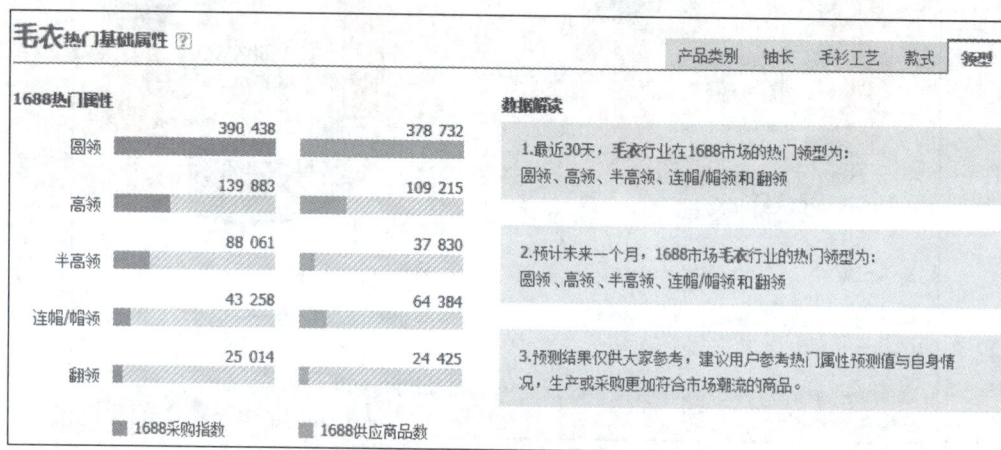

图 3-21　女装毛衣的热门属性（1）

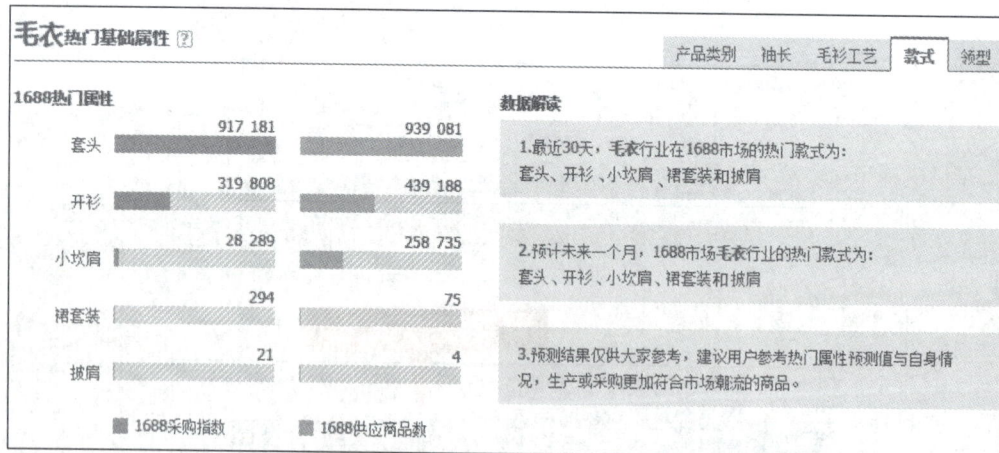

图 3-22　女装毛衣的热门属性（2）

数据分析人员对上述热门属性进行提炼整理，形成客户属性偏好统计表，便于查看和分析。

　　需要注意的是，1688市场的客户属性偏好数据为预测结果，可以将此作为参考但不够准确，还需要结合电商企业所在平台进一步明确客户属性偏好。图3-23为淘宝网生意参谋中女装毛衣的属性洞察，可分别了解客户在功能、厚薄、图案、尺码等方面的偏好，如图3-24和图3-25所示。电商企业将采集的这些属性数据综合分析，可以更加明确客户的属性偏好，便于后期商品卖点的打造。

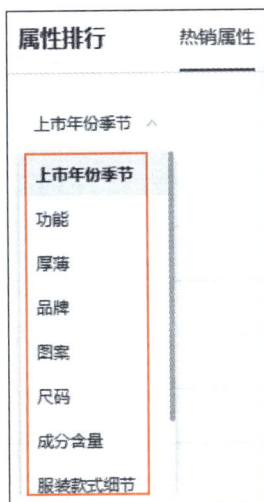

图 3-23　女装毛衣的属性洞察

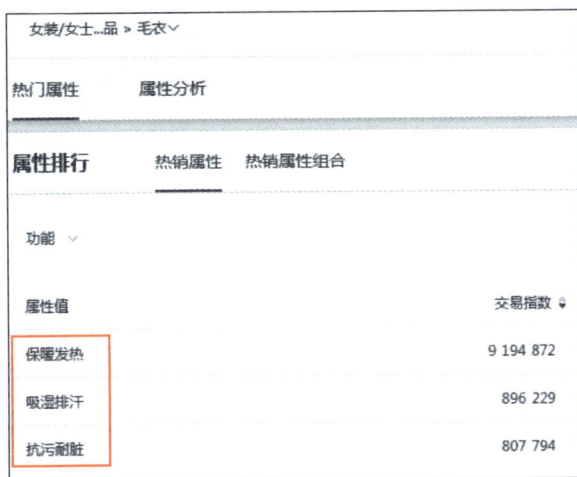

图 3-24　女装毛衣的属性偏好（1）

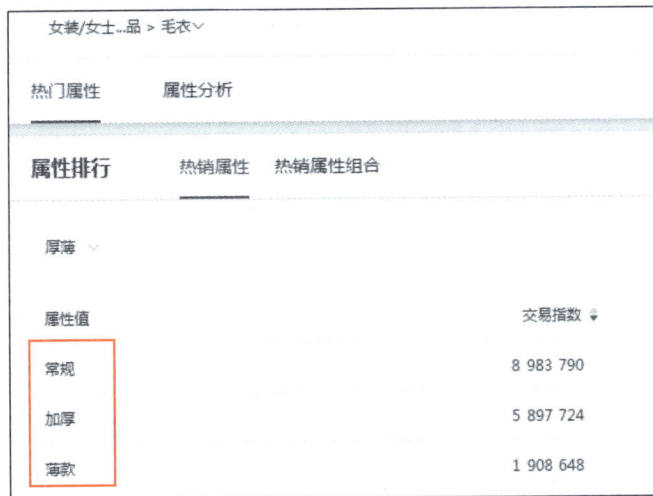

图 3-25　女装毛衣的属性偏好（2）

### 三、目标客户分析

目标客户是指需要电商企业的产品或服务，并且有购买能力的客户，是企业提供产品和服务的对象，也是电商企业营销及销售的前端，确定了目标客户的属性，才能进一步展开具有针对性的营销举措。

在进行目标客户分析时，可以通过阅读第三方调研机构发布的目标客户的消费行为白皮书来加深对目标客户的了解；还可以通过百度指数、360趋势等了解目标客户画像；此外，为了将目标客户分析得更精准，需要结合选定的电商平台进行行业目标客户分析。

这里以淘宝网为例，通过搜索人气，综合分析目标客户的特性。

#### 1. 目标客户年龄分析

目标客户搜索人气高的年龄段对于电商企业商品布局非常重要，通过图3-26所示的目标客户年龄分析柱形图可知，18-24岁的搜索人气最高，说明该年龄段客户需求旺盛。此外，25-29岁和30-34岁这两个年龄段的搜索人气也较高。电商企业可以选定这其中的某个年龄段，结合选定年龄段客户所表现出来的个性化需求，综合市场需求中提炼出的客户属性偏好，安排商品的设计生产或通过第三方市场进行采购。

此外，电商企业还可以结合市场需求分析中的客户类目品牌偏好数据，在使用关键词的时候，参考客户偏好品牌，了解品牌的商品视觉、营销方法、客单价等，从而进行调整优化。

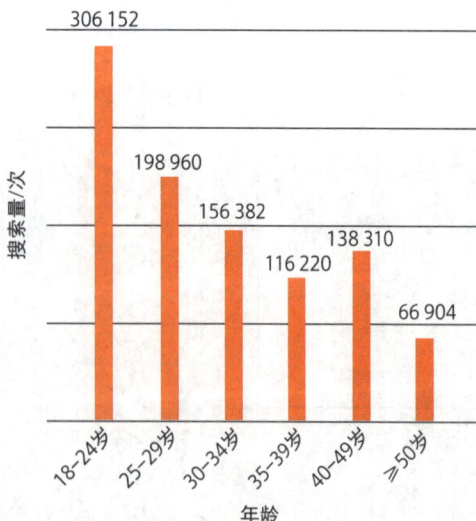

图 3-26　目标客户年龄分析

#### 2. 目标客户职业分析

除了年龄之外，目标客户职业分析也不容忽视，职业场景对服装风格具有一定的影响。图3-27为女装毛衣搜索人气较高的职业，分别为公司职员、学生等，这与目标客户集中的年龄段具有一定的重合，可为电商企业在选定商品风格时提供参考。

#### 3. 目标客户地域分布分析

目标客户地域分布分析，即目标客户集中的地域分析，图3-28为生意参谋中搜索人气较高的地域。有了这样的信息,电商企业就可以思考:这些地区的用户搜索量较大,是否应该根据这些地区的天气特点及用户特点进行选款和营销推广。

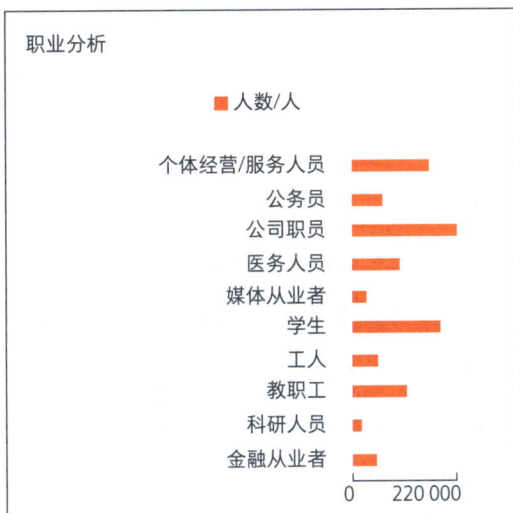

图 3-27　目标客户职业分析

| 排名 | 省份 | 搜索人气 | |
|------|------|----------|---|
| 1 | 山东省 | 17 239 | |
| 2 | 江苏省 | 15 538 | |
| 3 | 河南省 | 14 773 | |
| 4 | 浙江省 | 13 558 | |
| 5 | 四川省 | 13 138 | |
| 6 | 广东省 | 12 913 | |
| 7 | 河北省 | 12 531 | |
| 8 | 安徽省 | 9 921 | |
| 9 | 北京市 | 9 721 | |
| 10 | 辽宁省 | 9 634 | |

图 3-28　目标客户地域分布分析

综上所述,市场需求分析及目标客户分析应结合起来,使得电商企业后期的各项经营决策更有针对性、更有效和更科学,从而促进自身的长效发展。

## 1+X 考证提要

### 本单元需重点理解与掌握的内容

(1)行业发展分析主要围绕行业的发展现状展开,包括行业集中度分析、市场趋势分析、市场容量分析、子行业容量分析等。

(2)通过赫芬达尔指数(HHI)来进行行业集中度分析。

(3)市场需求分析包括市场需求量变化趋势分析、客户品牌偏好分析、客户价格偏好分析、客户属性偏好分析。

(4)通过目标客户年龄分析、职业分析、地域分布分析等完成目标客户分析。

# 单元三　竞争数据分析

## 引导案例

　　小林经营复古女装，现选择同一目标市场竞争对手经营的一款相似的复古连衣裙为竞品，为了全面进行竞品分析，小林分别建立了竞品基本信息表和竞品数据追踪表。其中竞品基本信息表主要包括商品标题、商品价格、成交关键词等，如图3-29所示；数据追踪表主要包括促销活动、日访客数、日销售量、日收藏量、日转化率等，如图3-30所示。小林持续收集竞品相关数据，并定期进行竞品数据分析。

| | A | B | C |
|---|---|---|---|
| 1 | 竞品基本信息 | | |
| 2 | 店铺名称 | **复古女装 | **民族服饰专营店（竞品） |
| 3 | 商品标题 | 2022年秋装新款长袖连衣裙、复古收腰、显瘦西装领气质女长裙子 | 2022年新款气质连衣裙、收腰小香风中长裙、长袖春秋装裙子 |
| 4 | 商品价格 | 216元 | 268元 |
| 5 | 腰型 | 高腰 | 高腰 |
| 6 | 通勤 | 中式 | 淑女 |
| 7 | 裙长 | 长款 | 中长款 |
| 8 | 成交关键词 | | |
| 9 | | | |

图 3-29　竞品基本信息表

| | A | B | C | D | E | F |
|---|---|---|---|---|---|---|
| 1 | 店铺销售数据追踪 | | | | | |
| 2 | 内容 | 项目 | 9月20日 | | 9月21日 | |
| 3 | | | **复古女装 | **民族服饰专营店 | **复古女装 | **民族服饰专营店 |
| 4 | 竞品分析 | 促销活动 | | 周年庆满299-100 | 聚划算 | |
| 5 | | 日访客数 | | | | |
| 6 | | 日销售量 | | | | |
| 7 | | 日收藏量 | | | | |
| 8 | | 日转化率 | | | | |

图 3-30　数据追踪表

小林连续统计了一周竞品的各项数据，分析得出：这一周内，竞品及自身商品的价格并未发生变动，自身商品的销量虽有波动，但总体上呈现增长趋势，而竞品的销量除了在周年庆有所增长外，整体呈现下滑趋势。小林将继续做好竞品的数据追踪，寻找可供借鉴、优化的内容。

结合案例，思考并回答以下问题：

（1）怎样选择合适的竞品？

（2）竞品分析可从哪些方面展开？

# 一、竞争对手识别

竞争对手是对电商企业发展可能造成威胁的任何企业，具体是指与本企业生产销售同类商品或替代品，提供同类服务或替代服务，以及价格区间相近，目标客户类似的相关企业。

对竞争对手进行识别，能够了解整个行业的竞争格局，能够对整个行业目前的竞争激烈程度以及未来的走势进行分析和预判。在淘宝网中输入"女装毛衣"并设置各项条件，可了解到女装毛衣行业的相关竞争店铺有633 360家。在分析整个行业竞争格局的基础上，把自己的竞争对手进行分层，在之后的运营中，向行业标杆竞争对手学习，并进一步锁定直接竞争对手，分析直接竞争对手的发展目标，拥有的资源、能力和当前的战略，取长补短，制定更有针对性的竞争战略。

## 1. 竞争对手界定

根据不同的竞争资源，可有效界定竞争对手。

（1）争夺人力资源，即抢夺同一类型的人力资源，如企业运营人员、美工人员、客服人员等。

（2）争夺客户资源。争夺客户资源是竞争对手最本质的表现。

（3）销售同品类商品或服务，即所谓的同业竞争，是最直接的竞争对手，如李宁与安踏。

（4）销售替代类商品或服务，是指非同类但是属于可替代的商品或服务，它们同样构成竞争关系。

（5）销售互补类商品或服务。互补类商品是指两种商品之间互相依赖，形成互利关系，例如汽车和汽油。

（6）争夺营销资源。在同一时段、同一媒介投放广告的其他企业也是竞争对手。

（7）争夺生产资源。争夺同一类生产资源的企业之间是竞争关系。

（8）争夺物流资源。电子商务离不开物流，争夺物流资源的情况时常发生，这些企业互为竞争对手。

### 2. 竞争对手识别

竞争对手识别非常重要。前期根据计划经营的商品品类，可以从关键词、目标人群、销量和商品单价、推广活动等维度进行竞争对手识别。

方法 1，通过关键词识别竞争对手。

微课：识别竞争对手

根据自身所在的电商平台，搜索经营品类最相似的卖家，还可以根据店铺商品的属性使竞争对手更加精确。

比如，在淘宝网搜索框内输入"女装毛衣套头"，可以搜索到大量的竞争对手，随后选择材质为"羊毛"，厚薄为"常规"，领型为"圆领"，可以进一步识别竞争对手。

方法 2，通过目标人群识别竞争对手。

通过目标人群也能够有效识别竞争对手，如同为"女装毛衣"，但 20-29 周岁与 60 周岁以上的人群是完全不同的竞争体系，可以通过设定"适用年龄"来识别。

方法 3，通过销量和商品单价识别竞争对手。

从销量和商品单价维度在电商平台搜索页面找出相关卖家，然后找到店铺商品所在的排位，圈定销量或商品单价最接近的店铺作为竞争对手。

方法 4，通过推广活动圈定竞争对手。

根据自身店铺参与的平台线上活动或开展的促销活动，圈定参与同类型推广活动并且销售品类相近的卖家为竞争对手。

需要注意的是，后期店铺进入运营状态，可借助所在电商平台工具进行竞争对手的识别。以淘宝网为例，借助生意参谋查看购买流失数据，即分析那些进入并浏览了自己店铺的商品，但是没有购买，离开后购买了同类商品所属店铺的客户数据。通过分析这些数据，可以找到竞争店铺有哪些，分别是什么样的信誉等级，分布在哪些省份。

## 二、竞店分析

电商企业能否在市场上取得成功，除了取决于自身商品的品类、质量和价格外，还取决于竞店的各种要素，如果竞店的品类更丰富，商品质量更好，则会直接影响自身的市场占有率及转化率。

监控和分析竞店，一方面可以了解竞店的优势，使本企业做好充分的应对准备，进行错位竞争，找到店铺可以提升的空间；另一方面可以了解竞店应对市场的方式，如促销方案的制定、上新的时间点、销售趋势等，查看竞店的做法，并结合自身的供应链、经营能力和资金实力进行自身店铺的各项规划。

在对竞店进行分析时，需要持续追踪各项关键数据，可以通过人工采集各项数据，也可以借助相应的工具展开，如淘宝网生意参谋专业版可以直接识别竞店并进行竞店监控与分析，如图 3-31 所示。

除了平台工具之外，还可以借助店侦探这样专门用于监控竞争对手的工具。该工具可以分析竞店、竞品等。注册并登录店侦探网站，单击左侧导航栏中"监控中心"功能下的"店铺管理"选项，随后单击右侧"添加监控店铺"按钮，在其中的文本框中输入竞店某个商品的网址，单击"添加监控"即可完成竞店的添加，如图 3-32 所示。

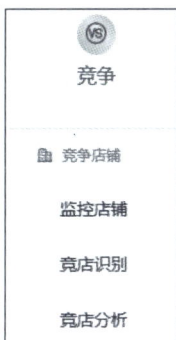

图 3-31　生意参谋竞店分析

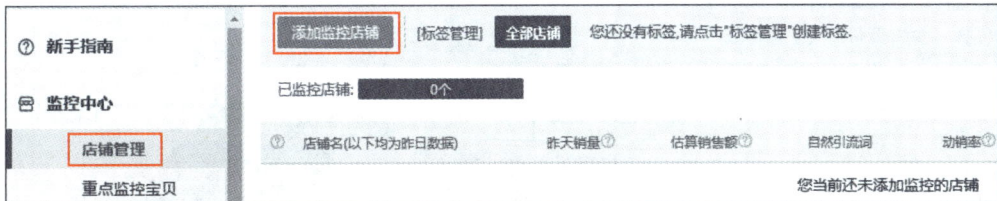

图 3-32　店侦探竞店添加

添加竞店后，可以从以下几个方面进行竞店分析：

### 1. 竞店属性数据分析

竞店属性数据可以进入竞店人工采集，通过竞店属性数据，可以了解竞店是不是原创品牌、店铺人群定位、商品适用季节、适用场景、基础风格等。图 3-33 为选定竞店的属性数据，可寻找竞店与自身店铺在风格、适用季节上的差异，完善自身店铺，争取做到人无我有，人有我精。

图 3-33  竞店属性分析

## 2. 商品类目分析

网店的类目结构不仅影响销售业绩，而且影响网店抵御风险的能力。在分析竞店商品类目时，需要了解自身店铺和竞争店铺在类目布局和类目销售额方面的差距，从而进行品类布局的优化和提升。

如果竞店的优势品类表现强势，会对自身店铺形成威胁，且自身在供应链、价格等方面并无明显优势，那么需要从其他销售前景好且自身相对具有优势的品类着手，错位竞争，打造自身店铺的优势品类。

图 3-34 和图 3-35 为某女装网店的竞店类目分布及类目单日销售数据，通过这

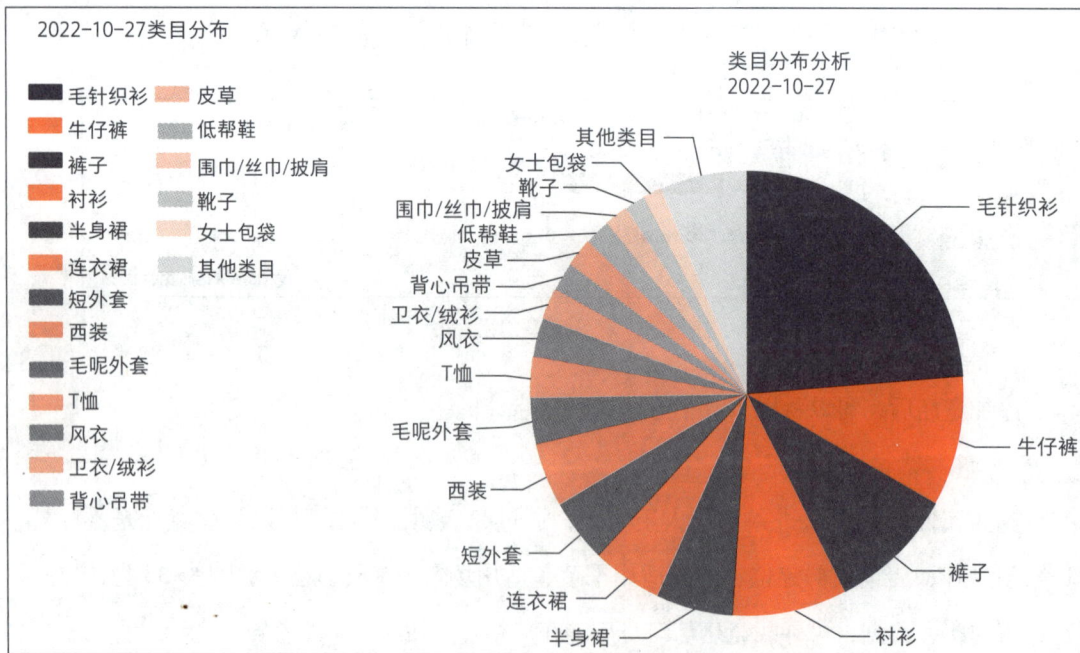

图 3-34  竞店类目分布

两项内容可知，竞店的品类包括毛针织衫、牛仔裤、衬衫、半身裙等，其中毛针织衫为店铺的优势类目，类目下的商品数或销售额均呈现出较明显的优势。

通过对比该女装网店和竞争店铺的核心类目销售额可知，该女装网店的毛针织衫表现相对弱势，但衬衫、半身裙、牛仔裤等类目具有相对优势，可在这几种类目上发力，展开错位竞争。

### 3. 销售分析

在店侦探中单击左侧的"销售分析"选项，采集竞店统计周期内的销售数据（如图3-36所示），

| | A | B | C | D |
|---|---|---|---|---|
| 1 | 类目名称 | 商品数/个 | 销量/件 | 销售额/元 |
| 2 | 毛针织衫 | 101 | 579 | 14 3561 |
| 3 | 牛仔裤 | 41 | 71 | 25 748 |
| 4 | 裤子 | 39 | 173 | 23 919 |
| 5 | 衬衫 | 37 | 33 | 15 387 |
| 6 | 半身裙 | 25 | 14 | 6 964 |
| 7 | 连衣裙 | 21 | 12 | 10 966 |
| 8 | 短外套 | 20 | 30 | 23 323 |
| 9 | 西装 | 19 | 11 | 7 510 |
| 10 | 毛呢外套 | 15 | 29 | 28 208 |
| 11 | T恤 | 13 | 218 | 9 421 |
| 12 | 风衣 | 11 | 6 | 5 828 |
| 13 | 卫衣/绒衫 | 10 | 23 | 7 986 |

图 3-35　竞店类目单日销售数据

并统计该女装网店统计周期内的销售数据（如图3-37所示）。据此制作销量折线图，随后分析统计周期内的销量趋势，并进一步找出本店与竞店之间的差距，如图3-38所示。

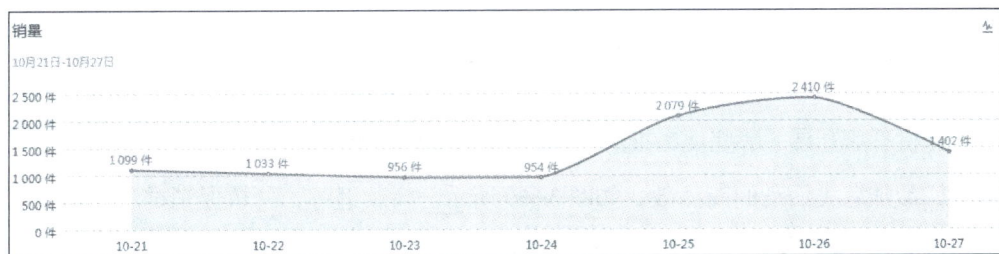

图 3-36　竞店七天销售数据

| | A | B | C |
|---|---|---|---|
| 1 | 日期 | 销量 | |
| 2 | | 竞店 | 本店 |
| 3 | 2022/10/21 | 1 099 | 1 208 |
| 4 | 2022/10/22 | 1 033 | 1 301 |
| 5 | 2022/10/23 | 956 | 1 369 |
| 6 | 2022/10/24 | 954 | 1 556 |
| 7 | 2022/10/25 | 2 079 | 1 803 |
| 8 | 2022/10/26 | 2 410 | 2 040 |
| 9 | 2022/10/27 | 1 402 | 1 910 |

图 3-37　竞店销量统计

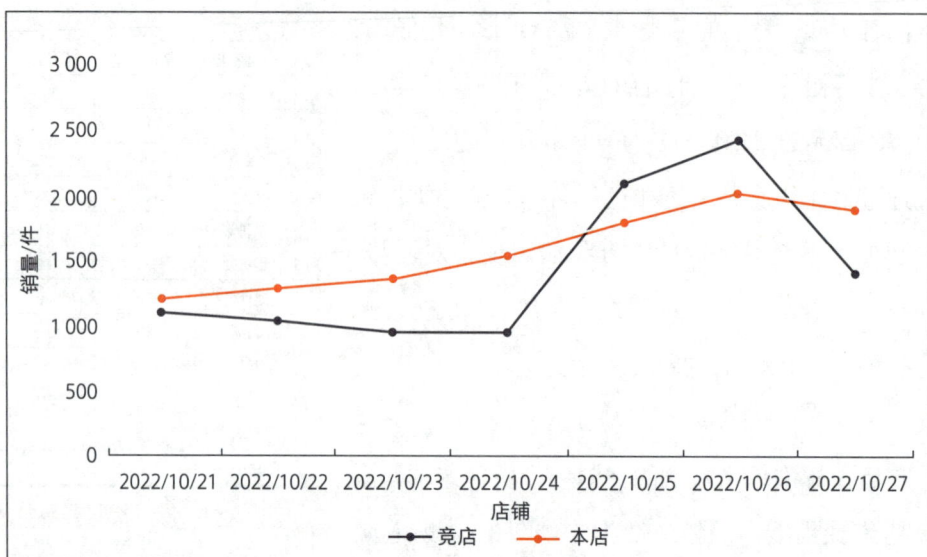

图 3-38　竞店与本店销量趋势图

如果在同一周期内，竞店销量在某些时间段呈现出明显的增长趋势，需要进一步分析竞店是否开展了促销推广活动，自身可否跟进竞店的做法，从而提高店铺的销量。

### 4. 推广活动分析

分析竞店开展了哪些促销推广活动，如可以通过店侦探清晰了解竞店开展的推广活动，参加各类活动的商品数，如图 3-39 所示。持续追踪、分析促销推广活动的频度、深度和效果，结合自身网店的实际情况，制定适当的促销推广策略。

| | | 10-27 | 10-26 | 10-25 | 10-24 | 10-23 | 10-22 | 10-21 |
|---|---|---|---|---|---|---|---|---|
| 营销 | | 销售量：<br>销售额：1.99万 | 销售量：<br>销售额：1.15万 | 销售量：<br>销售额：8755.10 | 销售量：<br>销售额：1.62万 | 销售量：<br>销售额：2.06万 | 销售量：<br>销售额：1.01万 | 销售量：<br>销售额：3.01万 |
| 店铺促销 | 满减 | | | | | | | |
| | 搭配减 | 详(27) | 详(27) | 详(27) | 详(27) | 详(27) | 详(27) | 详(26) |
| | 免邮 | 详(118) | 详(118) | 详(118) | 详(119) | 详(120) | 详(117) | 详(116) |
| 店铺推广 | 直通车 | 详(9) | 详(8) | 详(9) | 详(10) | 详(9) | 详(9) | 详(8) |

图 3-39　竞店推广活动

### 5. 商品上下架时间分析

通过店侦探可以采集竞店商品上下架时间布局数据，如图 3-40 所示。如果自身网店处于劣势，上下架时间要避开竞店，把握好竞店没有安排商品上下架时的机会；

如果本店处于优势，要紧跟竞店，进行正面竞争。

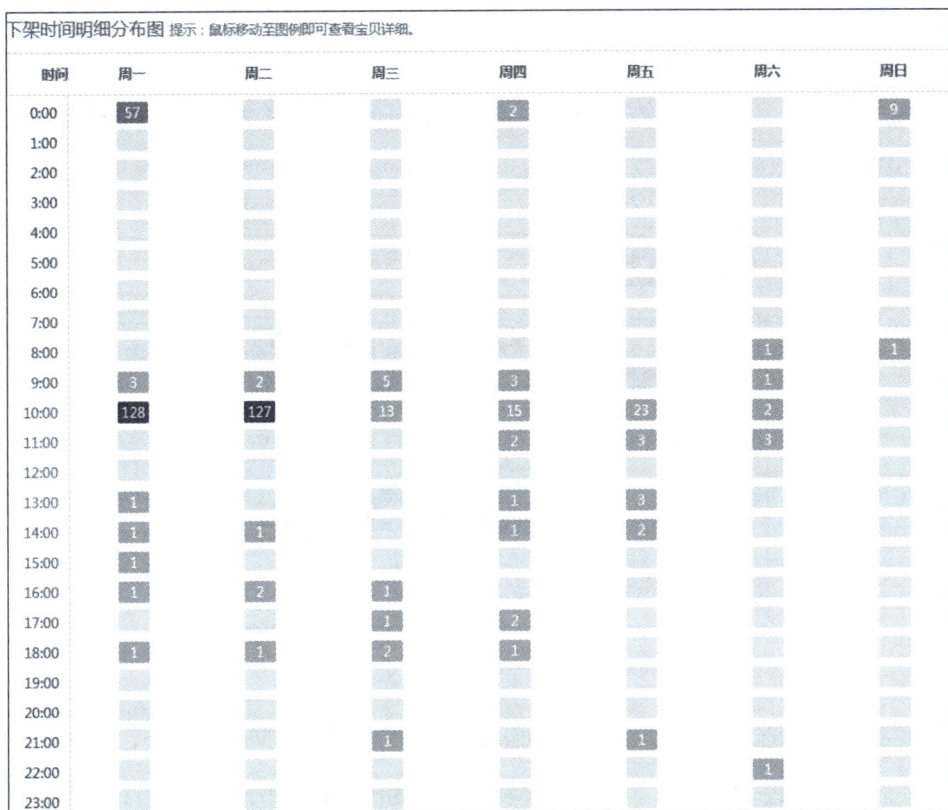

下架时间明细分布图 提示：鼠标移动至图例即可查看宝贝详细。

| 时间 | 周一 | 周二 | 周三 | 周四 | 周五 | 周六 | 周日 |
|---|---|---|---|---|---|---|---|
| 0:00 | 57 | | | 2 | | | 9 |
| 1:00 | | | | | | | |
| 2:00 | | | | | | | |
| 3:00 | | | | | | | |
| 4:00 | | | | | | | |
| 5:00 | | | | | | | |
| 6:00 | | | | | | | |
| 7:00 | | | | | | | |
| 8:00 | | | | | | 1 | 1 |
| 9:00 | 3 | 2 | 5 | 3 | | 1 | |
| 10:00 | 128 | 127 | 13 | 15 | 23 | 2 | |
| 11:00 | | | | 2 | 3 | 3 | |
| 12:00 | | | | | | | |
| 13:00 | 1 | | | 1 | 3 | | |
| 14:00 | 1 | 1 | | 1 | 2 | | |
| 15:00 | 1 | | | | | | |
| 16:00 | 1 | 2 | 1 | | | | |
| 17:00 | | | 1 | 2 | | | |
| 18:00 | 1 | 1 | 2 | 1 | | | |
| 19:00 | | | | | | | |
| 20:00 | | | | | | | |
| 21:00 | | | 1 | | 1 | | |
| 22:00 | | | | | | 1 | |
| 23:00 | | | | | | | |

图 3-40　竞店下架时间分布

> **想一想**
>
> 从整个网店考虑，造成客户流失的原因有哪些？

## 三、竞品分析

客户进入线上店铺时，更多的是通过单品搜索，客户对店铺的第一印象主要是通过单品产生，从这个角度来说，电商单品尤为重要。单品无论是作为形象款、主推款还是引流款，均无法回避市场的竞争。为了提升单品流量或销量，并进一步预测竞品未来的动向，电商企业需要对竞争对手的商品进行多维度分析。通过分析，了解竞品的价格、基本信息、销量、推广活动、商品评价等，找出自身商品与竞品之间的差距，并能够避开竞品的优势，挖掘自身店铺商品的优势。

竞品分析同样可以借助店侦探监控工具，需要明确的是，如果要添加竞品，则必须添加竞品所在的竞店，随后单击店侦探左侧导航栏中"监控中心"功能下的"重点监控商品"选项，并单击"添加商品"按钮，在打开的对话框中输入竞品网址，单击添加即可，如图 3-41 所示。

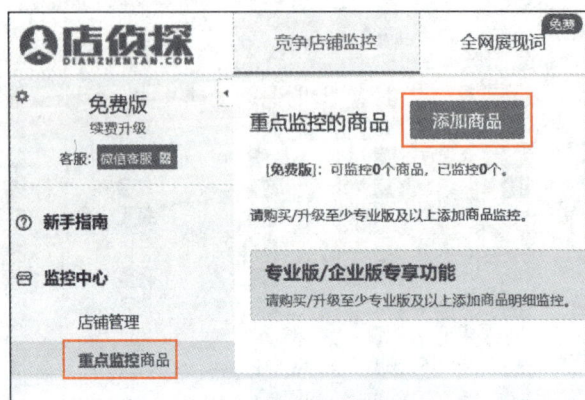

图 3-41　添加监控竞品

需要注意的是，竞品分析除了借助工具进行各项产品数据的采集外，一些基础信息需要借助人工进行观察。下面以某女装网店选定的竞品为例，讲述竞品分析主要围绕哪些内容展开：

### 1. 价格分析

商品价格是多数客户购物时参考的一个重要指标。在进行选购前，多数客户已经有一定的心理价格，这时需要对比分析自身商品和竞品的价格，并结合商品对应人群，进行商品价位的调整，提高自身商品的转化率。

### 2. 收藏量分析

收藏量是指客户在访问商品后进行收藏的数量，它从侧面反映了商品受客户喜爱的程度。该数据同样可以通过商品信息页面进行人工采集，对比自身网店商品，找出差距，若自身商品的收藏量与直接竞品的收藏量相差较大，可以设置收藏有礼，如优惠券、小礼品等；此外，还可以优化商品主图。

### 3. 基本信息分析

基本信息分析即分析商品的款式、功能、材质、颜色、卖点等，将商品的这些基本信息进行一一列举对比。这一部分是竞品分析的基础，因其中的个性化内容工具无法完全抓取，需要人工进行观察采集。

基本信息分析中较为直观的方式是查看竞品的详情页，详情页对于竞品的各项信息进行了详细的展示。图 3-42 是某网店"复古连衣裙"的商品信息，对商品的风格、廓形和裙长进行了详细展示。此外，还可以关注竞争对手近期是否有详情页活动海报，以及对商品的细节展示是否恰到好处，通过对比找到竞品详情页值得学习的地方，从而借鉴运用。

产品参数：

| | | |
|---|---|---|
| 品牌： ████████ | 适用年龄: 25-29周岁 | 尺码: XS S M L |
| 图案: 纯色 | 风格: 通勤 | 通勤: 淑女 |
| 领型: 娃娃领 | 腰型: 高腰 | 衣门襟: 拉链 |
| 颜色分类: 米白色（现货）米黄色（预售） | 袖型: 常规 | 组合形式: 单件 |
| 货号: SQ5541 | 裙型: A字裙 | 年份季节: 2022年秋季 |
| 袖长: 长袖 | 裙长: 中长裙 | 款式: 其他/other |
| 销售渠道类型: 纯电商(只在线上销售) | 廓形: A型 | 材质成分: 聚酯纤维100% |

图 3-42　某网店"复古连衣裙"的商品信息

通过基本信息分析，明确自身商品的差异化优势。即通过各种方法引发客户偏好的差异性，使客户能够将自身商品和竞品有效区分开来。

### 4. 销售分析

进行竞品分析最重要的目的是提升自身网店商品的销量。因此，销量分析是竞品分析的重点，通过店侦探可以采集竞品近 30 天的销售数据，如图 3-43 所示。

为了直观展现销量数据，数据分析人员可以制作销量柱形图，并添加趋势线，如图 3-44 所示。根据柱形图可以了解到，竞品销量整体相对比较稳定，而 10 月 14 日—16 日销量急速增长，可以分析竞品在该时段是否参加了某些推广活动。此外，整理自身网店商品同一时间段的销售数据，并对两款商品的销售数据进行比较，分析自身处于优势还是劣势，有哪些不足之处。

| | A | B | C |
|---|---|---|---|
| 1 | 日期 | 销量/件 | 销售额/元 |
| 2 | 2022/9/28 | 75 | 22 350 |
| 3 | 2022/9/29 | 78 | 23 244 |
| 4 | 2022/9/30 | 70 | 20 860 |
| 5 | 2022/10/1 | 60 | 17 880 |
| 6 | 2022/10/2 | 40 | 11 920 |
| 7 | 2022/10/3 | 65 | 19 370 |
| 8 | 2022/10/4 | 52 | 15 496 |
| 9 | 2022/10/5 | 37 | 11 026 |
| 10 | 2022/10/6 | 56 | 16 688 |
| 11 | 2022/10/7 | 49 | 14 602 |
| 12 | 2022/10/8 | 79 | 23 542 |
| 13 | 2022/10/9 | 48 | 14 304 |
| 14 | 2022/10/10 | 56 | 16 688 |
| 15 | 2022/10/11 | 22 | 6 556 |
| 16 | 2022/10/12 | 30 | 8 940 |
| 17 | 2022/10/13 | 46 | 13 708 |

图 3-43　竞品近 30 天的销售数据

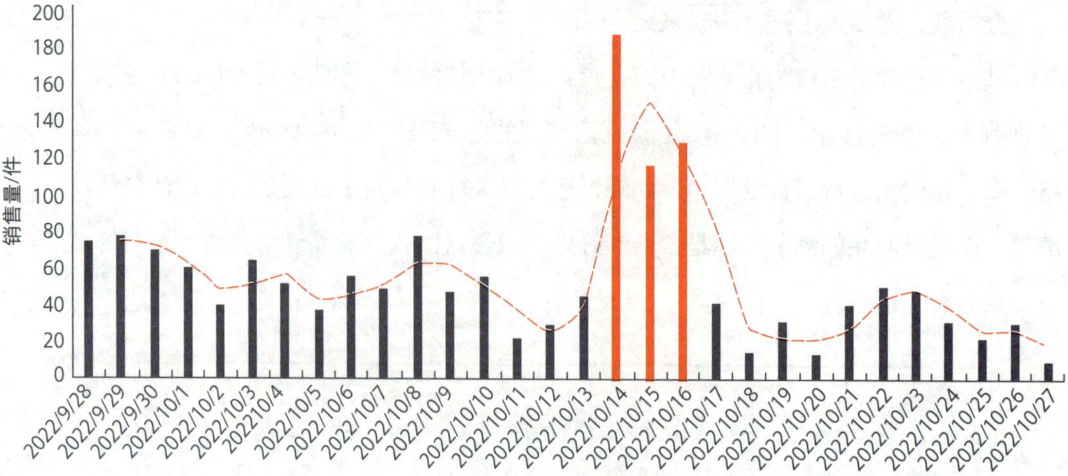

图 3-44 竞品销量柱形图

## 5. 推广活动分析

推广活动分析是围绕以下问题展开的：竞品有没有参加官方推广活动？店铺是以怎样的频率安排推广活动的？店铺是怎样制定营销方案的？活动预热效果如何？转化率怎样？通过分析竞品的推广活动，在后期自身商品开展营销推广活动时，有一定的参考。此外，在优惠方式的设置上，也可以进行差异化处理。

如竞品参加了淘宝客推广，可以通过店查查插件分析竞品 30 天的推广量、30 天的支付佣金，并将自身商品相应的月推广量、淘宝客佣金和竞品进行对比，及时进行相应调整，如图 3-45 所示。

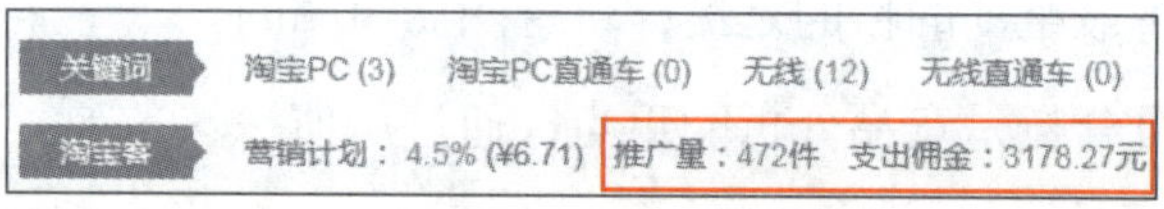

图 3-45 淘宝客推广数据

## 6. 商品评价分析

综合比较自身网店商品和竞品的客户评价，找出竞品客户认可的部分及自身网店商品不足的部分进行分析，引导网店商品及服务改良或创新。

例如，通过对竞品的客户评价进行分析，可以发现部分客户最在意的是裙子的版型、质量的高低、舒适度等，也有部分客户评价竞品的做工较差，如图 3-46 所示。在了解了竞品客户的真实需求后，再反观自身网店的商品评价，分析哪些是客户认可的，需要继续保持的；哪些是自身做得不好的，需要向竞品学习的。

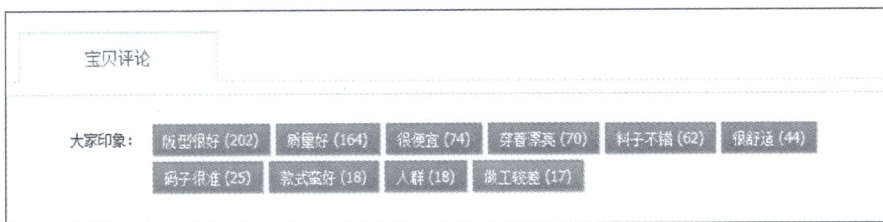

图 3-46　竞品客户评价

## 📋 1+X 考证提要

### 本单元需重点理解与掌握的内容

（1）根据不同的竞争资源，如人力资源、客户资源、同类商品或服务、替代类商品或服务、互补类商品或服务、营销资源、生产资源、物流资源等，有限界定竞争对手。

（2）根据计划经营的商品品类，从关键词、目标人群、销量和商品单价、推广活动等维度进行竞争对手识别。

（3）通过竞店属性数据分析、商品类目分析、销售分析、推广活动分析、商品上下架时间分析等进行竞店监控和分析。

（4）通过竞品分析，了解竞品的价格、收藏量、基本信息、销售、推广活动、商品评价等，找出自身店铺商品与竞品之间的差距，并能够避开竞品的优势，挖掘自身店铺商品的优势。

## 📱 竞赛直达

### 赛题一：产品行业集中度分析

背景：电商企业在进入新的行业前，需要全面地了解行业的发展状况，据此提前规避风险，避免进入"红海"行业或处于衰退期的行业。某电商企业想要探索某行业，并从中选择市场容量大、销售前景好的子行业进入，需要分析该子行业的集中度，以明确是否还有进入该行业的机会。为了保险起见，领导安排小王进行行业集中度分析，明确该行业的饱和度及垄断程度，为企业决策提供数据支持。

要求：行业集中度可以反映某个行业的饱和度和垄断程度，需要借助赫芬达尔指数来反映。数据分析人员通过生意参谋采集到该行业排名前 50 位品牌的交易指数，调取源数据 3-3，通过对数据的计算和分析，得到各品牌市场份额和该行业的赫芬达尔指数，并判断该行业的集中度情况，是否建议企业进入。

### 赛题二：竞品收藏与加购数据分析

背景："牧场物语"是淘宝一家主营牛羊肉的网店，店内商品有牛排、羊排、草原鸡等，为了了解行业竞品的意向数据（收藏人气、加购人气），该店采集了 2022 年 3 月 7 日和 2022 年 3 月 8 日两天的行业竞品意向数据，进行竞品收藏与加购数据分析。

要求：调取源数据 3-4，使用数据透视图／表功能，分析各竞品的平均收藏与平均加购数据。（① 数据透视图／表中行标签为产品名称，表中需显示 2022 年 3 月 7 日和 8 日各产品收藏人气和加购人气各自的平均值；② 数据透视图／表需添加数据标签；③ 计算结果四舍五入保留整数。）

---

💻 **数据赋能**

### 元宇宙兴起，王老吉借数字化抢占市场

王老吉凉茶诞生于广州，距今已有近 200 多年的历史。随着互联网的快速发展和年轻消费群体对个性化的需求，如何在技术瞬息万变的时代扩大品牌影响力、将品牌理念真正融入年轻消费者，成为王老吉面临的难题与挑战。

元宇宙的兴起引起了王老吉的重视。2022 年 1 月 30 日，王老吉携手阿里巴巴推出首款数字艺术作品"百家合"，并在线上进行了公开拍卖。数字藏品是王老吉开启虚拟与现实时空平行的首个入口。而随着"王老吉元宇宙"商标的申请注册，王老吉利用元宇宙"无边界"传播吉文化、触及新生代的决心也更加明显。

早在 2014 年，王老吉就搭建了"超吉＋"平台，以用户为中心构建凉茶大数据中心，探索凉茶产业数字化升级。在元宇宙的世界里，王老吉想要卖的并不是凉茶，而是其一直大力打造的"吉文化"，满足用户在各场景的需求，打通线上、线下、甚至虚拟世界"元宇宙"。

传统饮料品牌如何破解"老而不新"的难题？随着城市化进程的加快，一方面，市场上的饮料品牌繁多，瓶装饮料的市场竞争愈加激烈；另一方面，如今奶茶店出现在城市的大街小巷，咖啡店的扩张提供了社交的场所。同类不同品的竞争者也快速占领着传统饮料行业的市场份额。

饮料市场趋于饱和，推新周期缩短，品类产品同质化、易复制已成为发展的常态。传统饮料企业在新兴饮品和自身劣势的两面夹击下，需要有突破口，而"元宇宙"恰好给了一个入场机会。

王老吉的元宇宙营销能否转化成持续的销量增长依然是个问题。对零售行业而言，产品和渠道是重中之重。相对于新消费品牌和新茶饮高频高效的出新速度，凉茶企业的研发还任重道远。在技术以及成本等因素的阻挡下，风口上的元宇宙在未来能不能实现真正意义上的落地，还尚未得知。

元宇宙目前可能只是企业的一种营销手段。但不难预见，借助此股东风而诞生的新事物，或将成为品牌营销，实现新价值提升的杠杆。

---

## ◎ 法治导航

### 不正当竞争纠纷案

原告北京微梦创科网络技术有限公司（以下简称"微梦公司"）是新浪微博平台的运营方，为消费者提供基于用户关系的社交媒体平台。微梦公司是微博平台及微博产品中所有信息内容的所有权及知识产权权利人，对微博平台中的相关数据享有权益。前述信息内容包括但不限于程序代码、界面设计、版面框架、数据资料、账号、文字、图片、图形、图表、音频、视频等，按照法律法规规定，应由相关权利人享有权利的内容除外。

被告湖南蚁坊软件股份有限公司（以下简称"蚁坊公司"）为蚁坊软件网、网页版鹰击系统，以及安卓手机端鹰击应用的运营者。蚁坊公司通过其运营的网页版鹰击系统和安卓手机端鹰击应用为其用户提供微博数据服务，具体包括获取、存储、展示和分析微博平台数据，并形成数据分析报告。

原告微梦公司主张，蚁坊公司通过非法手段抓取、存储微博平台后端数据，在鹰击系统中展示这些数据并基于此加工整理形成数据分析报告的四项行为构成不正当竞争，遂向法院提出诉讼请求。

法院认为，在双方当事人不存在合作关系，且不能证明采用的技术手段具备合法正当性的情况下，能够合理推定被告蚁坊公司利用了技术手段破坏或绕开了原告微梦公司所设定的访问权限，从而获取了微博平台的非公开数据。被告蚁坊公司获取、存储、展示和使用微博平台数据的行为，干扰了微博平台的正常运行，增加了原告微梦公司的经营成本，并影响其对外授权并获得相关收益，构成《反不正当竞争法》第十二条规定的"未经其他经营者同意，在其合法提供的网络产品或者服务中，插入链接、强制进行目标跳转"的不正当竞争行为。

数据抓取行为是否违反《反不正当竞争法》，关键在于抓取数据的性质和方法是否正当。平台的数据可分为公开数据和设置访问权限的非公开数据。对于已经设置访问权限的非公开数据，经营者在没有获得许可的情况下，通过技术手段抓取和存储的行为本质上具有不正当性。法院的判决进一步明确了数据抓取行为的正当性边界，完善了平台经济和数字领域竞争法的适用规则，进一步推动了平台竞争治理的法治化。党的二十大报告强调："加强反垄断和反不正当竞争，破除地方保护和行政性垄断，依法规范和引导资本健康发展。"反不正当竞争对于维护正常的社会经济秩序，规范市场行为，合理配置社会资源，具有重要的意义。

# 职业技能训练

## 一、单项选择题

1. 市场价格是（　　　）的货币表现。

   A. 商品价值　　　　B. 商品定价　　　　C. 商品成本　　　　D. 商品利润

2. 当行业处于完全垄断时，与之相关的赫芬达尔指数呈现出的特性是（　　　）。

   A. $HHI = 10$　　　B. $HHI = 0$　　　C. $HHI = 0.1$　　　D. $HHI = 1$

3. 下列不属于竞争对手的是（　　　）。

   A. 销售儿童保温杯的不同网店

B. 造成自身网店客户流失的其他网店

C. 销售女士棉衣的网店和销售女士羽绒服的网店

D. 销售电视的网店和销售智能音响的网店

4. 关于竞店分析，下列说法错误的是（　　）。

　　A. 竞店分析可以围绕属性数据、商品类目、销售、推广活动、商品上下架时间展开

　　B. 比自身层级高许多的网店准确来说不是竞争对手，而应是学习的标杆

　　C. 竞店分析仅可以借助电商平台工具（如生意参谋、京东商智等工具）展开

　　D. 网店在运营过程中，可以有意识地避开竞店的优势品类，向竞店的弱势品类着力

5. 下列属于不正当竞争行为的是（　　）。

　　A. B 鞋业公司与 A 服饰公司签订协议，在 A 服饰公司官网中合适位置插入 B 鞋业公司官网链接

　　B. 为了使自身开发的 App 更有竞争力，A 公司利用爬虫技术爬取了竞争对手 App 内的非公开数据用于自有软件的运营

　　C. 甲电器厂的产品具有严重瑕疵，媒体误报道为乙电器厂的产品，甲电器厂未主动澄清

　　D. 丙公司发布高薪招聘广告，乙公司数名技术人员集体辞职前往应聘，丙公司予以聘用

## 二、多项选择题

1. 关于市场数据分析的价值，下列说法正确的是（　　　）。

　　A. 帮助电商企业发现经营中存在的问题，探查问题出现的原因，找到解决问题的办法

　　B. 有利于电商企业及时发现新的市场机会，预测市场行情，及时有效地调整市场或品牌战略，开拓潜在市场

　　C. 内外数据整合，提升市场竞争力

　　D. 提高信息对称性，为电商企业的经营决策提供参考，让决策的信息更充分，提高经营管理决策的科学性和有效性

2. 关于市场容量分析，下列说法正确的是（　　　　　）。

　　A. 有利于电商企业制订销售计划，确定销售目标

　　B. 市场容量的大小决定了行业的天花板

　　C. 有利于了解选定的行业前景如何

　　D. 销售目标定高了，会导致积压库存、占用资金

3. 计算行业赫芬达尔指数，其关键步骤包括（　　　　　）。

　　A. 获取竞争对手的市场份额　　　　B. 将竞争对手的市场份额平方值相乘

　　C. 计算市场份额的平方值　　　　D. 将竞争对手的市场份额平方值相加

4. 市场需求分析包括（　　　　　）。

　　A. 行业集中度分析　　　　　　　B. 客户属性偏好分析

　　C. 客户品牌偏好分析　　　　　　D. 需求量变化趋势分析

5. 关于竞品分析，下列说法正确的是（　　　　　）。

　　A. 竞品分析可以通过竞品基本信息、商品评价等分别展开

　　B. 竞品分析就是对竞争对手的商品进行分析

　　C. 借助店侦探监控工具进行竞品分析可直接添加选定的竞品

　　D. 基本信息分析是竞品分析的基础

## 三、判断题

1. 市场需求是指客户对计划购买的商品所表现出的各类需求，包括品牌、质量、价格、规格、型号等。（　　　　）

2. 赫芬达尔指数的数值越大，说明行业的集中度就越小，趋于自由竞争。（　　　　）

3. 消费者的消费水平是相对固定的，不会对商品的市场价格产生影响。（　　　　）

4. 目标客户是企业提供产品和服务的对象，也是电商企业营销及销售的前端。（　　　　）

5. 在进行竞店分析时，需要选择比自身层级高许多的网店才更有意义。（　　　　）

## 四、案例分析题

1. 小刘新入职一家电商企业，该企业近几年来发展平稳，销售额连年攀升，如图 3-47 所示。公司领导需要在年终报告中总结近几年来企业的发展状况，要

求小刘制作相应的图表，并使用图表趋势预测法完成未来三年的销售额预测。请协助小刘完成上述两项工作。

| 年份 | 2018年 | 2019年 | 2020年 | 2021年 |
|---|---|---|---|---|
| 销售额/万元 | 896.6 | 975.42 | 1 002.5 | 1 521.4 |

图 3-47 某企业销售额统计

2. 小李计划经营女式连衣裙网店，他通过淘宝网生意参谋的市场大盘采集了女式连衣裙一年的交易数据，如图 3-48 所示。为了更全面地了解女式连衣裙市场需求量的变化趋势，提前做好备货及上新安排，小李又通过百度指数采集女式连衣裙同样时间段的搜索数据（请调取源数据 3-2），进行对比分析。请协助小李完成数据分析。

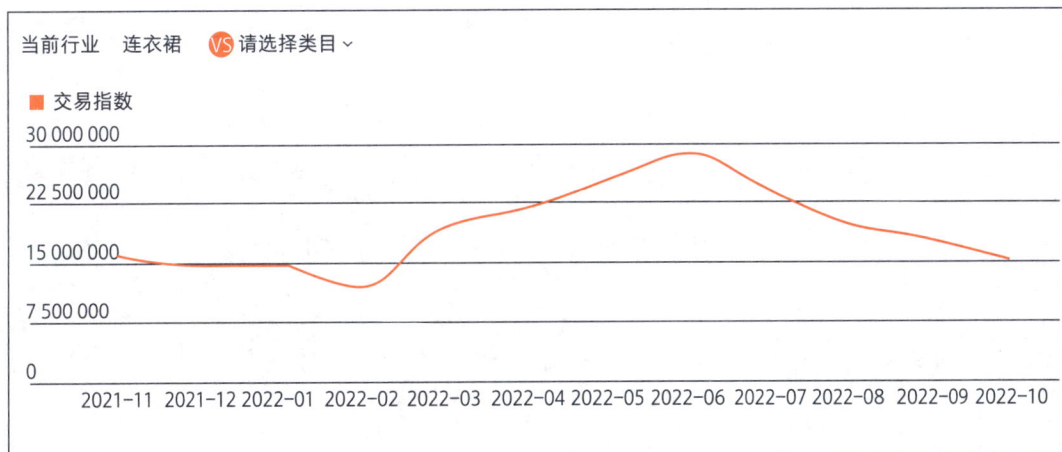

图 3-48 淘宝网女式连衣裙交易指数

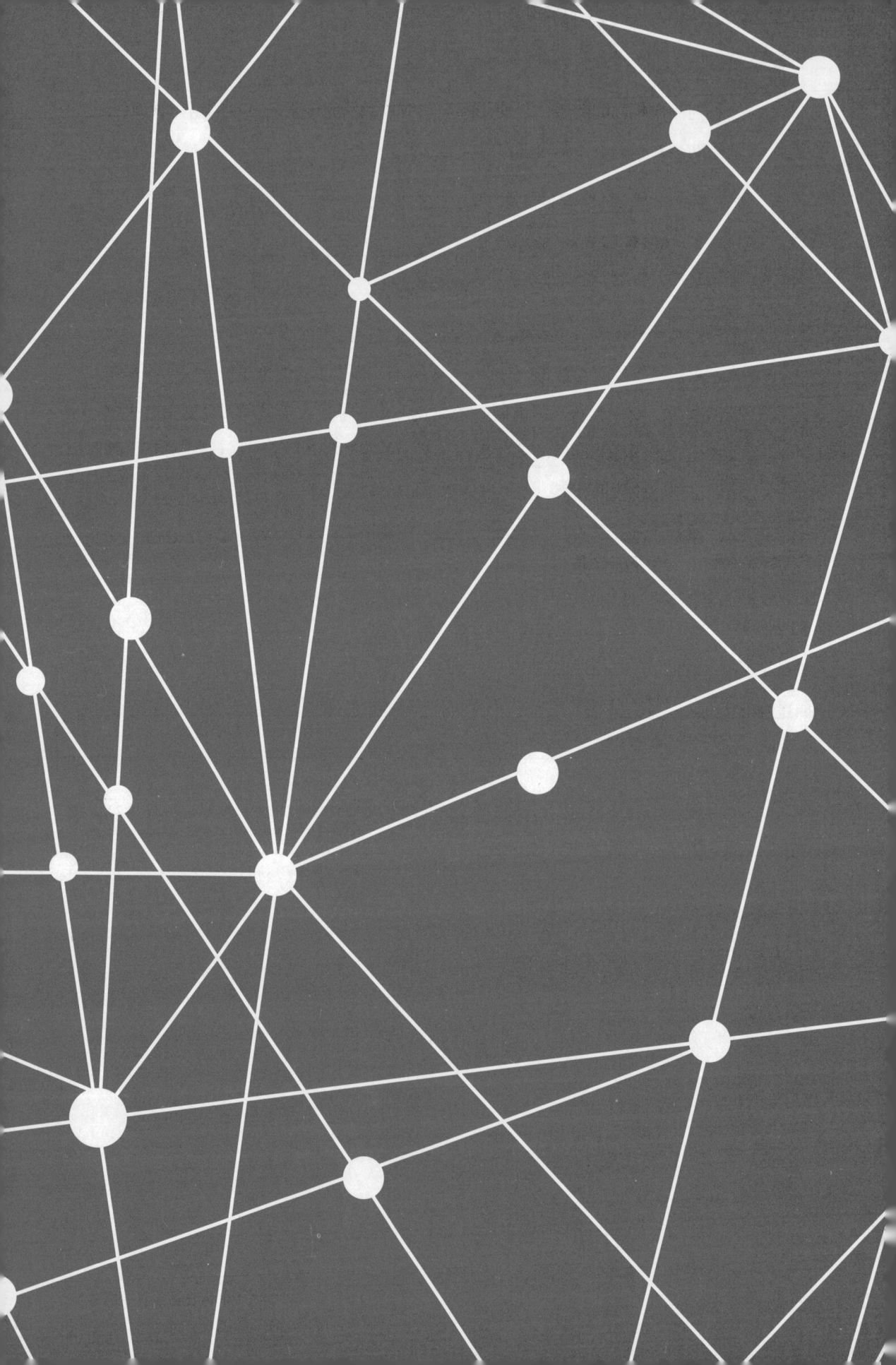

# 运营数据分析

## 学习目标

### 知识目标

◆ 了解运营数据分析的必要条件及内容
◆ 熟悉客户数据分析、推广数据分析、销售数据分析、供应
  链数据分析的相关指标

### 技能目标

◆ 能够进行客户数据分析，包括客户特征分析、客户忠诚度
  分析、客户行为分析
◆ 能够进行推广数据分析，包括推广渠道分析、关键词推广
  效果分析、活动推广效果分析、内容运营分析
◆ 能够进行销售数据分析，包括交易数据分析、服务数据分析
◆ 能够进行供应链数据分析，包括采购数据分析、物流数据
  分析、仓储数据分析

### 素养目标

◆ 具备数据保密意识，尊重公民隐私，不侵犯公民的合法权益
◆ 具备实事求是的工作态度，能够客观反馈数据分析结果
◆ 具备科学、严谨的职业素养，在数据分析过程中，能够做
  到一丝不苟、精益求精
◆ 具备遵守《中华人民共和国电子商务法》《中华人民共和国
  广告法》等相关法律法规的职业操守

## 思维导图

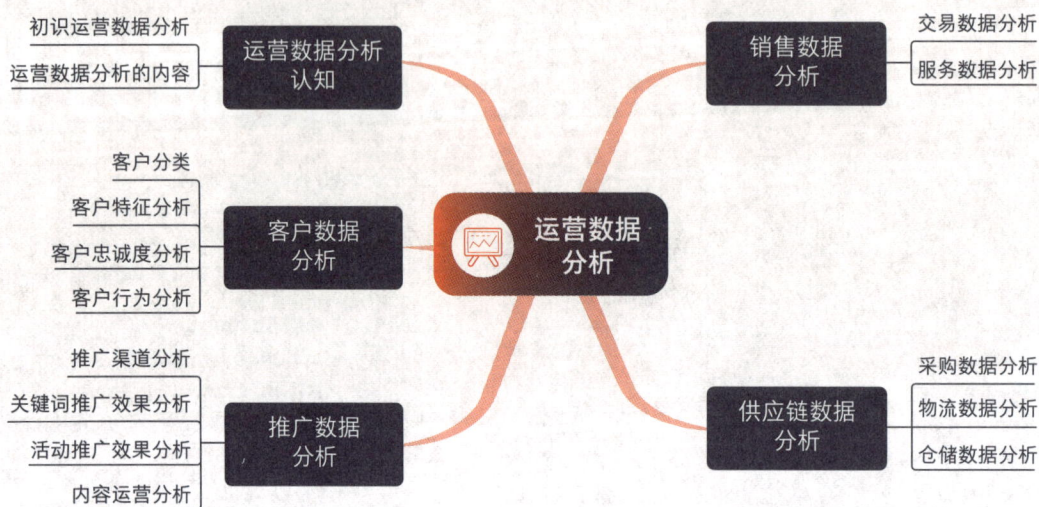

- 初识运营数据分析
- 运营数据分析的内容
- 运营数据分析认知

- 客户分类
- 客户特征分析
- 客户忠诚度分析
- 客户行为分析
- 客户数据分析

- 推广渠道分析
- 关键词推广效果分析
- 活动推广效果分析
- 内容运营分析
- 推广数据分析

**运营数据分析**

- 销售数据分析
- 交易数据分析
- 服务数据分析

- 供应链数据分析
- 采购数据分析
- 物流数据分析
- 仓储数据分析

## 学习计划

- 知识学习计划

_____

_____

_____

- 技能训练计划

_____

_____

_____

- 素养提升计划

_____

_____

_____

# 单元一　运营数据分析认知

## 引导案例

A企业是一家经营化妆品的电子商务企业，旗下网店经过多年运营，成为该行业的领军企业之一，在日常运营中，各项数据指标相对稳定。但从2022年3月23日开始，网店的订单量连续5天明显下降，一直没有恢复到正常水平。

运营人员开始积极寻找原因，却始终没有找到，于是将该问题反馈到公司负责数据分析的部门，数据分析部门接到任务后立即组建团队进行分析。该分析团队的第一反应是网店新增客户可能出现了问题，这是因为历史上出现过订单量明显下降的现象，当时查到的原因是：网店的主要广告推广渠道没有及时续费，因为广告下架，新增客户数量明显下降，导致订单量下降。

于是数据分析团队采集了3月22日至3月28日的新增客户数据，发现新增客户没有明显下降，日活动数据也没有下降，初步判断是客户在访问网店的过程中，转化出现了问题。从3月24日开始，转化率开始下降，具体是哪个转化率指标出现了问题？数据分析团队计算了转化过程中每个环节的转化率，并将结果汇总，如图4-1所示。

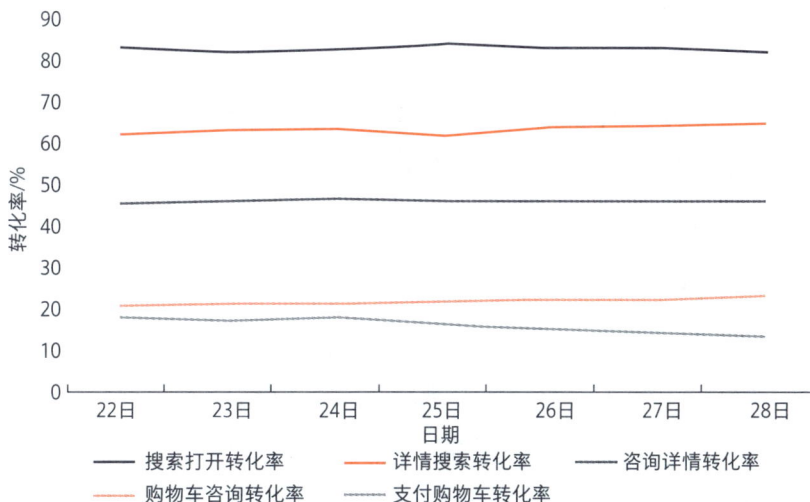

图4-1　转化率分析图

从图 4-1 中可以看出,支付购物车转化率明显下降,降幅接近 10%。进一步了解情况后发现,从 3 月 24 日开始,两位新客服上岗,新客服对产品及话术并不熟悉,导致出现回复客户问题慢、部分问题解释不准确等问题,最终影响到咨询转化率。于是,运营部门经理紧急调用两名有经验的客服将新客服替换下来,第二天订单量恢复正常。

结合案例,思考并回答以下问题:

(1)概括 A 企业通过数据分析发现问题、处理问题的过程。

(2)请总结运营数据分析对企业的意义。

# 一、初识运营数据分析

## 1. 运营数据分析的含义

运营数据分析是对企业运营过程中和最终营销结果中产生的数据信息进行分析,从中总结运营规律和效果的过程。运营数据分析的结果可以用来指导运营人员调整和优化运营策略。

## 2. 运营数据分析的必要条件

(1)海量运营数据存储。随着信息技术的发展,现阶段电子商务企业运营的竞争已经成为数据的竞争,企业是否能够采集到更多、更全面的运营原始数据,是否能够准确挖掘出这些数据揭示的问题,成为企业在运营过程中需要解决的核心问题。因此,海量运营数据的存储成为运营的基础。只有在海量数据中进行数据采集、分析,才能够得出更准确的数据分析结果,从而更科学地指导企业运营优化。

(2)运营数据分析相关技术的应用。数据分析相关技术包括数据分析和数据挖掘。这两种技术是数据化运营的基础和保障。运营数据分析相关技术应用包含以下两层意思:

① 专业的运营数据分析团队。企业需要配备一支具备运营数据挖掘技术和运营数据分析技术的专业团队,该团队中的成员需要具备以下知识和能力:

● 能够熟练使用统计技术和分析工具进行运营数据挖掘和分析。

● 熟悉主流数据库的基本技术并能够对其加以熟练应用。

● 能够熟练使用主流运营数据挖掘、运营数据分析技术和工具。

● 能够与团队成员进行有效沟通，善于业务交流，且具备较强的学习能力和理解能力。

对于企业来说，选择、培养、打造一支具有上述能力的数据分析师团队，是其在运营数据分析之前，需要率先完成的任务。

② 分析团队与运营业务团队紧密配合。进行运营数据分析，仅有运营数据分析团队远远不够，还需要运营业务团队的紧密配合，将数据分析成果在运营工作中加以检验，为运营数据分析提供科学的参考建议。

（3）精细化运营的需求。精细化运营的需求，是运营数据分析的必要条件之一。当今时代是大数据时代，电子商务企业的竞争压力远远大于传统企业。与传统企业相比，电子商务企业近乎颠覆式的进化和技术的更新换代，使其需要更精准、细化的运营模式，数据化运营由此而生，数据化运营使企业精细化运营得以实现，同时帮助企业实现了利益最大化。

## 二、运营数据分析的内容

运营数据分析包括客户数据分析、推广数据分析、销售数据分析、供应链数据分析。

### 1. 客户数据分析

客户数据分析包括客户行为数据分析、客户画像数据分析和其他客户相关数据分析。其中，客户行为数据有浏览量、收藏量等，客户画像数据有性别、年龄等，其他客户相关数据有忠诚度、满意度等。通过客户数据分析，企业能够了解客户的特征、行为、变化规律等情况。

### 2. 推广数据分析

推广数据分析是对企业在推广过程中产生的数据进行分析，包括对各推广渠道的展现量、点击率、转化率，以及其他相关推广数据进行分析。通过推广数据分析，企业能够了解推广过程中流量的来源情况、关键词的推广效果、活动的推广效果，以及内容运营效果。

### 3. 销售数据分析

销售数据分析可以分为交易数据分析、服务数据分析两种类型。其中，交易数据包括销售额、订单量等，服务数据包括响应时长、询单转化率等。通过对销售数据进行分析，企业能够了解自身运营的效果，并及时解决运营过程中存在的问题。

### 4. 供应链数据分析

供应链数据分析包括采购数据分析、物流数据分析、仓储数据分析三种类型。其中，采购数据有采购数量、采购单价等，物流数据有物流时效、物流异常等，仓储数据有库存周转率、残次库存比等。通过对供应链数据的分析，企业能够了解产品在整个供应环节的情况和存在的问题，便于指导企业对供应链进行优化。

> **想一想**
>
> 结合上述内容，想一想企业在进行客户数据分析、销售数据分析时还可能涉及哪些指标？

## 1+X 考证提要

### 本单元需重点理解与掌握的内容

（1）运营数据分析的必要条件：

① 海量运营数据存储；

② 运营数据分析相关技术应用；

③ 精细化运营的需求。

（2）运营数据分析的内容：

① 客户数据分析；

② 推广数据分析；

③ 销售数据分析；

④ 供应链数据分析。

# 单元二　客户数据分析

## 引导案例

　　某企业旗下拥有一款主营各类零食的 App，经营初期效益良好，但是随着业务规模的扩大，出现了业绩增长乏力的状况，企业管理者加大推广力度后仍没有太大起色。为了优化推广效果，企业管理者决定对客户特征进行分析，通过客户特征分析将客户分类，然后有针对性地优化推广策略。

　　该企业对采集的 90 天内客户购买频次、购买金额等指标进行分析后，将客户分为老客户、新客户、VIP 客户、潜在客户、流失客户五个类型。其中，老客户是购买过两次及两次以上的客户，新客户是购买过一次的客户，VIP 客户是 90 天内消费金额超过 500 元的客户，潜在客户是注册了 App 但没有产生购买行为的客户，流失客户是90 天内未产生购买行为的客户。

　　表 4-1 为不同客户类型的推广策略。

表 4-1　不同客户类型的推广策略

| 客户类型 | 推广策略 |
| --- | --- |
| 老客户 | 加强 VIP 客户特权，刺激老客户成为 VIP 客户 |
| 新客户 | 定期推送与上次购买产品相关的其他产品或优惠信息，刺激其二次购买 |
| VIP 客户 | 为 VIP 客户定期免费赠送食品小样，并享受优先发货等特权 |
| 潜在客户 | 推出满减优惠券，促使其产生首次购买 |
| 流失客户 | 定期推送优惠信息与上新产品信息，必要时寄送食品小样 |

　　该企业按照表 4-1 中的推广策略展开推广后，客户订单量得到很大提升，同时不同层级的客户类型也发生了转化。比如，很多老客户转化为 VIP 客户，潜在客户转化为新客户等，企业的经济效益得到了大幅度提升。

（1）该企业为什么要进行客户分类？

（2）该企业如何采用数据分析的思维对客户进行分类？

# 一、客户分类

客户分类是汇总各种客户的相关信息和数据，以此来了解客户需求，分析客户特征，评估客户价值，从而为企业客户管理策略的制定、资源的优化配置提供参考的过程。客户分类主要有以下维度：

## 1. 按购买地域划分

根据购买地域分布不同，可以将客户划归到不同的区域，比如华北客户群、西北客户群、华南客户群等。这样分类一是方便企业对客户进行管理，可以由专人负责对应区域的客户；二是方便企业对客户群体特征进行分析，因为同一区域的客户，在整体口味偏好、穿着偏好等方面具有共性。

## 2. 按购买数量划分

根据购买数量不同，可以将客户分为普通客户、会员客户、超级会员客户等。每个会员等级对应不同的购买数量门槛，客户只有达到既定的购买数量，才能获得相应的会员资格并享有会员特权。通过会员等级特权，刺激客户的购买欲望，有效拉动企业的产品销量。

## 3. 按购买状态划分

根据购买状态不同，可以将客户划分为收藏客户、加购客户、成交客户等。比如，淘宝平台对收藏客户的定义是 30 天内有收藏但没有支付的客户，对加购客户的定义是 30 天内有加购但没有支付的客户。根据购买状态不同将客户分类能够帮助企业了解其客户的构成情况，并针对不同的客户类型采取不同的客户运营方式，比如对有收藏或加购但没有支付的客户可以采取催付的方式增加企业的成交量。

## 4. 按购买行为划分

按购买行为划分是根据客户购买数量、购买频次的不同，将客户分为新客户、活跃客户、流失客户、回流客户等。

（1）新客户。新客户指首次访问企业网站／网店，或者首次使用企业服务的客户。新客户是电子商务企业客户构成的重要部分，新客户的加入意味着企业新的购买力的注入，尤其是具有较大潜能的新客户加入，能够直接影响企业的营业收入。新客户加入后，企业需要维护与新客户的关系，将其发展成为活跃客户，为企业创造价值。

（2）活跃客户。活跃客户指经常光顾企业网站／网店，并为企业网站／网店带来一定价值的客户。活跃客户数指在一定时期（如30天、60天等）内，有消费或者登录行为的客户总数。通过活跃客户数，可以了解客户整体活跃率，一般随着时间周期的加长，客户整体活跃率会出现逐渐下降的现象。如果经过一个生命周期（3个月或半年），客户的活跃率还能稳定保持在5%~10%，则是比较好的客户活跃表现。

（3）流失客户。流失客户指曾经访问过企业网站／网店，但由于对企业网站／网店失去兴趣而彻底脱离企业网站／网店的客户。客户流失率是判断客户流失的主要指标，能够反映企业网站／网店经营与管理的现状。企业在运营过程中，需要确保产品／服务质量，提升产品附加值，保持与客户的联系，以减少客户流失，避免因客户流失给企业运作造成不利影响。

（4）回流客户。回流客户指原流失客户经过一段时间后重新回归企业的客户。回流客户经过引导，有可能成为企业的活跃客户，为企业创造价值。因此，企业需要重视回流客户的维护，使其由不稳定客户转化为忠实客户。

### 5. 按客户属性划分

每个客户都具有一定的属性，比如在家庭中，他／她的属性可以是外祖父母、父母、子女等；在职业中，他的属性可以是学生、教师、公司职员、军人等。电子商务企业在进行客户分类时，可以依照不同的属性将客户分群。常见的客户属性维度有两种。

（1）客户基础属性。根据客户不同的基础属性，企业可以将客户分为不同的类型。常见的客户基础属性如下：

① 性别。男、女。

② 年龄。18岁以下、18-24岁、25-29岁、30-34岁、35-39岁、40-49岁、50岁及以上。

③ 职业。公务员、医护人员、教职工、白领、蓝领、媒体从业者、科研人员、金融从业者等。

④ 婚恋阶段。单身、恋爱、筹备婚礼、已婚未育、已婚已育。

⑤ 地域。一线城市、二线城市、三线城市等。

⑥ 月均消费水平。300 元以下、300～499 元、500～699 元等。

⑦ 天气偏好。阴天、晴天、雪天等。

（2）客户产品偏好属性。企业可以根据客户产品偏好属性将客户分为不同的类型。常见的客户产品偏好属性如下：

① 款式。基本款、创意款等。

② 适用场景。日用、商用、送礼等。

③ 品质。高、中、低。

④ 风格。时尚、复古、个性等。

⑤ 工艺。手工、机器加工等。

⑥ 口味。酸、甜、苦、辣、咸等。

⑦ 图案。花色、纯色、卡通、水墨等。

⑧ 功能。功能 A、功能 B、功能 C 等。

⑨ 材质。木质、玻璃制品、硅胶、石材、金属等。

⑩ 适用空间。室内、户外、卧室、车载等。

⑪ 价格。高、中、低。

# 二、客户特征分析

在进行客户特征分析时，首先要确定客户特征分析的维度、指标与作用；其次，要明确客户特征分析的步骤；再次，要进行客户特征分析结果应用；最后设计客户标签。

## 1. 客户特征分析的维度、指标与作用

（1）客户特征分析的维度与指标。客户特征分析是从多个维度对客户进行分析，然后总结出客户全貌的过程。客户特征分析的常见维度如图 4-2 所示。对客户特征进行归类分析，能够形成客户画像，帮助企业了解客户群体特征。

在进行客户特征分析时，常用的指标有：页面浏览量（PV）、访客数（UV）、成交客户数、成交金额、转化率、客单价等。企业通过从不同维度采集相应的指标进行

分析，能够得出指导企业营销策略优化的客户特征分析结果。

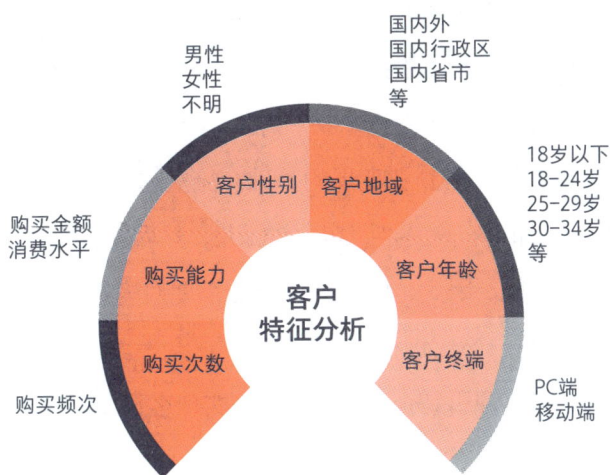

图 4-2　客户特征分析的常见维度

（2）客户特征分析的作用。对电子商务企业来说，进行客户特征分析能够让企业从整体上了解客户，结合客户特征，定位品牌形象，打造企业理念，确定经营策略（选品策略、营销策略等）。整体来看，客户特征分析的作用主要有以下三点：

① 精准营销。精准营销是客户特征分析最直接的价值体现。企业在进行营销活动前，需要对客户特征进行分析，通过了解客户的年龄、爱好、性格等信息，制定精准的营销策略，选择合适的营销平台，创作能够引起客户共鸣的营销内容等，以便更好地达成营销目标。

② 助力产品销售。只有符合客户需求的产品，才能获得好的销售业绩。客户特征分析能够帮助企业了解客户购买产品的心理动机，然后结合点击率、留存时间、客户购买数量等数据信息，综合分析客户购买情况。

③ 服务客户研究。对客户特征进行分析，能够帮助企业搭建客户研究体系。通过该研究体系，企业能够洞察客户的消费趋势，从而优化运营策略和经营方向。比如，通过对各年龄段客户的消费偏好、区域客户消费差异等进行分析，企业可以了解不同年龄段客户的消费变化情况和不同地区客户的消费水平，进而优化产品结构和区域产品结构，达到提升产品销量的目的。

## 2. 客户特征分析的步骤

（1）明确营销需求。客户特征分析最终要为营销服务，因此，在客户特征分析前，首先需要明确营销需求，在了解企业营销需求的前提下，选择合适的维度和指标展开分析，为企业提供有价值的客户特征分析结果，使企业利用有限的内部资源有针对性地展开营销活动，从而获得更多的目标客户。电子商务企业在营销过程中，需要考虑的核心需求主要有以下四个：

① 引流。流量是电子商务企业变现的基础，流量越大，成交数据越好。吸引流量的关键是了解客户，知道客户是谁、客户在哪儿，然后将客户感兴趣的内容推送到客户面前吸引其点击浏览。因此，电子商务企业需要对客户的地域、年龄、消费水平、购买时间等进行分析，然后进行精准引流。

② 转化。引流是将客户引到企业，转化则是实现客户变现，即让客户购买商品。提升转化率的前提是为客户推送的商品符合客户的需求和偏好，即做到"千人千面"。因此，电子商务企业需要结合客户特征分析结果，将商品推送到对其感兴趣的客户面前。

③ 复购率。复购率解决让客户再次购买的问题。想要解决该问题，企业需要了解哪些客户复购的概率更大，在确定大概率复购客户群体的基础上，对这些客户的特征进行分析。

④ 客单价。客单价解决让客户多买的问题。想要让客户多买，就要了解哪些客户会多买，哪些价位的商品客户会多买等问题，然后匹配合适价位的商品给客户，因此企业需要对客户购买频次、客户消费水平等内容进行分析。

（2）客户特征多维度分析。

① 客户地域分析与客户年龄分析。客户地域分析是从空间角度分析客户的来源，比如客户来自哪个国家、哪个省份、哪座城市等。客户年龄分析，是分析客户群的年龄分布情况，不同年龄的客户在性格、爱好、财务状况等方面有很大差别。通过客户地域分析与客户年龄分析，企业可以明确客户的主要来源地和年龄段，便于其有针对性地分配商品或开展营销。

图 4-3 是从某企业原始数据中筛选出的 8 个省份不同年龄段客户的销售额统计数据，接下来以这组数据为例，对该企业的客户地域与客户年龄展开分析。

利用数据透视表，分析不同区域、不同年龄段客户的销售额情况，将"客户年龄"拖动到列，"客户地域"拖动到行，得到数据透视表如图 4-4 所示。

| | A | B | C |
|---|---|---|---|
| 1 | 客户地域 | 客户年龄 | 销售额/元 |
| 2 | 陕西 | 36-45岁 | 16 235 |
| 3 | 陕西 | 26-35岁 | 26 532 |
| 4 | 陕西 | 25岁及以下 | 21 223 |
| 5 | 陕西 | 26-35岁 | 30 214 |
| 6 | 陕西 | 45岁以上 | 33 002 |
| 7 | 陕西 | 36-45岁 | 20 012 |
| 8 | 陕西 | 25岁及以下 | 25 321 |
| 9 | 陕西 | 26-35岁 | 36 954 |
| 10 | 山西 | 36-45岁 | 12 036 |
| 11 | 山西 | 26-35岁 | 20 123 |
| 12 | 山西 | 25岁及以下 | 15 698 |
| 13 | 山西 | 26-35岁 | 30 221 |
| 14 | 山西 | 45岁以上 | 29 556 |
| 15 | 山西 | 36-45岁 | 19 852 |
| 16 | 湖南 | 25岁及以下 | 26 354 |
| 17 | 湖南 | 25岁及以下 | 15 632 |
| 18 | 湖南 | 25岁及以下 | 26 321 |
| 19 | 上海 | 26-35岁 | 63 521 |
| 20 | 上海 | 36-45岁 | 35 632 |
| 21 | 上海 | 36-45岁 | 42 310 |
| 22 | 上海 | 25岁及以下 | 75 689 |
| 23 | 上海 | 26-35岁 | 102 130 |
| 24 | 四川 | 36-45岁 | 16 988 |
| 25 | 四川 | 26-35岁 | 26 354 |
| 26 | 四川 | 25岁及以下 | 32 501 |
| 27 | 四川 | 26-35岁 | 33 665 |
| 28 | 西藏 | 36-45岁 | 10 236 |
| 29 | 西藏 | 26-35岁 | 25 698 |
| 30 | 青海 | 25岁及以下 | 14 223 |
| 31 | 青海 | 26-35岁 | 25 632 |
| 32 | 青海 | 45岁以上 | 29 887 |
| 33 | 贵州 | 25岁及以下 | 10 254 |
| 34 | 贵州 | 26-35岁 | 23 654 |
| 35 | 贵州 | 45岁以上 | 25 998 |

图4-3　8个省份不同年龄段客户的销售额统计数据

| 求和项:销售额/元 | 列标签 | | | | |
|---|---|---|---|---|---|
| 行标签 | 25岁及以下 | 26-35岁 | 36-45岁 | 45岁以上 | 总计 |
| 贵州 | 10 254 | 23 654 | | 25 998 | 59 906 |
| 湖南 | 68 307 | | | | 68 307 |
| 青海 | 14 223 | 25 632 | | 29 887 | 69 742 |
| 山西 | 15 698 | 50 344 | 31 888 | 29 556 | 127 486 |
| 陕西 | 46 544 | 93 700 | 36 247 | 33 002 | 209 493 |
| 上海 | 75 689 | 165 651 | 77 942 | | 319 282 |
| 四川 | 32 501 | 60 019 | 16 988 | | 109 508 |
| 西藏 | | 25 698 | 10 236 | | 35 934 |
| 总计 | 263 216 | 444 698 | 173 301 | 118 443 | 999 658 |

图4-4　不同区域、不同年龄客户的销售额数据透视表

为了更直观地展示客户地域与客户年龄的数据分析结果，需要选中数据透视表数据区域并插入三维簇状柱形图，得到不同地域、不同年龄客户的销售额可视化结果，如图4-5所示。

根据图4-4和图4-5可以得到以下信息：

整体消费情况最好的年龄段是26-35岁，总计消费444 698元，消费情况最差的年龄段是45岁以上，总计消费118 443元；各年龄段的客户在各省份的消费能力有

求和项: 销售额/元

客户年龄 ▼
- 25岁及以下
- 26–35岁
- 36–45岁
- 45岁以上

客户地域 ▼

图 4-5　不同地域、不同年龄客户的销售额可视化结果

所差异，消费能力最高的是上海，消费能力最低的是西藏。结合以上分析结果，企业可以优化区域产品的分配，明确今后营销活动的首要目标客户群。

　　此外，还可以对客户地域中的具体指标进行分析。比如，对不同区域成交客户数、客单价等进行分析，让客户分析、地域分析的结果更精确。图 4-6 为采集某企业不同区域成交客户数后制作的饼状图，可以看到该企业上海、陕西、山西的成交客户数占比较多，这三个区域总占比超过总客户数的一半，西藏、贵州、青海、湖南的成交客户数占比较少，企业可以根据该分析结果调整其推广策略，比如，向成交占比较少的区域定向推广（结合这些区域客户的特征），以调动这些区域客户的购物积极性。

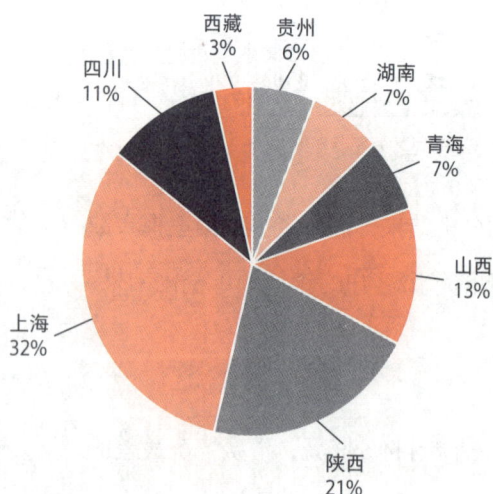

图 4-6　某企业各区域成交客户数占比

　　② 客户消费层级分析。客户消费水平是对客户单位时间内的花费金额进行分析，通过分析，企业能够了解该时间段内客户的普遍消费能力，并根据客户消费能力调整产品结构。

图 4-7 是某企业 2022 年 9 月份产品订单成交的统计数据，接下来对该企业 2022 年 9 月份的客户消费层级进行分析。

| 产品名称 | 产品价格/元 | 订单数/个 |
|---|---|---|
| 高领纯色毛衣女宽松外穿2022新款秋冬落肩袖打底毛针织衫女 | 299.9 | 6 |
| 女装高领针织茄克2022秋冬新款时尚茧型针织开衫外套320446 | 249 | 3 |
| 中长款开衫2022秋季新款宽松编蝠袖针织毛衫女毛衣外套 | 339 | 5 |
| 女装针织衫 2022秋冬新款长袖毛衣女宽松针织套衫 0804169 | 249 | 4 |
| 秋冬新款高领羊绒衫女套头毛衣加厚宽松针织打底衫定制 | 386 | 10 |
| 2022冬装新款针织皮毛拼接中长款毛衣开衫女2G4E5081E | 599 | 3 |
| 圆领套头宽松毛针织衫2022新款皮卡丘毛衣女 | 389.9 | 5 |
| 2022新款冬季长袖羊绒毛衣套头衫女 | 490 | 8 |
| 秋冬羊绒连衣裙长款修身羊绒衫毛衣裙针织打底裙羊绒长裙包臀过膝 | 598 | 4 |
| 100%美丽诺羊毛打底衫长袖小衫半高领毛针织衫2022秋季新款上衣女 | 328 | 6 |
| 打底衫女洋气内搭2022秋冬新款潮紧身针织半高领毛衣 | 238 | 8 |
| 2022秋冬新款高领羊绒衫女短款套头翻领毛衣修身打底针织衫 | 498 | 9 |
| 100%山羊绒衫女堆堆领毛衣2022新款高领羊绒衫修身百搭羊绒针织衫 | 398 | 12 |
| 100%羊毛ELAND2022年秋季新款ins打底初恋针织衫木耳边EEKW98911I | 260 | 5 |
| 100纯羊毛衫女秋冬薄款2022新款修身半高领毛衣针织打底衫 | 178 | 3 |
| 22早秋女装 Logo纽扣饰 短袖针织衫 58489 | 500 | 2 |
| 2022秋冬新款高领女毛衣纯100%山羊绒衫修身套头打底衫 | 398 | 10 |
| 女装圆领针织开衫女红色夏加尔毛衣短款宽松外套 | 708 | 1 |
| 2022秋季新款时尚绣花亮丝羊毛针织开衫女 | 206 | 23 |
| 2022秋季新品提花卫衣版毛衫5J9822370 | 190 | 32 |
| 2022冬新品拼接带帽毛针织衫5J9840860 | 190 | 25 |
| 22新品牦牛绒V领廓形绞花针织衫 | 990 | 1 |
| 22秋冬新款简约高领长袖女针织衫宽松百搭毛绒质感螺纹下摆 | 790 | 2 |
| 女装 3D柔软羊仔毛茧形针织开衫(长袖) | 299 | 19 |
| 【设计师合作款】女装 美利奴羊毛混纺针织衫(长袖) | 299 | 17 |
| 全羊绒 哥弟秋冬新款圆领羊绒衫针织衫卡通图案套头毛衣女 | 400 | 6 |
| 2022秋冬新款圆领套头羊毛针织衫女打底衫毛衣内搭 | 200 | 5 |
| 针织开衫2022新款冬装宽松V领复古兔子图案毛衣女 | 799 | 1 |
| 针织开衫女2022新款冬装复古古着子宽松V领小香风针织外套女 | 599 | 4 |
| 2022女秋冬新款时尚图案长袖蝴蝶领百搭上衣针织衫 | 998 | 0 |
| 预售2022秋冬新款游乐园趣味绣花宽松落肩袖粉色毛针织衫 | 399 | 3 |
| 周二新品 女装 修身款针织衫 | 450 | 4 |
| 女装 减针细节高领针织衫 | 790 | 2 |
| 2022冬季新款网纱拼接修身针织衫女 | 449 | 6 |
| 2022新款女装气质袖口拼接绞花亮丝圆领套头毛针织衫 | 459 | 4 |
| 女装2022冬装新撞色菱形格纹V领毛针织衫 | 899 | 1 |

图 4-7　2022 年 9 月产品订单成交情况

分析的第一步，需要对产品价格消费水平进行分组，分组时需要结合产品价格，如图 4-8 所示。

=VLOOKUP(B2,$F$1:$G$10,2)

作.xls [兼容模式]　× +

| A | B | C | D | E | F | G |
|---|---|---|---|---|---|---|
| 产品名称 | 产品价格/元 | 订单数/个 | 消费层级 | | 分组下限 | 消费层级 |
| 款秋冬落肩袖打底毛针织衫女 | 299.9 | 6 | 200-300 | | 100 | 100-200 |
| 时尚茧型针织开衫外套320446 | 249 | 3 | | | 200 | 200-300 |
| 宽松编蝠袖针织毛衫女毛衣外套 | 339 | 5 | | | 300 | 300-400 |
| 衣女宽松针织套衫 0804169 | 249 | 4 | | | 400 | 400-500 |
| 毛衣加厚宽松针织打底衫定制 | 386 | 10 | | | 500 | 500-600 |
| 款毛衣开衫女2G4E5081E | 599 | 3 | | | 600 | 600-700 |
| 皮卡丘毛衣女 | 389.9 | 5 | | | 700 | 700-800 |
| 头衫女 | 490 | 8 | | | 800 | 800-900 |
| 毛衣裙针织打底裙羊绒长裙包臀过膝 | 598 | 4 | | | 900 | 900-1000 |

图 4-8　价格分组

完成消费层级分组后，使用 VLOOKUP 函数，首先将 B2 单元格的价格分配到对应的消费层级中，然后快速完成自动分组。

完成自动分组后，使用数据透视表，制作出不同消费水平对应客户订单量的数据透视表，如图 4-9 所示。

| 求和项:订单数 | |
|---|---|
| 消费层级/元 | 汇总 |
| 100-200 | 60 |
| 200-300 | 90 |
| 300-400 | 51 |
| 400-500 | 37 |
| 500-600 | 13 |
| 700-800 | 6 |
| 800-900 | 1 |
| 900-1000 | 1 |
| 总计 | 259 |

图 4-9　各消费层级中对应客户订单量的数据透视表

为了更直观地展示数据分析结果，可以插入堆积柱形图，形成客户消费层级分析图，如图 4-10 所示。

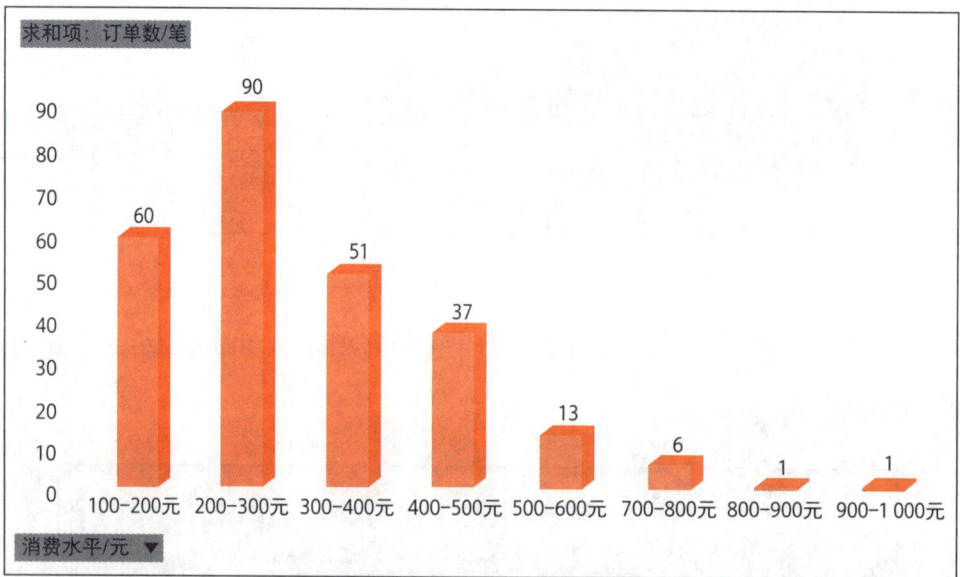

图 4-10　客户消费水平分析图

根据图 4-10，企业可以得到以下信息：客户消费水平排名前三位的依次是：200-300 元、100-200 元、300-400 元，对应订单量分别是：90 笔、60 笔、51 笔；客户消费水平排名后三位的依次是：600-700 元、800-900 元、900-1 000 元，对应订单量分别是：0 笔（因为是 0，所以在数据透视表和分析图中均未显示该分组及对应数值）、1 笔、1 笔。可见，企业在 2022 年 9 月份，客户的消费水平普遍偏低，订单消费集中在 100-400 元，高消费水平的客户订单量极少，仅有两笔订单在 800 元以上。结合以上分析结果，企业可以调整产品结构，多上架价格在 100-400 元的产品，减少高于 800 元的产品上架。

③ 客户性别分析。性别不同，客户的商品偏好、行为偏好、购买动机等往往不同。男性在购物时更加冷静和理智，选择的商品多为高质量的功能性商品，较少考虑价格因素；女性在购物时更加冲动和随机，较多考虑价格因素、商品外观因素和商品质量因素。

进行客户性别分析，可以采集订单及其对应客户的性别数据。图 4-11 为某企业 2022 年 6 月份的客户性别统计表，以这组数据为基础，对该企业客户的性别进行分析。

| | A | B | C | D | E | F | G | H |
|---|---|---|---|---|---|---|---|---|
| 1 | 订单编号 | 客户性别 | 订单编号 | 客户性别 | 订单编号 | 客户性别 | 订单编号 | 客户性别 |
| 2 | 001 | 男 | 011 | 女 | 021 | 女 | 031 | 男 |
| 3 | 002 | 女 | 012 | 女 | 022 | 女 | 032 | 女 |
| 4 | 003 | 女 | 013 | 女 | 023 | 女 | 033 | 女 |
| 5 | 004 | 女 | 014 | 男 | 024 | 男 | 034 | 女 |
| 6 | 005 | 男 | 015 | 男 | 025 | 男 | 035 | 男 |
| 7 | 006 | 女 | 016 | 女 | 026 | 女 | 036 | 女 |
| 8 | 007 | 女 | 017 | 女 | 027 | 女 | 037 | 女 |
| 9 | 008 | 男 | 018 | 女 | 028 | 女 | 038 | 女 |
| 10 | 009 | 女 | 019 | 女 | 029 | 男 | 039 | 男 |
| 11 | 010 | 男 | 020 | 男 | 030 | 女 | 040 | 男 |

图 4-11　客户性别统计表

整理数据，计算男女客户各自的总数量，图 4-12 是男、女客户总数量。注意：在计算客户总数量前，可以对客户性别进行排序，然后快速得出不同性别的客户总数量。

插入客户性别分析饼状图，使数据呈现效果更直观，如图 4-13 所示。

根据以上分析图表，可以得到以下信息：

该企业 2022 年 6 月份女性客户人数占比 65%，男性客户人数占比 35%，可见，该企业的主要客户群为女性。因此，企业在今后的运营过程中，需要侧重考虑女性客户的性格特点、购物偏好等，同时兼顾对男性客户特征的分析。

④ 客户访问时间分析。客户访问时间分析，是从时间维度分析客户情况。通过分析，企业能够了解客户访问的时间规律，比如，哪些时间段是客户访问的高峰期、哪些时间段是客户下单的高峰期等。在具体分析时，企业可以从不同维度进行客户访问时间分析，比如，PC 端客户访问时间分析、移动端客户访问时间分析。

图 4-14 是某企业一天中 PC 端和移动端的访客数据统计表，接下来以该组数据为基础，对该企业的客户访问时间进行分析。

| 时间 | 访客数/人 |
| --- | --- |
| 0:00 | 623 |
| 1:00 | 231 |
| 2:00 | 123 |
| 3:00 | 25 |
| 4:00 | 32 |
| 5:00 | 8 |
| 6:00 | 421 |
| 7:00 | 231 |
| 8:00 | 203 |
| 9:00 | 231 |
| 10:00 | 110 |
| 11:00 | 95 |
| 12:00 | 205 |
| 13:00 | 541 |
| 14:00 | 213 |
| 15:00 | 963 |
| 16:00 | 111 |
| 17:00 | 13 |
| 18:00 | 962 |
| 19:00 | 221 |
| 20:00 | 152 |
| 21:00 | 523 |
| 22:00 | 654 |
| 23:00 | 721 |
| 24:00 | 955 |

| 039 | 男 |    |
| --- | --- | --- |
| 040 | 男 | 14 |
| 002 | 女 | 26 |
| 003 | 女 |    |

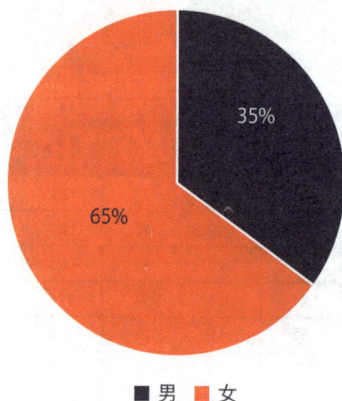

图 4-12　男、女客户总数量　　　图 4-13　客户性别分析可视化　　　图 4-14　访客数据

选中时间、访客数对应的区域，插入折线图，可以得到该企业访客时间的分布曲线，如图 4-15 所示。通过分析，可以知道该企业客户访问时间的高峰为 15 点、18 点和 24 点这三个时间点对应的时间段，因此企业可以选择在前述时间段投放新产品或投放广告。

⑤ 客户偏好分析。客户偏好分析是对客户的产品偏好、营销偏好、邮寄方式偏好、包装偏好等进行分析，根据分析结果优化对应的内容。

例如，在进行企业网店流量来源分析时，通过分析得知某企业客户大部分从聚划算引流而来，则该企业客户的营销偏好渠道是聚划算，企业可以在后续营销时，选择参加聚划算。

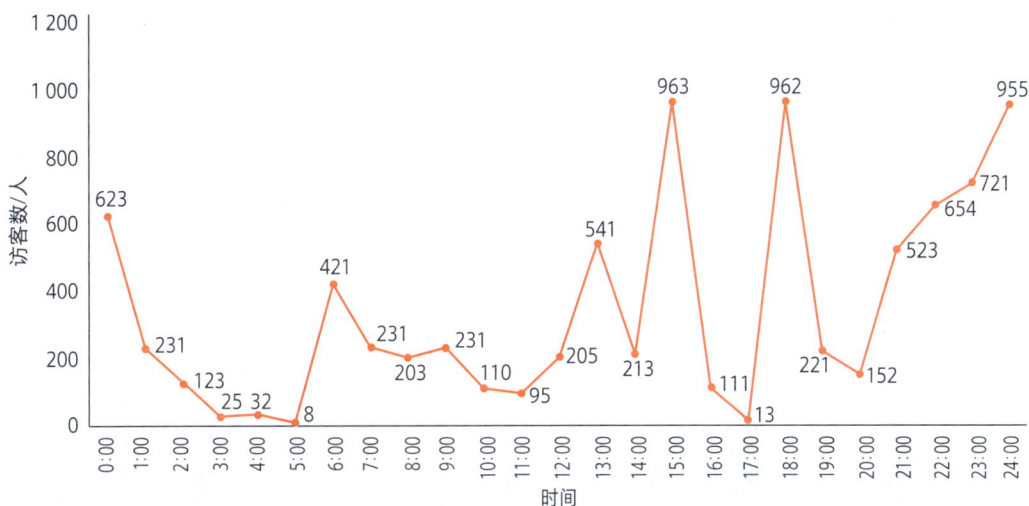

图 4-15　客户访问时间分析

　　除了以上维度，企业还可以根据营销需求，从其他客户特征维度进行分析，如客户职业分析、客户来源分析等。只要分析维度贴合企业精准营销的需求，就可以针对需求进行客户特征分析。

　　（3）不同终端的客户特征分析。随着移动智能终端的普及和移动互联网技术的发展，越来越多的客户选择在移动端购买产品，对不同终端的客户进行分析，有利于企业了解各终端数据的占比情况，如访客数（UV）、客户转化率、成交客户数、成交金额、客单价等数据的占比情况。在进行分析时，需要采集移动端、PC 端相应的数据展开分析。

　　以不同终端访客数为例进行分析，首先需要采集各终端的访客数，如图 4-16所示。

| | A | B | C |
|---|---|---|---|
| 1 | 月份 | 访客数（移动端）/人 | 访客数（PC端）/人 |
| 2 | 1月 | 15201 | 12014 |
| 3 | 2月 | 10302 | 8654 |
| 4 | 3月 | 15231 | 12014 |
| 5 | 4月 | 16325 | 13201 |
| 6 | 5月 | 13201 | 10125 |
| 7 | 6月 | 14236 | 10124 |
| 8 | 7月 | 13221 | 12014 |
| 9 | 8月 | 10214 | 9521 |
| 10 | 9月 | 10365 | 9987 |
| 11 | 10月 | 13245 | 10124 |
| 12 | 11月 | 15231 | 11024 |
| 13 | 12月 | 14235 | 11023 |

图 4-16　采集各终端的访客数

快速插入图表，为了直观地展示移动端、PC端的访客数占比情况，需要插入堆积柱形图，如图4-17所示。

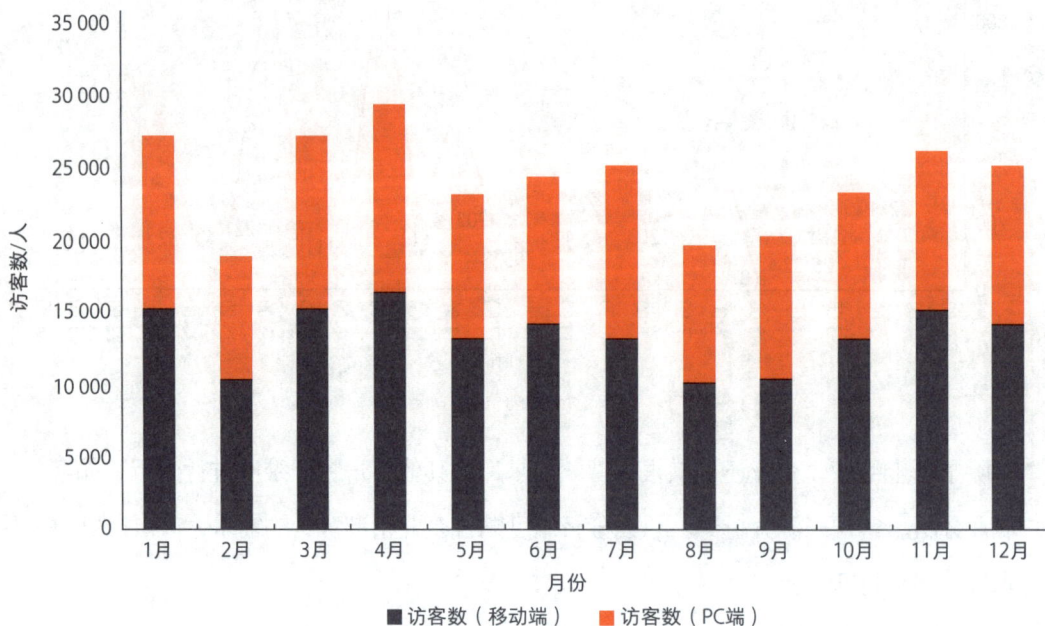

图 4-17　移动端、PC端的访客数占比

从图4-17可以看出，企业整年移动端访客数均高于PC端访客数，这得益于移动端的便利和企业对移动端的运营，也意味着企业在今后仍然要重视移动端的运营。

同样，采集客户转化率、成交客户数、成交金额、客单价等数据，生成对应的图形，企业就可以了解对应指标在移动端与PC端的占比情况，为今后的经营决策提供指导。

### 3. 客户特征分析结果应用

完成客户特征分析后，企业可以根据客户特征分析的结果，进行营销优化和产品结构优化。

（1）营销优化。电子商务企业进行客户特征分析是为了让客户尽可能多地购买企业产品，企业可以在客户特征分析的基础上，进行推广、引流，使其推广、引流更精准。在实际推广操作时，推荐客户更感兴趣的产品和营销内容，使网站/网店流量和转化得到提升。如图4-18所示，企业在新建推广计划时，可以结合客户特征选择合适的内容，向特定人群展开精准营销。

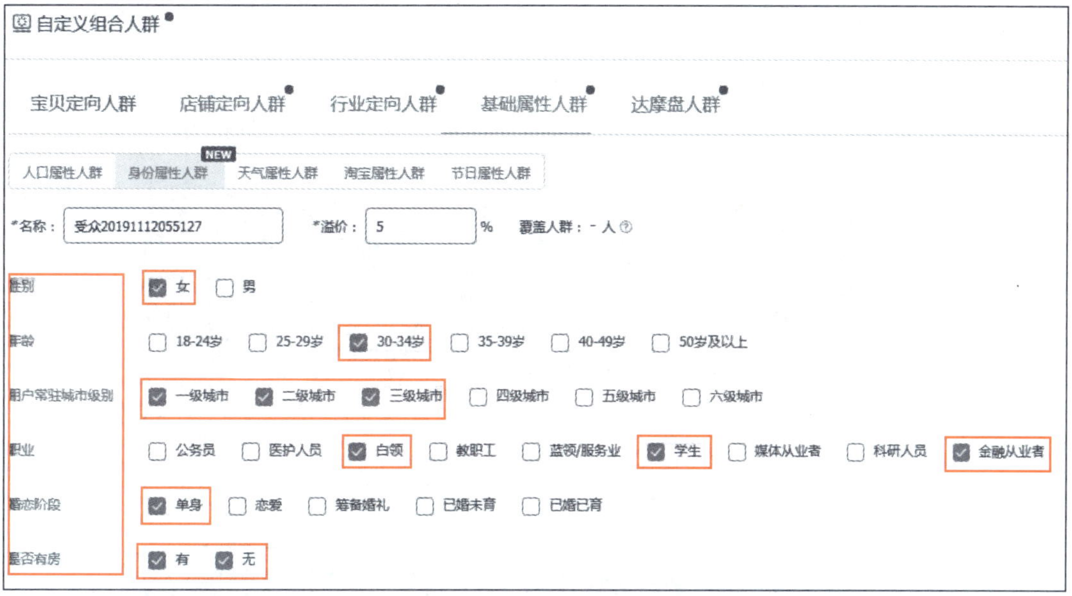

图 4-18  新建推广计划（选择客户标签）

（2）产品结构优化。除了可以指导营销优化外，客户特征分析结果还可以指导企业优化产品结构，使原本的"上架什么客户购买什么"转变为"客户需要什么上架什么"。根据客户特征分析结果，企业可以优化产品定价和产品选择，推广更受客户青睐的产品，以提升企业的产品销量。比如，通过客户特征分析了解到客户群的年龄特征、消费水平特征、性别特征等情况后，可以根据这些情况上架符合客户年龄、消费水平、性别偏好的产品。

总的来看，客户特征分析能够使客户与企业"沟通"，利用数据分析，将复杂的客户特征信息汇总起来，使企业在明晰客户特征的基础上，有针对性地制定运营决策。

### 4. 设计客户标签

（1）客户标签的意义。设计客户标签是为了给客户添加分类。通过客户特征分析，企业能够了解客户的群体特征，但这些群体特征分属于不同的维度。比如，按性别分为男性客户群、女性客户群，按消费水平分为高消费客户群、低消费客户群等。如何把这些不同维度的客户群进行归类，就需要为客户添加标签。

（2）客户标签的分类。进行客户标签设计，首先需要将客户标签分类，客户标签分类能够将散乱的客户标签体系化，且各个标签之间又互相联系。在进行客户标签分类时，尽量遵守 MECE 原则，尽量覆盖企业的全部客户但又不交叉。

图 4-19 为按照四个层级梳理的客户标签分类，其中第四层级为标签的实例。从该标签分类中，可以清晰地看到各个类别之间的层级关系和关联关系。企业采用该客户标签分类法，能够从某个层级出发，详细了解该层级客户的整体情况。

| 一级标签 | 二级标签 | 三级标签 | 四级标签 |
|---|---|---|---|
| 人口属性 | 客户基础信息 | 性别 | 男<br>女 |
| | | 年龄 | 18岁以下<br>18~24岁<br>…… |
| 身份属性 | 客户身份分类 | 地域 | 一级城市<br>二级城市 |
| | | 职业 | 医生<br>学生<br>教师<br>…… |
| 天气属性 | 客户天气偏好 | 温度 | 冷<br>凉爽<br>舒适 |
| | | 天气现象 | 晴<br>小雨<br>小雪<br>…… |
| 定向属性 | 客户产品偏好 | 产品图案 | 花色<br>纯色 |
| | | 产品功能 | 功能A<br>功能B |
| | | 产品材质 | 木质<br>玻璃制<br>…… |
| 商业属性 | 消费习惯 | 品牌偏好 | 高端<br>中端<br>低端 |
| | | 支付偏好 | 微信<br>支付宝 |
| 行为属性 | 客户因浏览/收藏/加购/购买行为产生的标签 | 浏览过企业某付费推广的客户 | 浏览已购买<br>浏览未购买 |
| | | 发生过加购行为的客户 | 加购已购买<br>加购未购买<br>…… |
| | 客户按活跃程度不同产生的标签 | 客户活跃情况 | 潜在客户<br>新客户<br>老客户<br>活跃客户<br>流失客户<br>回流客户 |
| …… | | | |

图 4-19 客户数据标签分类

结合图 4-19 中的客户标签分类，企业可以提取出对应的客户画像标签。如企业为某位客户绘制了如下画像：性别女，年龄 18—24 岁之间，所在地为二级城市，职业为学生，偏好纯色木质中端产品，常喜欢支付宝和微信支付，属于活跃客户。通过该客户画像标签，企业能够了解标签背后客户群体的特征，并快速识别和记忆客户。

此外，客户标签按照不同标准分为不同类别。企业在进行客户标签设计时，可以选择合适的分类形式对客户标签进行归类和设计。

① 按照数据的时效性，将标签分为两类：静态属性标签和动态属性标签。

a. 静态属性标签是长期甚至永久不会改变的标签，如性别、出生日期等，这些数据标签一经采集和标记，短时间不会发生改变。

b. 动态属性标签是具备有效期，需要及时更新和替换的标签，如客户活跃度、客户购买能力等。

② 按照数据的提取维度，将标签分为三类：事实标签、模型标签、预测标签。

a. 事实标签是可以直接从原始数据中获取的标签，比如年龄、性别、地域等。

b. 模型标签是需要在原始数据基础上进行分析或计算才能获得的标签，如产品偏好、客户活跃度等。

c. 预测标签是需要结合事实标签和模型标签进行预测才能获取的标签，如客户购买趋势、客户需求预测等。

（3）客户标签的应用。为客户添加标签后，常见的应用主要有以下两种：

① 精准客户营销。拥有不同标签的客户特征不同，企业可以采用不同的营销方式进行精准营销。图 4-20 为某企业的客户运营平台，该企业将客户分群后，按不同的人群进行定向运营。

图 4-20　客户分群示例

② 个性化接待客户。对客户添加标签，还可以实现个性化接待。比如，被贴上标签的客户前来咨询时，客服人员可以根据该客户的标签，做出符合客户心理预期的推荐或回复，这样做不仅有利于提高成交量，而且有利于拉近企业与客户的距离，获得客户的信任，提升客户满意度。

> **想一想**
>
> 举例说明企业进行客户特征分析的作用。如何利用客户画像来提升业务水平？

## 三、客户忠诚度分析

### 1. 认识客户忠诚度

（1）客户忠诚度的含义。客户忠诚度也叫客户黏度，是指通过企业产品或服务质量、价格等因素的影响，使客户对企业产品或服务产生情感，形成长期重复购买的程度。电子商务企业通过提高客户忠诚度，能够在一定程度上减少客户流失，取得更高的销量和利润。

客户忠诚度有利于核心竞争力的形成。企业开展营销活动时，需要以客户为中心，关注客户对企业的评价，提升客户忠诚度。客户忠诚度影响业务流程和企业组织结构，客户忠诚营销要求企业建立以忠诚度为基础的业务体系，合理分配资源，同时要求企业形成自上而下、便于客户关系管理、工作顺畅进行的信息传播体系，使企业能够对客户信息做出迅速反应。

（2）影响客户忠诚度的因素。客户忠诚度分析是对客户的忠诚程度进行分析，从而了解客户对企业的态度、满意度等情况，为客户忠诚度的提升提供指导。影响客户忠诚度的因素主要有以下几个：

① 客户满意度。客户满意度是决定客户忠诚与否的关键因素，客户满意度包括客户对企业产品或服务的满意度、对企业（品牌）文化的满意度。

② 客户贡献度。客户贡献度能够体现客户的忠诚度情况。一般来说，客户贡献度越大，其忠诚度越高；客户贡献度越小，其忠诚度越小。比如，同等条件下客户在企业的采购次数越多，其采购金额一般越大，客户贡献度也越大。

③ 客户依存度。客户忠诚度较强的时候，会与企业形成一定的依存关系。客户的依存度深浅，能够揭示是否有客户、有多少客户与企业形成了忠实伙伴关系，企业可以将形成忠实伙伴关系的客户当成自己的重点维护与合作客户。

（3）客户忠诚度分析的目的。在电子商务时代，粉丝是企业运营的基础，粉丝即高忠诚度的客户。企业使用各种推广方式吸引新客户，并尽可能多地将这些新客户转化为忠实客户。在将新客户转化为忠实客户的过程中，企业需要完善产品、服务、客服、关怀等，同时还需要制定相应的客户忠诚度管理办法，提高并稳定忠诚客户的转化率。

客户忠诚度分析能够检验企业客户忠诚度管理的成果，并及时优化客户忠诚度管理办法。同时及时识别出忠诚客户，对这些客户进行有针对性的营销和维护，让更多的客户成为企业忠诚客户，拉动企业销量，提升企业品牌知名度和美誉度。

### 2. 客户忠诚度分析的主要内容

（1）客户重复购买率。重复购买率（复购率）是考察客户忠诚度的核心指标，是客户对企业产品或服务购买的比率，重复购买率越高，客户对企业的忠诚度越高，反之则越低。

重复购买率的计算方式有两种：

第一种是按客户数量计算，公式为：重复购买率＝（重复购买客户÷客户总数量）×100%。比如有16个客户购买了企业产品，其中8个人有重复购买行为，则重复购买率为8/16×100%＝50%。

第二种是按交易次数计算，计算公式为：重复购买率＝（客户重复交易次数÷总交易次数）×100%。比如，2022年8月某企业产生了200次交易，其中50个客户有两次购买行为，则重复购买率为50/200×100%＝25%。如果这50人中的20人有二次购买行为，30人有第三次购买行为，则重复购买率为（20×1+30×2）/200×100%＝40%。

（2）客户购买频次。除了通过计算复购率分析客户忠诚度外，还可以通过购买频次进行客户忠诚度分析。在单位时间内，客户的购买频次越多，忠诚度就越高；客户的购买频次越少，忠诚度越低。

图4-21为某企业2022年5月1日–2022年10月31日的客户统计表，统计表中筛选了企业半年的购买客户名单。

| 下单客户名称 | 下单客户名称 | 下单客户名称 | 下单客户名称 | 下单客户名称 | 下单客户名称 |
|---|---|---|---|---|---|
| 客户A | 客户N | 客户I | 客户F | 客户F | 客户F |
| 客户B | 客户O | 客户G | 客户N | 客户N | 客户N |
| 客户C | 客户P | 客户K | 客户O | 客户O | 客户O |
| 客户D | 客户G | 客户H | 客户P | 客户P | 客户Q |
| 客户E | 客户K | 客户I | 客户H | 客户Q | 客户R |
| 客户F | 客户L | 客户P | 客户I | 客户F | 客户N |
| 客户G | 客户C | 客户F | 客户P | 客户N | 客户R |
| 客户H | 客户F | 客户F | 客户Q | 客户N | 客户N |
| 客户I | 客户N | 客户N | 客户F | 客户Q | 客户P |
| 客户G | 客户O | 客户O | 客户N | 客户R | 客户O |
| 客户K | 客户P | 客户P | 客户O | 客户N | 客户P |
| 客户L | 客户Q | 客户Q | 客户O | 客户O | 客户Q |
| 客户M | 客户R | 客户R | 客户R | 客户Q | 客户O |
| 客户N | 客户N | 客户N | 客户N | 客户R | 客户L |
| 客户O | 客户O | 客户L | 客户O | 客户S | 客户F |
| 客户P | 客户P | 客户C | 客户P | 客户H | 客户G |
| 客户Q | 客户Q | 客户P | 客户Q | 客户I | 客户H |
| 客户R | 客户R | 客户N | 客户O | 客户G | 客户I |
| 客户S | 客户S | 客户O | 客户L | 客户K | 客户G |
| 客户T | 客户H | 客户L | 客户C | 客户D | 客户K |
| 客户A | 客户I | 客户C | 客户N | 客户E | 客户Q |
| 客户P | 客户G | 客户F | 客户N | 客户C | 客户F |
| 客户Q | 客户K | 客户N | 客户O | 客户G | 客户N |
| 客户R | 客户H | 客户O | 客户P | 客户H | 客户O |
| 客户K | 客户I | 客户O | 客户O | 客户I | 客户P |
| 客户L | 客户P | 客户Q | 客户L | 客户G | 客户Q |
| 客户M | 客户Q | 客户N | 客户C | 客户K | 客户R |
| 客户N | 客户R | 客户O | 客户F | 客户L | 客户Q |
| 客户A | 客户N | 客户L | 客户N | 客户M | 客户F |
|  | 客户F | 客户F | 客户F | 客户F | 客户P |

图 4-21　某企业 2022 年 5 月 1 日—2022 年 10 月 31 日的客户统计表

注：由于客户 J 为独家客户，具有长期忠诚度，故不在统计范围内。

接下来，以这组数据为基础，进行客户忠诚度分析。

① 将所有下单客户名称都列在同一列中。比如，都列在 A 列中，然后使用数据透视表，统计每个客户在半年中的购买频次，统计后的结果如图 4-22 所示。

② 选中客户购买次数透视表，插入堆积条形图，得到客户忠诚度分析图，如图 4-23 所示。

③ 根据以上分析图，可以得到以下信息：

该企业统计时间内，客户忠诚度排名前五位的依次是客户 N、客户 O、客户 Q、客户 P、客户 F，其半年在企业完成的购买频次分别是 23 次、20 次、19 次、18 次、16 次。客户忠诚度排在后四位的依次是客户 B、客户 T、客户 D、客户 E，其半年在企业完成的购买频次分别是 1 次、1 次、2 次、2 次。

| 计数项:下单客户名称 | |
|---|---|
| 下单客户名称 | 汇总 |
| 客户A | 3 |
| 客户B | 1 |
| 客户C | 6 |
| 客户D | 2 |
| 客户E | 2 |
| 客户F | 16 |
| 客户G | 10 |
| 客户H | 8 |
| 客户I | 9 |
| 客户K | 8 |
| 客户L | 10 |
| 客户M | 3 |
| 客户N | 23 |
| 客户O | 20 |
| 客户P | 18 |
| 客户Q | 19 |
| 客户R | 12 |
| 客户S | 3 |
| 客户T | 1 |
| 总计 | 174 |

图 4-22　客户购买频次透视表

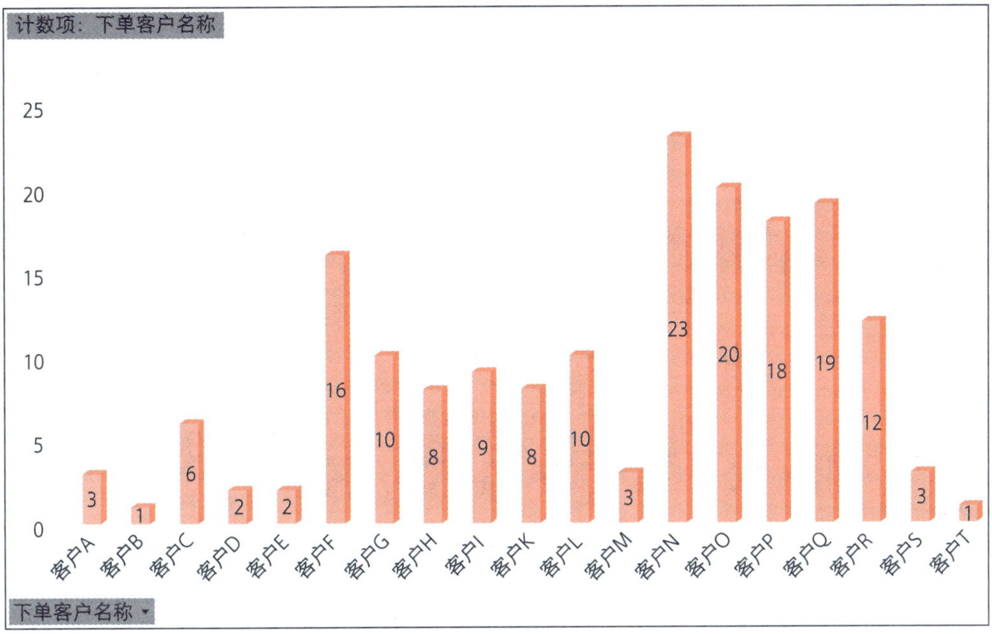

图 4-23　客户忠诚度分析图

### 3. 客户忠诚度分析结果应用

通过客户忠诚度分析，企业可以判断忠诚客户的数量，企业的忠诚客户数量越多，就越有利于企业的发展，也代表企业在同行业中的客户竞争实力越强。同时，企业可以结合客户忠诚度分析结果，为其会员营销、群专属优惠、客户拉新等提供参考。

（1）会员营销。企业可以根据客户忠诚度分析结果搭建或调整其会员结构。比如按忠诚度高低依次将客户分为 VIP 客户、主要客户、普通客户等。搭建或调整好会员结构后，针对不同级别的会员，采取不同的营销策略。尤其是对忠诚度较高的会员层级要加强营销，这是因为根据"二八定律"，企业 80% 的盈利来自 20% 客户的贡献，忠诚度高的客户一般包括在这 20% 的客户中。因此，企业通过优化和加强忠诚客户营销，能够有效稳定和提升企业效益。

（2）群专属优惠。企业可以为忠诚客户建立专属优惠群，凡是入群的客户均可以不定期领取优惠券、产品折扣、产品拼购优惠等，在引导老客户购买的同时，加深忠诚客户的黏性。

（3）客户拉新。通过客户忠诚度分析，找到企业的忠诚客户后，企业就可以通过给予忠诚客户拉新优惠、拉新奖励等方式调动忠诚客户为企业拉来新客户，如

图 4-24 所示。

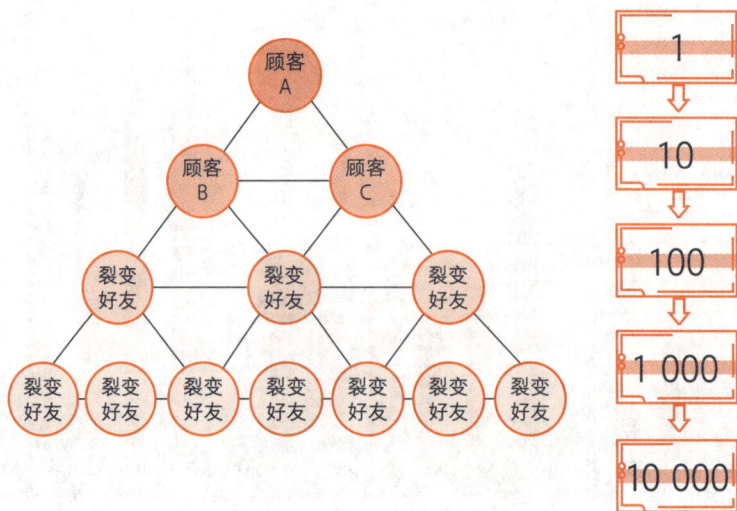

图 4-24　客户拉新示意图

### 4. 提升客户忠诚度的方法

提升客户忠诚度，可以通过划分会员等级、确定积分制度、提升产品与服务质量等方式实现。

（1）划分会员等级。

① 企业可以根据客户忠诚度的高低划分会员等级，比如将会员划分为普通会员、高级会员、VIP 会员和高级 VIP 会员等。

② 划分好会员等级后，结合企业产品价格、平均客单价、客户购买频次等确定每个等级会员的晋级条件，如图 4-25 所示。晋级条件不宜太高，太高会打消客户的晋级积极性；晋级条件也不宜太低，太低不利于刺激客户消费。

③ 划分好会员等级后，还需要确定好每一层级会员的权利，比如会员专属优惠、会员专属客服、会员生日礼物、会员积分优惠、会员优先发货等。等级不同的会员享有不同的权利，等级越高，权利越多。图 4-26 为某企业高级会员权利。

同时，也要确定会员降级规则。比如，对长时间未入店或未消费的客户进行降级处理，在降级之前要与会员进行沟通，避免引起会员反感。

④ 需要对会员页面进行设计，方便会员查看活动或优惠信息，同时企业也要及时发布会员优惠信息，让会员在第一时间获得信息并引导其购买。

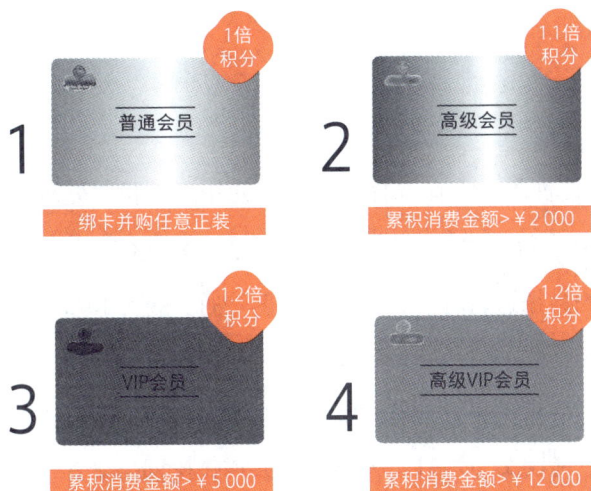

图 4-25　会员晋级条件

图 4-26　某企业高级会员权利

（2）制定积分制度。积分制度是维持和提升客户忠诚度的重要手段之一。制定积分制度，一方面要让客户能够相对容易地获取积分，另一方面获取的积分要能够及时变现。

① 确定积分获取方式。积分获取方式可以是购物获取积分、参与活动获取积分、收藏企业网店获取积分、签到获取积分等，通过这些方式激发客户的购物积极性，提升客户忠诚度，最终达到提升企业盈利能力的目的。

② 确定积分变现方式。积分获取后，客户最关心的就是积分变现的问题，企业可以设置积分变现形式，如积分兑换产品小样、兑换优惠券、兑换折扣、积分抽奖等。

（3）提升产品与服务质量。提升客户忠诚度的关键是提升企业的产品与服务质量。产品质量是保证客户忠诚度的前提，没有质量好的产品，客户忠诚度就无从培养，因此企业需要在选品时严格把关，为客户筛选高质量的产品。高质量的产品上架后，企业需要提升服务质量，比如提供优质的客户服务，让客户与企业形成良性沟通和稳定联系，以此提升客户忠诚度。

**实训专区**

企业 B 计划近期举办一次回馈粉丝客户的活动，需要对客户忠诚度进行分析，筛选出忠诚度较高的客户作为回馈对象。请调取源数据 4-1，完成客户忠诚度分析。

## 四、客户行为分析

### 1. 客户行为分析的含义

客户行为是客户为满足自己的某种需求，在选择、购买、使用、评价、处理产品或服务过程中产生的心理活动和外在行为表现，如图4-27所示。客户行为分析是对这个过程中各模块、各环节产生的数据进行分析，从中发现客户行为特点和规律的过程。

客户行为分析的主要目的是根据分析结果预测客户需求、监测客户流向等，进而有针对性地提供满足客户需求的产品或服务，有针对性地引导客户转化到最优环节或企业期望客户抵达的环节，最终达到提升企业盈利能力的目的。

### 2. 电子商务企业客户行为分析

（1）电子商务企业客户行为路径。电子商务企业客户选购产品是一个复杂的过程。比如，客户提交订单后，可能会返回企业产品页浏览其他产品或返回首页搜索其他产品，最终可能会支付或取消之前的订单。整体来看，电子商务企业客户的行为路径是：浏览首页、搜索产品/浏览分类、了解产品、加购/收藏产品、提交订单、订单支付等，如图4-28所示。

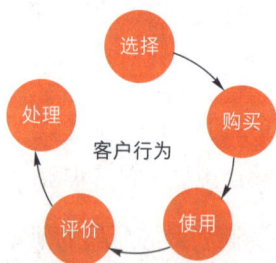

图 4-27　客户行为过程

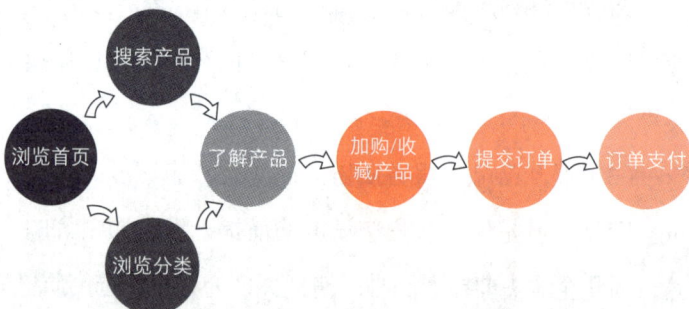

图 4-28　电子商务企业客户行为路径

（2）客户行为分析维度与指标。电子商务企业进行客户行为分析，可以从客户行为路径中提取出客户黏性指标、客户活跃指标、客户产出指标这三个维度的指标，其中，客户黏性指标关注的是客户持续访问的情况，客户活跃指标关注的是客户参与程度，客户产出指标衡量的是客户价值产出，如图4-29所示。

在进行客户行为分析时，企业需要在以上三个维度指标的基础上进行删减或延伸，确保得出具体、准确、有针对性的分析结果。

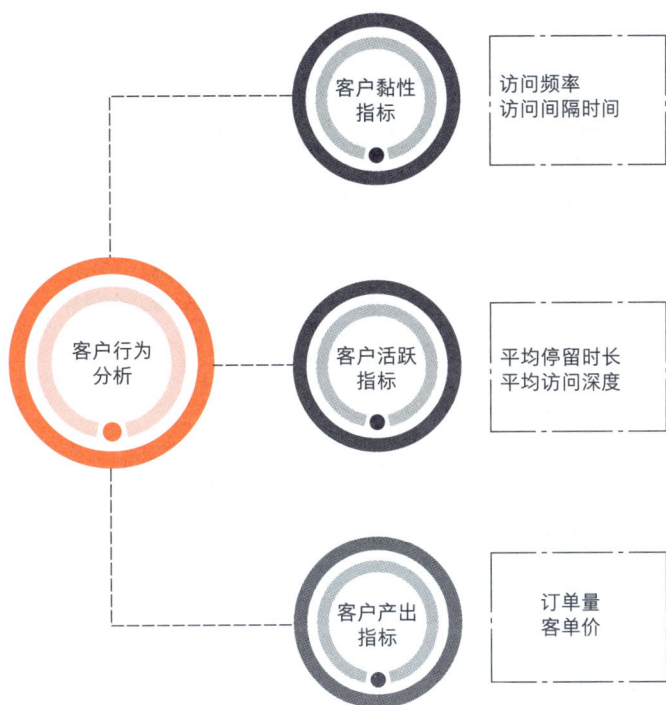

图 4-29　电子商务企业客户行为分析维度与指标

（3）客户行为分析的方法。客户行为分析可以使用5W2H分析法。

a. What——客户购买了什么。分析客户希望购买到哪些产品，研究企业需要匹配的产品类型或具体产品是什么。

b. Why——客户为什么购买。分析客户购买产品的原因，比如是因为产品外观还是因为产品质量等。通过分析客户购买原因，企业可以优化其经营策略，包括选品策略、市场策略等。

c. When——客户何时购买。分析客户对产品购买时间的要求，尤其是对特定产品购买时间的要求，比如客户对水果购买时间的要求，一般为应季水果。通过分析，企业可以在特定时间内推出符合客户偏好的产品。

d. Who——购买产品的是谁。分析产生购买行为的客户，包括分析客户是谁，是男性还是女性，年龄和地域分布如何等。企业可以根据分析结果，调整和优化产品运营策略。

e. Where——购买地点是哪里。对客户购买产品的地点进行分析。比如，有些客户喜欢在家里通过手机端购买产品，有些客户喜欢在公司通过 PC 端购买产品；有些客户喜欢在京东端购买产品，有些客户喜欢在淘宝端购买产品等。通过分析，企业可以优化其产品分配与营销策略。

f. How to do——客户的购买形式是什么。通过分析客户的购买形式，能够帮助企业了解客户抵达购物网站的形式。比如，企业通过分析已成交客户的流量来源渠道，能够明确客户是通过哪种渠道进入企业网站并进行支付的，在后续运营中可以多使用该渠道进行引流。

g. How much——花费了多少钱。客户花费了多少钱购买产品，包括分析哪个价位段的产品更能够吸引客户购买，客单价是多少等。

（4）客户行为轨迹分析。

a. 客户入口页面分析。客户进入首页，意味着流量的进入，流量需要通过不同的入口页面进入，流量入口页面即客户通过哪些页面进入企业网站/App 等。常见的流量入口页面有导购页面、内容页面、首页、商品详情页等。

| | A | B | C |
|---|---|---|---|
| 1 | 客户入口页面 | 访客数/人 | 下单买家数/人 |
| 2 | 导购页面 | 62 | 17 |
| 3 | 内容页面 | 46 | 11 |
| 4 | 首页 | 53 | 18 |
| 5 | 商品详情页 | 136 | 32 |
| 6 | 其他页面 | 71 | 21 |

图 4-30　客户入口页面分析统计表

进行流量入口页面分析时，需要采集并汇总各入口名称、单位时间下单买家数和访客数，如图 4-30 所示。

汇总好数据后，选中所有数据区域插入数据透视表，得到数据透视表后，插入堆积条形图，并将访客数和下单买家数的值显示方式设置为总计的百分比，如图 4-31 所示。

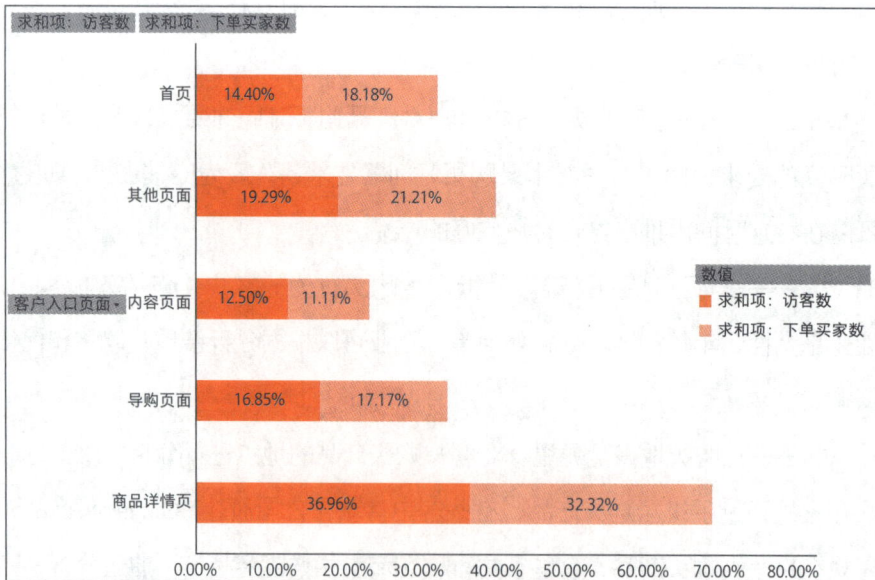

图 4-31　流量入口页面分析

从图 4-31 中可以看到，客户入口页面分布及相应的比例。很明显，客户选择从商品详情页进入的比例最大，其中访客数占总访客数的比例为 36.96%，下单买家数占总下单买家数的比例为 32.32%。可见客户选择该企业的商品详情页作为主要入口。

b. 客户店内路径分析。客户通过不同的入口进入企业后，会产生如下不同的访问路径：

第一，店内路径分析。以淘宝为例，其店内路径涵盖导购页面、首页、商品详情页、其他页面等。图 4-32 为某企业淘宝后台某周的客户店内路径。该企业商品详情页的访客来源于店铺导购页面、首页、商品详情页和店外其他来源，其中导购页面有 $21/27×100\%＝77.78\%$ 的客户访问了商品详情页；首页中有 $26/48×100\%＝54.17\%$ 的客户访问了商品详情页；商品详情页中有 $103/596×100\%＝17.28\%$ 的客户访问了商品详情页等。可见，从商品详情页到商品详情页的比例最小，说明商品详情页的关联推荐存在一定问题，企业需要优化商品详情页关联推荐的设置。

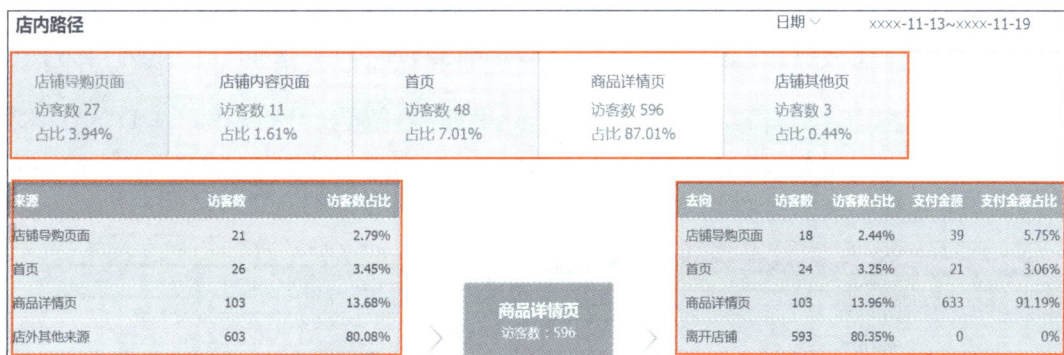

| 店内路径 | | | 日期 ∨ | xxxx-11-13~xxxx-11-19 |
|---|---|---|---|---|
| 店铺导购页面<br>访客数 27<br>占比 3.94% | 店铺内容页面<br>访客数 11<br>占比 1.61% | 首页<br>访客数 48<br>占比 7.01% | 商品详情页<br>访客数 596<br>占比 87.01% | 店铺其他页<br>访客数 3<br>占比 0.44% |

| 来源 | 访客数 | 访客数占比 | | | 去向 | 访客数 | 访客数占比 | 支付金额 | 支付金额占比 |
|---|---|---|---|---|---|---|---|---|---|
| 店铺导购页面 | 21 | 2.79% | | | 店铺导购页面 | 18 | 2.44% | 39 | 5.75% |
| 首页 | 26 | 3.45% | | | 首页 | 24 | 3.25% | 21 | 3.06% |
| 商品详情页 | 103 | 13.68% | 商品详情页<br>访客数：596 | | 商品详情页 | 103 | 13.96% | 633 | 91.19% |
| 店外其他来源 | 603 | 80.08% | | | 离开店铺 | 593 | 80.35% | 0 | 0% |

图 4-32　淘宝客户店内路径

接着分析商品详情页客户去向的支付金额和支付金额占比，如图 4-32 所示，看完商品详情页后，选择离开的客户占比最多，达到 80.35%，说明企业需要强化商品详情页的设计，以留住客户。看完商品详情页后，去往商品详情页的客户支付金额占比最多，达到 91.19%，去往店铺导购页面和首页客户的支付金额与支付占比很少，说明企业同样需要重视首页和导购页面的设计与布局。

第二，客户去向分析。客户去向是客户从哪个页面离开，又去了哪个页面。图 4-33 为某企业淘宝后台某年 11 月某周的客户去向，从图 4-33 中可以看出，客户从店铺首页离开网店的占比最大，达到 72.35%；其次是商品详情页，达到 27.06%。这说明企业需要优化其首页与商品详情页的设计。

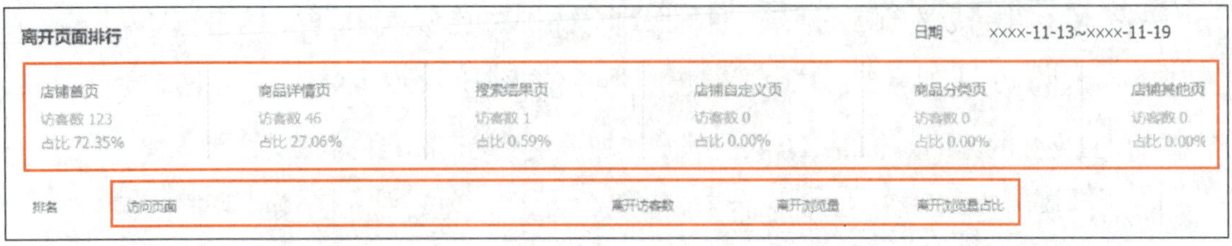


图 4-33 淘宝客户流量去向

除了分析客户是从哪个页面离开的，还需要分析客户离开后去了哪里，比如是去了企业网店所在平台的首页，还是其他企业的网站等，通过分析，企业能够从整体上把握客户的行为去向。

（5）客户行为偏好分析。客户行为偏好分析，可以使用 5W2H 方法，具体如下：

a. 客户产品偏好分析。分析客户产品偏好（What），可以采集企业单位时间内客户的支付件数，通过对不同产品的支付总件数进行比较分析，得出客户产品偏好。

图 4-34 是某企业 2022 年 10 月份 4 种产品的客户支付件数数据。以这组数据为例，分析客户偏好购买的产品。选中所有数据区域，插入数据透视表，并在“透视图字段”编辑框内选择产品名称和支付件数，同时将支付件数拖动到值。操作后能够得到客户购买产品分析图，如图 4-35 所示。从图中可以看出产品 A 和产品 D 的订单数量最多，这意味着客户偏好购买产品 A 和产品 D。

| | A | B | C | D |
|---|---|---|---|---|
| 1 | 统计日期 | 产品ID | 产品名称 | 支付件数 |
| 2 | 10/6 | 603487144922 | 产品A | 6 |
| 3 | 10/7 | 603487144922 | 产品A | 15 |
| 4 | 10/8 | 603487144922 | 产品A | 21 |
| 5 | 10/9 | 603487144922 | 产品A | 19 |
| 6 | 10/10 | 603487144922 | 产品A | 27 |
| 7 | 10/11 | 603487144922 | 产品A | 25 |
| 8 | 10/12 | 603487144922 | 产品A | 25 |
| 9 | 10/13 | 603487144922 | 产品A | 21 |
| 10 | 10/14 | 603487144922 | 产品A | 17 |
| 11 | 10/15 | 603487144922 | 产品A | 27 |
| 12 | 10/16 | 603487144922 | 产品A | 19 |
| 13 | 10/17 | 603487144922 | 产品A | 23 |
| 14 | 10/18 | 603487144922 | 产品A | 21 |
| 15 | 10/19 | 603487144922 | 产品A | 19 |
| 16 | 10/20 | 603487144922 | 产品A | 23 |
| 17 | 10/21 | 603487144922 | 产品A | 25 |
| 18 | 10/22 | 603487144922 | 产品A | 30 |
| 19 | 10/23 | 603487144922 | 产品A | 31 |
| 20 | 10/24 | 603487144922 | 产品A | 31 |
| 21 | 10/25 | 603487144922 | 产品A | 44 |
| 22 | 10/26 | 603487144922 | 产品A | 53 |
| 23 | 10/27 | 603487144922 | 产品A | 33 |
| 24 | 10/28 | 603487144922 | 产品A | 44 |
| 25 | 10/29 | 603487144922 | 产品A | 48 |
| 26 | 10/30 | 603487144922 | 产品A | 53 |
| 27 | 10/31 | 603487144922 | 产品A | 35 |
| 28 | 10/9 | 603487144922 | 产品B | 36 |
| 29 | 10/10 | 603487144922 | 产品B | 31 |
| 30 | 10/11 | 603487144922 | 产品B | 43 |
| 31 | 10/12 | 603487144922 | 产品B | 36 |
| 32 | 10/13 | 601324031603 | 产品B | 1 |
| 33 | 10/14 | 601324031603 | 产品B | 2 |
| 34 | 10/16 | 601324031603 | 产品B | 1 |
| 35 | 10/17 | 601324031603 | 产品B | 1 |
| 36 | 10/20 | 601324031603 | 产品B | 0 |
| 37 | 10/21 | 601324031603 | 产品B | 1 |
| 38 | 10/22 | 601324031603 | 产品B | 2 |
| 39 | 10/28 | 601324031603 | 产品B | 1 |
| 40 | 10/30 | 601324031603 | 产品B | 1 |
| 41 | 10/2 | 601324031603 | 产品B | 0 |
| 42 | 10/3 | 601324031603 | 产品B | 1 |
| 43 | 10/7 | 602550159921 | 产品C | 0 |
| 44 | 10/10 | 602550159921 | 产品C | 1 |
| 45 | 10/11 | 602550159921 | 产品C | 0 |
| 46 | 10/15 | 602550159921 | 产品C | 1 |
| 47 | 10/16 | 602550159921 | 产品C | 2 |
| 48 | 10/18 | 602550159921 | 产品C | 1 |
| 49 | 10/23 | 602550159921 | 产品C | 0 |
| 50 | 10/27 | 596903930823 | 产品C | 1 |
| 51 | 10/28 | 603510576650 | 产品C | 6 |
| 52 | 10/29 | 603510576650 | 产品C | 7 |
| 53 | 10/30 | 603510576650 | 产品C | 6 |
| 54 | 10/31 | 603510576650 | 产品C | 5 |
| 55 | 10/10 | 603510576650 | 产品D | 9 |
| 56 | 10/11 | 603510576650 | 产品D | 9 |
| 57 | 10/12 | 603510576650 | 产品D | 8 |
| 58 | 10/13 | 603510576650 | 产品D | 6 |
| 59 | 10/14 | 603510576650 | 产品D | 7 |
| 60 | 10/15 | 603510576650 | 产品D | 7 |
| 61 | 10/16 | 603510576650 | 产品D | 6 |
| 62 | 10/17 | 603510576650 | 产品D | 5 |
| 63 | 10/18 | 603510576650 | 产品D | 7 |
| 64 | 10/19 | 603510576650 | 产品D | 6 |
| 65 | 10/20 | 603510576650 | 产品D | 4 |
| 66 | 10/21 | 603510576650 | 产品D | 7 |
| 67 | 10/22 | 603510576650 | 产品D | 7 |
| 68 | 10/23 | 603510576650 | 产品D | 4 |
| 69 | 10/24 | 603510576650 | 产品D | 6 |
| 70 | 10/25 | 603510576650 | 产品D | 11 |
| 71 | 10/26 | 603510576650 | 产品D | 8 |
| 72 | 10/27 | 603510576650 | 产品D | 8 |
| 73 | 10/28 | 603510576650 | 产品D | 9 |
| 74 | 10/29 | 603510576650 | 产品D | 13 |
| 75 | 10/30 | 603510576650 | 产品D | 2 |
| 76 | 10/31 | 603510576650 | 产品D | 1 |
| 77 | 10/1 | 603510576650 | 产品D | 0 |
| 78 | 10/2 | 603510576650 | 产品D | 0 |
| 79 | 10/4 | 603510576650 | 产品D | 0 |

图 4-34 某企业 2022 年 10 月份 4 种产品客户支付件数数据

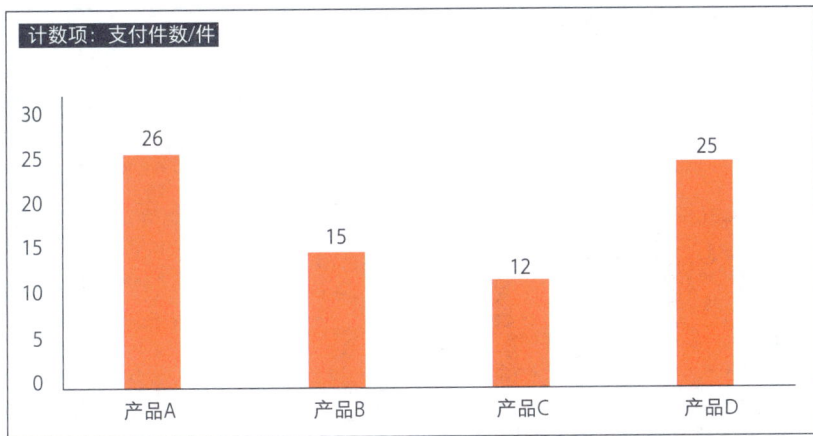

图 4-35　客户产品偏好分析

b. 客户购物时间偏好分析。分析客户购物时间（When），需要调取企业较长时间段内各产品的销量数据，并将其整理成如图 4-36 所示格式。

| 时间 | 产品A销量/件 | 产品B销量/件 | 产品C销量/件 | 产品D销量/件 |
| --- | --- | --- | --- | --- |
| 1月 | 231 | 13 | 56 | 4 |
| 2月 | 201 | 22 | 93 | 7 |
| 3月 | 198 | 23 | 221 | 8 |
| 4月 | 87 | 216 | 203 | 16 |
| 5月 | 52 | 241 | 198 | 25 |
| 6月 | 12 | 198 | 183 | 36 |
| 7月 | 10 | 165 | 52 | 102 |
| 8月 | 13 | 111 | 41 | 232 |
| 9月 | 16 | 56 | 30 | 322 |
| 10月 | 10 | 21 | 20 | 298 |
| 11月 | 9 | 9 | 6 | 196 |
| 12月 | 6 | 6 | 3 | 103 |

图 4-36　整理后的企业全年产品销量数据

完成数据整理后，使用数据透视表功能，将时间设置为行，产品销量设置为值，得到数据透视表并完成图形制作，如图 4-37 所示。从图 4-37 中可以看到，产品 A 的客户采购时间集中在 1—3 月，产品 B 的客户采购时间集中在 4—7 月，产品 C 的客户采购时间集中在 3—6 月，产品 D 的客户采购时间集中在 8—11 月。

c. 完成客户购买时间分析后，分析客户为什么购买产品（Why）、谁在购买产品（Who），以及购买地点（Where）。

分析客户为什么购买产品，需要通过市场调研获取数据。市场调研的维度包括产品外观、产品质量、产品功能、产品特色、相关服务等。通过调研获取到数据后，可以将数据进行可视化处理，如图 4-38 所示。根据图 4-38，企业可以了解到影响客户购买产品的主要因素是产品质量和产品外观。

图 4-37　客户购买产品时间分析

分析谁在购买产品,需要对客户特征进行分析,了解其年龄、性别、偏好、地域等内容。分析客户购买地点,可以从客户终端来源(移动端、PC端)、线上线下来源等维度进行分析。图 4-39 为企业分别整理 PC 端、移动端一个月成交的客户数据后制作的饼状图。从图 4-39 中可以看出,客户更偏好的购物终端是移动端,这意味着企业要格外重视移动端的装修和运营。

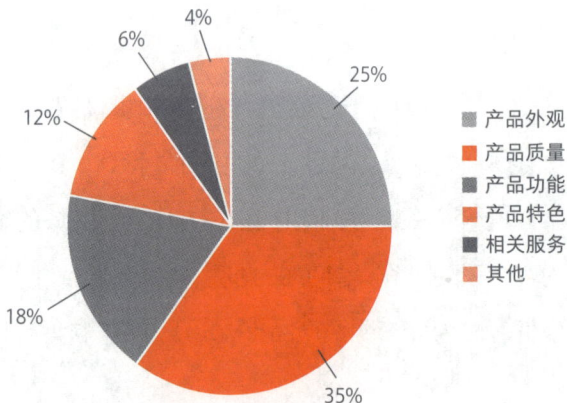

图 4-38　客户购买产品原因分析

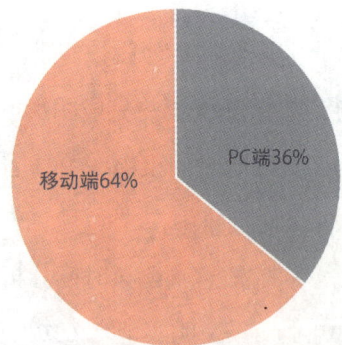

图 4-39　客户终端来源分析

d. 客户花费金额(How much)和客户购买形式(How to do)分析。

客户花费金额分析,需要采集客户订单金额数据,并运用分组分析的方法将订单金额划分为不同的分组，以便得出每个分组中对应的订单量。如图 4-40 所示，企业可以知道其客户的花费金额集中在 250-300 元、150-200 元、100-150 元这三个区间。企业在后续上架产品时，可以优先上架这三种价位的产品。

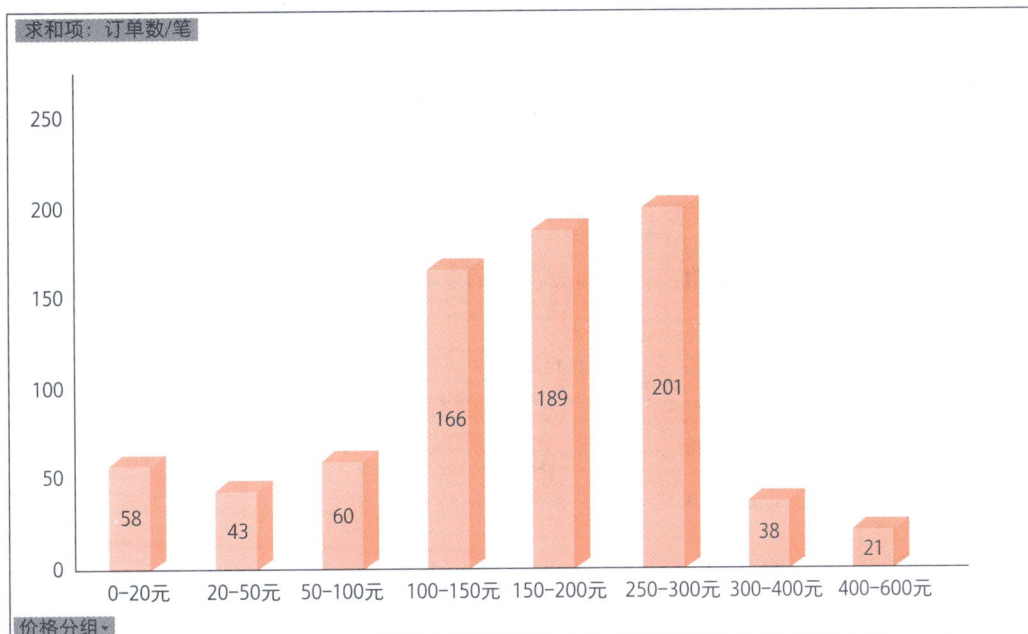

图 4-40　客户花费金额分析

　　客户购买形式分析可以分析客户来源，通过客户来源分析，能够了解客户是通过哪种渠道进入企业并形成支付的。图 4-41 为采集 PC 端成交量数据后制作的流量来源饼状图。从图 4-41 中可以看到，该企业客户 45% 是通过免费渠道、35% 是通过付费渠道进入企业并形成支付的。该分析结果可以指导企业优化流量结构。

　　通过以上分析，企业能够了解客户的购买动机和购买行为等情况。结合分析结果，企业可以研究客户产生购买行为背后的原因，总结这些原因，能够指导企业提供让客户满意的产品或服务，最终达到提升产品销量的目的。

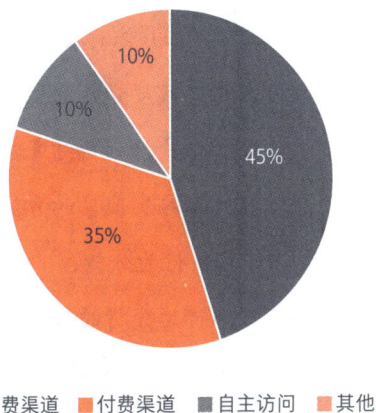

图 4-41　客户流量渠道来源分析

## 1+X 考证提要

### 本单元需重点理解与掌握的内容

　　（1）客户分类的方法：按购买地域划分、按购买数量划分、按购买状态划分、按购买行为划分、按客户属性划分。

　　（2）客户特征分析：

　　① 客户特征分析的维度、指标与作用。

　　② 客户特征分析的步骤（明确营销需求；客户特征多维度分析；不同终端的客户特征分析）。

　　③ 客户特征分析结果应用（营销优化；产品结构优化）。

　　④ 设计客户标签（客户标签的意义、客户标签的分类、客户标签的应用）。

　　（3）客户忠诚度分析：

　　① 认识客户忠诚度（客户忠诚度的含义；影响客户忠诚度的因素——客户满意度、客户贡献度、客户依存度；客户忠诚度分析的目的）。

　　② 客户忠诚度分析的主要内容（客户重复购买率、客户购买频次）。

　　③ 客户忠诚度分析结果应用（会员营销、群专属优惠、客户拉新）。

　　④ 提升客户忠诚度的方法（划分会员等级、确定积分制度、提升产品与服务质量）。

　　（4）客户行为分析：

　　① 客户行为分析的含义。

　　② 电子商务企业客户行为分析（电子商务企业客户行为路径；客户行为分析的维度与指标；客户行为分析的方法——5W2H分析法；客户行为轨迹分析；客户行为偏好分析）。

# 单元三 推广数据分析

## 引导案例

页面平均停留时间是推广数据分析时会用到的核心指标之一，它能够反映客户在整个页面的平均停留时间，揭示页面对客户吸引力的强弱。

图4-42是某企业不同页面的客户平均停留时间，从图4-42可以看出，商品详情页和首页的平均停留时间较长；商品详情页的平均停留时间长，说明客户对该商品感兴趣，愿意花更多的时间去了解商品。换言之，一般情况下，商品详情页的平均停留时间越长，潜在的成交转化率越高。

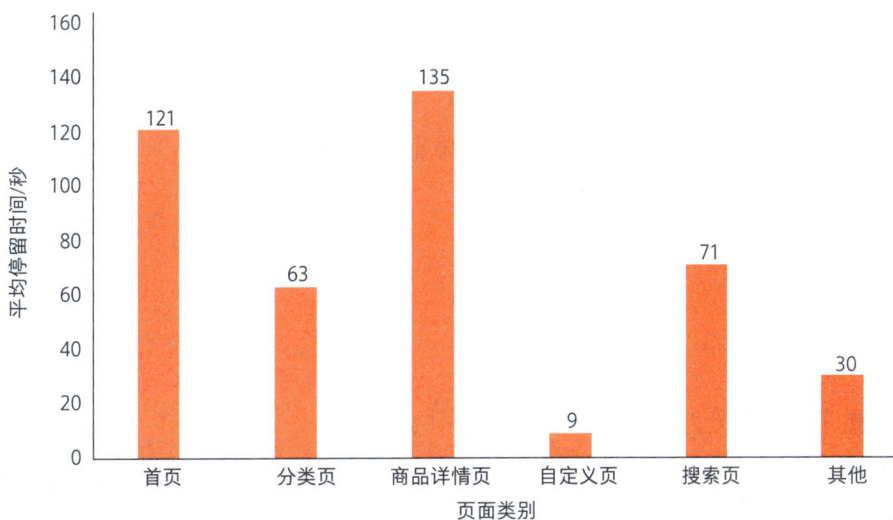

图4-42 页面平均停留时长

从图4-42中可以看到，首页的平均停留时间较长，说明客户没有在最短的时间内找到想买的商品。鉴于此，企业决定进行视觉营销，对首页的视觉效果进行优化。

视觉营销结束后，企业选取同一时间段内首页优化前后的页面停留时长进行比较，结果如图4-43所示。从图4-43中可以看出，在6:00—12:00，优化后的效果明显优于优化前，说明企业针对首页的视觉营销是成功的。

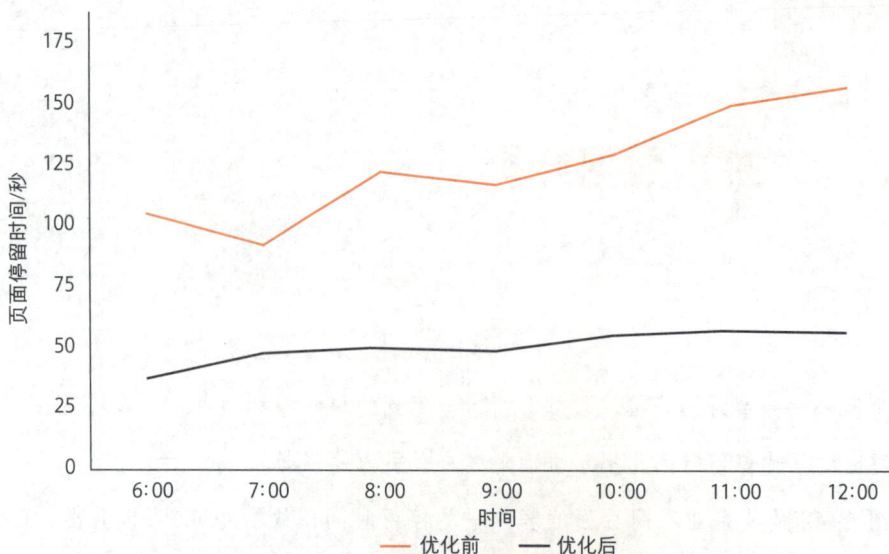

图 4-43　优化前后首页停留时间

此外，如图 4-43 所示，该企业的分类页和搜索页平均停留时间也较长，这意味着企业还需要对分类页和搜索页分别进行视觉营销。

结合案例，思考并回答以下问题：

（1）为什么视觉营销前需要先分析客户平均停留时间？

（2）为什么要采取对比分析来进行视觉营销效果分析？

# 一、推广渠道分析

## 1. 流量来源

流量来源可以分为付费流量和免费流量两个类型。

（1）付费流量的特点是流量大、效果好，相较于免费流量，更容易获取大批的流量，缺点是投入成本较高。如果企业付费流量占比超过 70%，投入成本过高，就会降低企业的利润甚至亏本；如果企业完全没有付费流量，说明该企业的流量结构是不合理的，需要加入付费推广渠道进行引流。在进行付费流量结构分析时，除了需要分析浏览量、访客数、点击量、成交订单数之外，还需要分析投资回报率。

（2）免费流量包括站内免费流量和站外免费流量，站内免费流量指通过企

微课：认识常见的推广渠道

业平台获取的流量，如平台购物车、商品推荐等；站外免费流量主要是第三方网站带来的流量，如论坛、微博等。

企业在引入站外流量前，需要先调整好企业平台形象，优化好商品页面描述，以达到吸引客户购买的目的。否则，即使引入再多的站外流量，商品转化率也不会有很大提升。在进行免费流量结构分析时，需要着重分析的指标有浏览量、访客数、点击量、成交订单数等。

### 2. 流量结构分析

进行流量结构分析，首先需要知道企业的整体流量情况，包括流量来源、访客数、浏览量、点击量等。

（1）免费流量结构分析。免费流量结构分析，需要对免费流量各来源渠道的引流情况进行分析。图 4-44 为某企业 2022 年 8 月的免费流量数据，接下来以这组数据为基础进行免费流量结构分析。

① 选择流量来源、浏览量、点击量和成交订单数对应的数值区域，插入图表，如图 4-45 所示。

| | A | B | C | D |
|---|---|---|---|---|
| 1 | 流量来源 | 浏览量/次 | 点击量/次 | 成交订单数/笔 |
| 2 | 自主搜索 | 2154 | 363 | 153 |
| 3 | 购物车 | 3026 | 521 | 201 |
| 4 | 其他店铺 | 1565 | 153 | 65 |
| 5 | 首页 | 1966 | 272 | 93 |
| 6 | 收藏推荐 | 932 | 158 | 42 |
| 7 | 免费其他 | 2481 | 221 | 139 |

图 4-44　某企业 2022 年 8 月的免费流量数据

| 流量来源 | 浏览量/次 | 点击量/次 | 成交订单数/笔 |
|---|---|---|---|
| 自主搜索 | 2 154 | 363 | 153 |
| 购物车 | 3 026 | 521 | 201 |
| 其他店铺 | 1 565 | 153 | 65 |
| 首页 | 1 966 | 272 | 93 |
| 收藏推荐 | 932 | 158 | 42 |
| 免费其他 | 2 481 | 221 | 139 |

图 4-45　插入图表

根据数据可视化需要选择合适的图表。首先，插入组合图。其次，将成交订单数设置为簇状柱形图，将浏览量和点击量设置为折线图。将成交订单数设置为簇状柱形图是为了更好地对各个流量来源的成交情况进行比较，将浏览量和点击量设置为折线图是为了更清楚地看到这两个指标的变化趋势。最后，将浏览量和点击量设置为次坐标轴，如图 4-46 所示。

② 完成设置后，得到免费流量结构分析图 1，如图 4-47 所示。

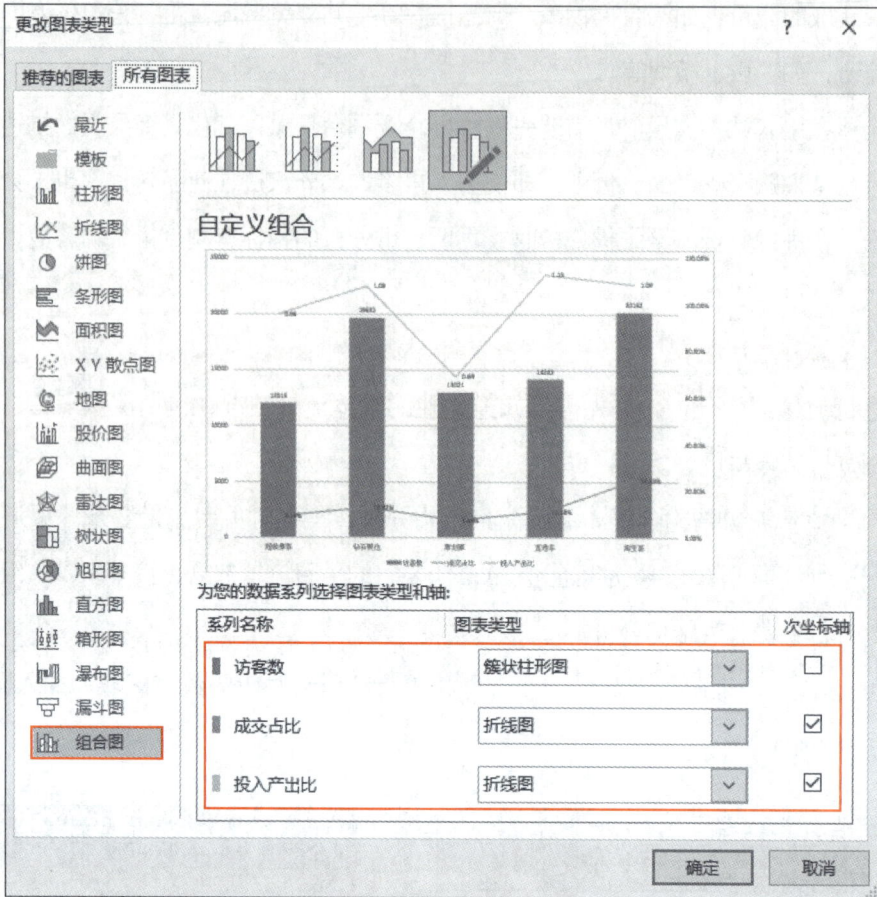

图 4-46　设置图形类型

图 4-47　免费流量结构分析图（1）

③ 选中数据表中的流量来源与成交订单数，插入饼状图，并将饼状图的数值显示方式设置为"百分比"，得到免费流量结构分析图 2，如图 4-48 所示。

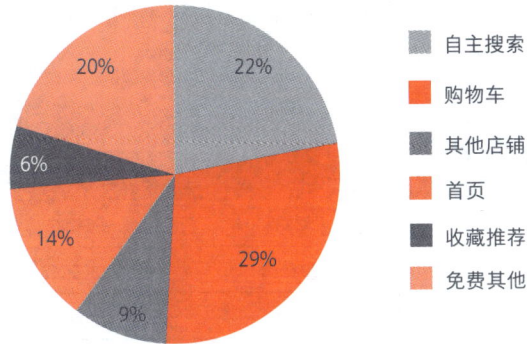

图 4-48　免费流量结构分析图（2）

④ 根据图 4-47 和图 4-48，企业可以得到以下信息：在免费流量来源中，购物车的各项指标都占优势，其为企业带来的浏览量为 3 026 次，成交订单数占比达到29%；收藏推荐的各项指标表现最差，仅为企业带来浏览量 932 次，成交订单数占比只有 6%。企业可以利用该分析结果优化其免费推广渠道布局。

（2）付费流量结构分析。对付费流量结构进行分析，核心是分析各付费推广渠道的流量占比。图 4-49 为某企业 2022 年 8 月的付费流量数据，接下来以这组数据为基础进行付费流量结构分析。

| | A | B | C | D | E |
|---|---|---|---|---|---|
| 1 | 流量来源 | 成交占比 /% | 投入成本/元 | 成交额/元 | 投入产出比 |
| 2 | 超级推荐 | 12 | 852432 | 564824 | 0.66 |
| 3 | 钻石展位 | 32 | 1524230 | 1865247 | 1.22 |
| 4 | 聚划算 | 21 | 951246 | 862457 | 0.91 |
| 5 | 直通车 | 25 | 1215143 | 1524310 | 1.25 |
| 6 | 淘宝客 | 38 | 1658423 | 1954218 | 1.18 |

图 4-49　某企业 2022 年 8 月付费流量数据

其中，投入产出比的计算公式为：

投入产出比 = 总成交金额 ÷ 花费（此处花费为投入成本）

① 选择流量来源、成交占比、投入产出比对应的数值区域，插入组合图，如图4-50 所示。

图 4-50　选择区域

　　将成交占比设置为簇状柱形图，将投入产出比设置为折线图，将投入产出比设置为次坐标轴，得到付费流量结构分析图，如图 4-51 所示。

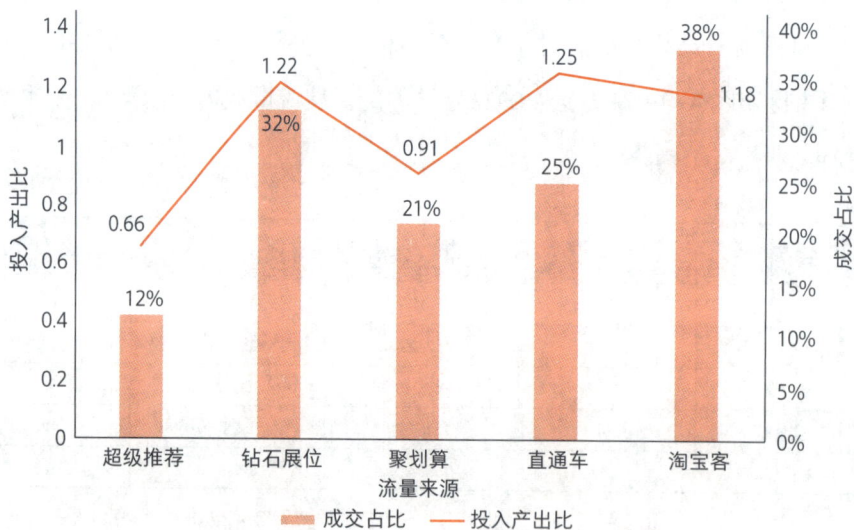

图 4-51　付费流量结构分析图

　　② 根据图 4-51，企业可以得到以下信息：从成交占比维度分析，淘宝客的成交占比最高，为 38%；超级推荐的成交占比最低，为 12%。从投入产出比维度分析，直通车的投入产出比最高，为 1.25；超级推荐的投入产出比最低，为 0.66。在选择推广

渠道时，企业可以综合成交占比、投入产出比等，选择最优渠道作为企业付费推广时的首选渠道。

## 二、关键词推广效果分析

在电子商务平台上，客户通过关键词查找所需的商品而产生的流量往往在店铺整体流量中占据较大的比重，因为搜索即入口，通过优化关键词，投放对应关键词广告，就能提升商品的曝光机会。在推广某个单品时，通过精准的搜索匹配，给店铺带来优质的买家，当买家进入店铺时，会产生多次的流量跳转，促成其他商品的成交。这种以点带面的精准推广，可以最大程度降低店铺的推广成本，提升店铺整体营销效果。

在企业电子商务经营活动中，以淘宝／天猫为例，最常见的关键词推广方式为淘宝／天猫直通车（简称"直通车"）。

直通车推广原理是通过用户搜索将推广的商品展示在搜索页面的某个位置，如图4-52所示。

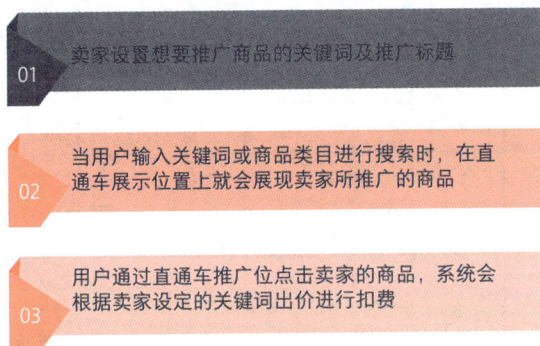

01 卖家设置想要推广商品的关键词及推广标题

02 当用户输入关键词或商品类目进行搜索时，在直通车展示位置上就会展现卖家所推广的商品

03 用户通过直通车推广位点击卖家的商品，系统会根据卖家设定的关键词出价进行扣费

图 4-52　直通车推广原理

### 1. 关键词推广效果分析评价指标

关键词推广效果分析评价指标如表4-2所示。

在进行关键词推广效果分析过程中，其分析的主要指标有：展现量、点击量（率）、点击转化率、点击花费、投入产出比等。

微课：关键词报表获取

表 4-2　关键词推广效果分析评价指标

| 名称 | 简称 | 含义 | 影响因素 |
|---|---|---|---|
| 展现量 | PV | 广告被展现的次数 | 关键词数量、关键词市场情况、关键词推广创意匹配模式等 |
| 点击量 | CLICK | 广告被点击的次数 | 创意图片、关键词精准度、产品推广位、产品定价等 |
| 点击率 | CTR | 点击量／展现量 | |
| 消耗 | REV | 直通车点击产生的费用 | 关键词出价、质量得分、关键词市场情况 |
| 点击花费 | PPC | 消耗／点击量 | |
| 点击转化率 | CLICK-ROI | 成交笔数／点击量 | 流量精准度和产品承接转化能力，流量精准度即投放计划的平台、地域、关键词、人群定位等和产品匹配度、创意表达的卖点的匹配程度；产品承接转化能力需考虑产品款式、价格、销量、评价、页面图片质量 |
| 投入产出比 | ROI | 总成交金额／花费 | 转化率、客单价、平均点击花费 |

图 4-53 为某网店直通车推广关键词效果报表，以该组数据为例，对该网店关键词推广效果进行分析。

| 关键词 | 展现量／次 | 点击量／次 | 点击率／% | 花费／元 | 直接成交金额／元 | 直接成交笔数／笔 | 间接成交金额／元 | 间接成交笔数／笔 | 投入产出比 | 总成交金额／元 | 总成交笔数／笔 | 点击转化率／% |
|---|---|---|---|---|---|---|---|---|---|---|---|---|
| 老年 钙片 碳酸钙 骨质 | 24 576 | 469 | 1.91 | 931.27 | 2 138 | 22 | 236 | 3 | 2.55 | 2 374 | 25 | 5.33 |
| 钙片 碳酸钙 中老年 | 18 069 | 226 | 1.25 | 418.42 | 1 171.40 | 12 | 0 | 0 | 2.8 | 1 171.40 | 12 | 5.31 |
| 钙片 碳酸钙 中老年腿抽筋 | 17 535 | 787 | 4.49 | 1 547.36 | 3 780 | 38 | 517.63 | 5 | 2.78 | 4 297.63 | 43 | 5.46 |
| 钙片 碳酸钙 女性 补钙 | 13 220 | 223 | 1.69 | 412.67 | 1 885.40 | 19 | 0 | 0 | 4.57 | 1 885.40 | 19 | 8.52 |
| 中老年 钙片 碳酸钙 骨质 | 10 110 | 97 | 0.96 | 182.56 | 334 | 3 | 0 | 0 | 1.83 | 334 | 3 | 3.09 |
| 钙片 碳酸钙 女性 | 9 977 | 103 | 1.03 | 176.92 | 334 | 3 | 0 | 0 | 1.89 | 334 | 3 | 2.91 |
| 钙片 | 2 337 | 5 | 0.21 | 9.24 | 0 | 0 | 0 | 0 | 0 | 0 | 0 | 0 |

图 4-53　直通车推广关键词效果报表

（1）关键词推广展现量、点击量（率）分析。选择关键词、展现量，插入饼状图，如图 4-54 所示。

选择关键词、展现量、点击率，插入组合图，如图 4-55 所示。

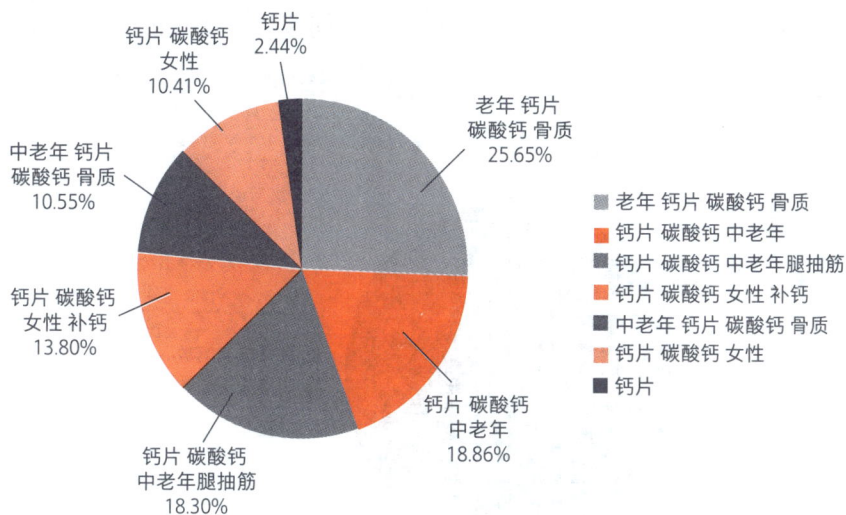

图 4-54　关键词展现量占比

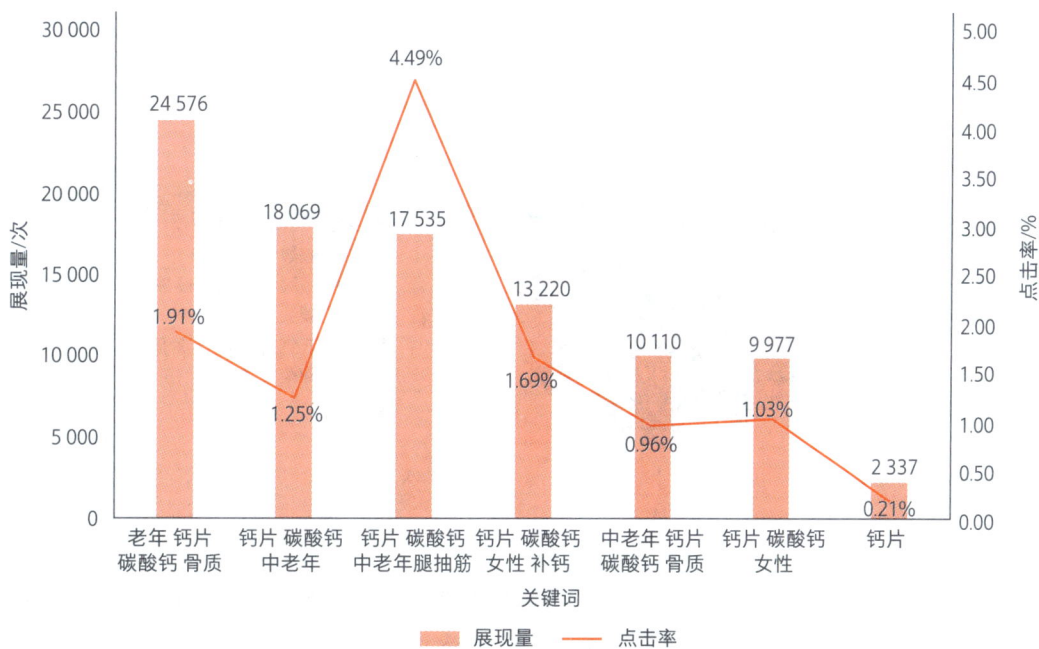

图 4-55　关键词展现量与点击率

由图 4-54 和图 4-55 可知，关键词"钙片"的展现量及点击率均处于最低，但"钙片"属于类目词，其全网搜索量显然要高于其他几个关键词。造成该关键词展现量较低的原因是多方面的。从运营角度看，可能性最大的原因有两个：一是该关键词的质量度较低，可以从创意及商品页面等方面进行优化；二是该关键词的出价过低，商品本身展现机会较少，这种情况下可以通过提升关键词出价进行优化。

（2）总成交笔数分析。计算直接成交笔数、间接成交笔数占比，插入饼状图，如图 4-56 所示。对关键词的成交情况进行分析，各关键词总成交笔数占比如图 4-57 所示。

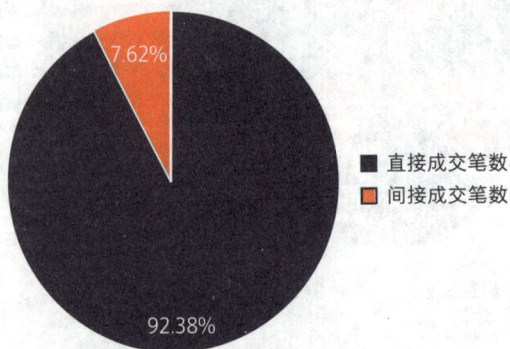

图 4-56　直接成交笔数与间接成交笔数占比

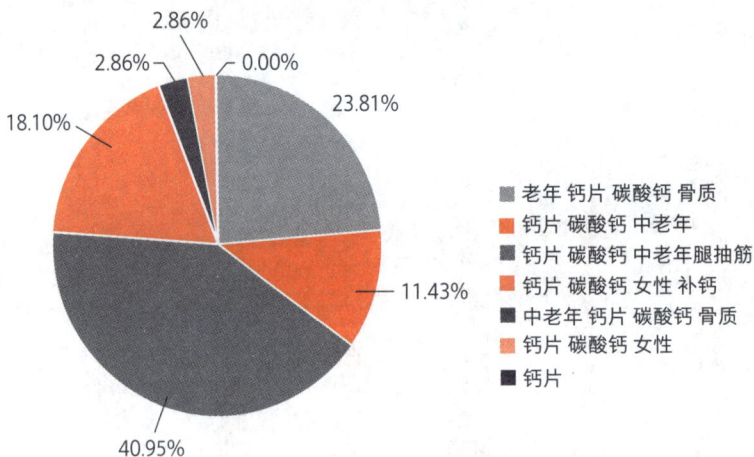

图 4-57　各关键词成交笔数占比

通过分析，可以发现关键词"钙片　碳酸钙　中老年腿抽筋""老年　钙片　碳酸钙　骨质""钙片　碳酸钙　女性　补钙"这三组关键词的订单占比总和占全部订单量的 80% 以上。在该网店的整体订单中，客户间接成交订单笔数的占比非常小。

（3）关键词花费及投入产出比分析。选中关键词和花费，添加饼状图，如图 4-58 所示。选中关键词、花费、投入产出比指标，添加组合图，如图 4-59 所示，可以看出该网店直通车关键词花费主要集中在"钙片　碳酸钙　中老年腿抽筋""老年　钙片　碳酸钙　骨质"几个关键词。而"钙片　碳酸钙　女性　补钙"关键词投入产出比最高。

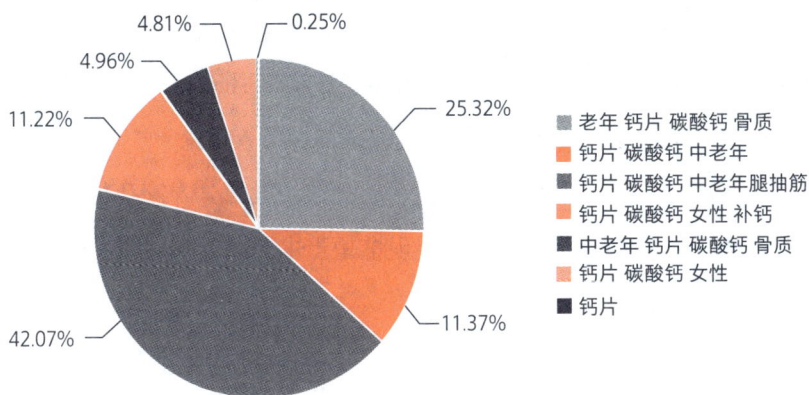

图 4-58　各关键词花费占比

图例：
- 老年 钙片 碳酸钙 骨质
- 钙片 碳酸钙 中老年
- 钙片 碳酸钙 中老年腿抽筋
- 钙片 碳酸钙 女性 补钙
- 中老年 钙片 碳酸钙 骨质
- 钙片 碳酸钙 女性
- 钙片

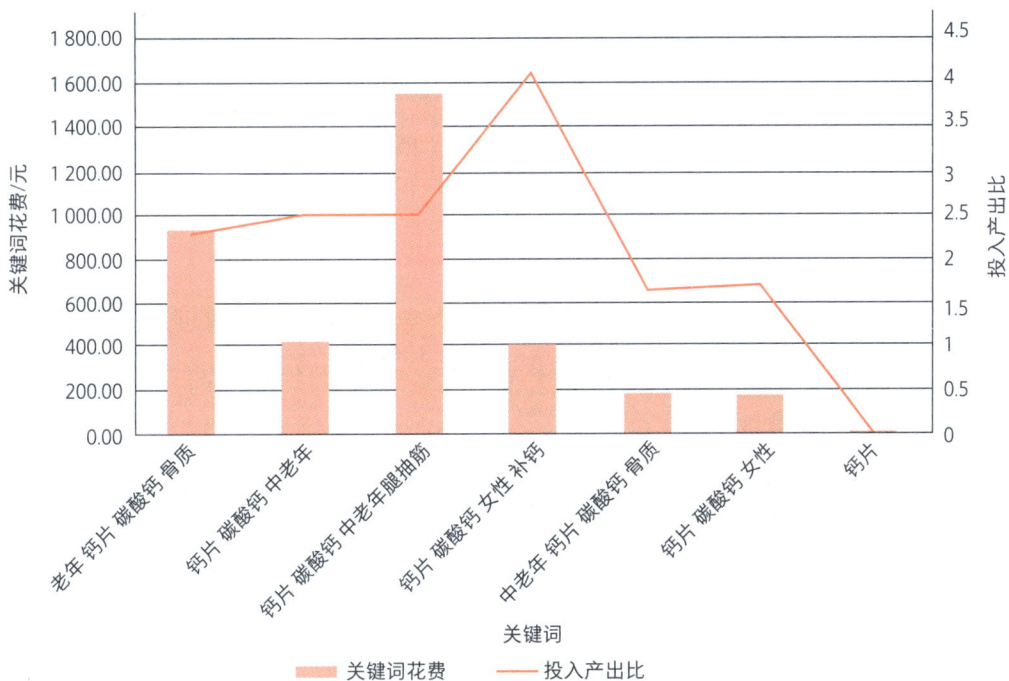

图 4-59　关键词花费及投入产出比

通过上述一系列分析，可以看出关键词"钙片"各项指标数值均最低，而形成该原因的直接因素为关键词的展现量不足，建议删除该关键词。关键词"钙片　碳酸钙　女性　补钙"投入产出比较高，可进一步优化展现量影响因素获取更多展现。

**想一想**

关键词推广时应选择哪些类型的关键词进行投放？除了类目词、属性词之外，还有哪些关键词？

## 2. 提升关键词推广效果的方法

通常情况下，直通车推广展现量、点击率、转化率越高，能够为企业带来的订单也就越多。企业可以通过以下几种方法提升关键词推广效果：

（1）展现量优化。展现量是商品被展示的次数。大部分卖家在加入直通车前期，都是为了获得流量，也就是点击量，而展现量是点击量的前提，没有展现量的商品，自然没办法获得点击量。

① 影响商品展现量的因素。商品能否获得展现，与关键词的选择和优化关系密切，如关键词排名、关键词搜索量等，都是影响商品展现的重要因素。

a. 关键词排名。如果商品的平均展现排名太低，关键词就没有展示机会，商品就无法被买家看到。缺乏展现量，就必须提高关键词的排名，如提高关键词出价。

b. 关键词搜索量。如果关键词平均排名很高，却依然没有展现量，这时卖家就需要考虑关键词的搜索量问题。如果关键词没人搜索，或者搜索热度低，商品就自然无法获得展现。这类关键词的意义和效果都不大，可以删除。

② 优化商品展现量的方法。

a. 尽可能地扩充关键词的覆盖范围，即提升关键词数量。关键词包含核心关键词和长尾关键词，每个关键词的背后都代表了不同的用户群体，关键词数量越多，商品获得展现的机会就越大。

b. 关键词展现量较少时，就需要分析是由于该关键词搜索量本身较少，还是由于关键词的质量分和出价较低。如果是前者，则需要更换关键词；如果是后者，则需要对标题、创意主图、出价等内容进行调整，获取更多的展现量。

（2）点击率优化。点击率是很多卖家优化直通车的主要目的，有点击就等于有流量，有流量才会有后续的转化和成交。影响点击率的主要因素有关键词排名和商品图片。

拥有靠前的排名，商品才会有更多的展现机会和流量。排名越靠前，点击率越高。关键词排名主要受质量分和出价两方面的综合影响，出价越高，排名可能会越靠前，相应的推广费用就越高。实际上，很多热词、大词虽然流量很大，但是精准度不高，中小卖家更适合去竞争那些展示指数合理、精准度更高的关键词。这种关键词带来的转化率更高，同时价格更低。

① 质量分的定义。质量分是用于衡量关键词、商品推广信息和淘宝用户搜索意

向三者相关性的一项数据。相关性好的商品，其推广信息往往能够吸引更多的点击，获得更靠前的排名。当关键词质量分高时，卖家就可以使用更少的推广费用将商品信息展现在更合适的位置。

影响质量分的主要因素包括以下 3 个：

一是相关性。相关性即关键词与商品类目、商品属性和商品本身信息的相关程度。相关程度越高，相关性就越高。商品类目的相关性是指商品类目和关键词的优先类目要保持一致，如大码女装的商品关键词中使用了男装的优先关键词，那么该关键词的相关性就比较低。商品属性和商品本身信息的相关性同理，商品属性的关键词需与对应商品一致，商品标题信息能够对应直通车推广内容信息。

二是创意得分。创意得分的高低主要取决于近期客户的点击反馈。通俗地说，就是点击率。如果关键词所在的商品创意效果好，可以很大程度上提高点击率。

三是买家体验。买家体验是指买家在店铺的购买体验反馈。买家体验受很多因素影响，如店铺基础分、直通车转化率、购物车、收藏、好评、差评、关联营销、详情页加载速度、旺旺响应速度等。

因此，如果要对质量分进行优化，相关性、点击率、点击转化率等都是重要优化对象。此外，竞争情况也会对质量分产生影响，竞争环境越激烈，质量分提升难度越大。

② 质量分优化。了解影响质量分的因素后，如果要提高质量分，就可以围绕这些主要影响因素进行优化。

首先，在属性优化方面，商品属性要全部填写或者尽量填写，同时保证属性的正确性。属性不完整或属性错误，不仅会影响直通车的质量分，而且会对自然搜索流量产生影响。

其次，在推广标题优化方面，选择热门关键词进行组合，可以选择流量排名、销量排名靠前的商品中的热门词进行组合，保持直通车推广标题与商品标题的相关性，同时删除商品标题中不重要的关键词。精选词、关键词并非一成不变，卖家需要定期对关键词进行调整优化，删除无用关键词，推广有效关键词。如没有点击率或点击率低的关键词，因为没有流量，可以直接删除。展现量很高但点击率很低的关键词会影响商品的整体得分，也可以删除。如果关键词质量得分很高，但是展现量和点击量较低，这样的关键词同样是无效的。通常来说，关键词的优化以流量为基础，也就是说，可以保留有效引入流量的关键词，删除无法引入流量的关键词。

最后，推广计划初始质量分。直通车推广计划都有一个初始质量分，如果某款商品推广计划的整体点击率比较低，引流能力比较弱，卖家就需要考虑这样的商品是否适合推广。

（3）图片优化。如果商品的展现量很高，但点击率低，这可能是因为商品排名靠前，但是关键词精准度不够；也可能是关键词精准，但是图片优化不好。质量高的图片不仅影响点击量，而且直接影响最终转化率。图片优化需要依次测试每一张图片，来选择效果好的多张图片。在一定的数据基础上，展现量高、点击量高、点击率高的图片就是适合作为推广的图片。

（4）转化率优化。各种推广方式主要为商品或店铺带来流量，获取流量的最终目的是获得转化。造成没有转化或转化率较低的原因有很多，可能是流量少，也可能是关键词不精准，还可能是受商品详情页、商品质量、商品评价、商品销量等因素的影响。所以说，要想获得转化率，必须做好店铺优化。

商品主图、商品详情页通常需要全面展现商品的特性及用户所关注的信息，需与创意主图所表现的商品特性相一致。

商品评价信息是客户购买商品时的重要参考依据。如果商品评价信息中存在用户对商品的负面评价，将严重影响转化率。运营人员需要根据实际情况，对相应问题进行正面积极的回复，打消其他客户的疑虑。

---

**想一想**

如何获取热搜关键词？是否选择的热搜关键词越多，关键词投放效果越好？

---

## 三、活动推广效果分析

随着网店平台推广费用和流量成本的增加，不少卖家把目光聚集在举办各种店铺、平台活动上，报名参加各种活动，为店铺带来巨大的流量。平台活动为店铺带来的持续性购买数量是相当可观的，能在最短时间内为店铺带来大量的流量。通过成交数据的累计，不断为店铺带来更多的流量。在活动期间，推广效果越好，未来的店铺流量提升越快。同时，也在一定程度上提升了店铺买

动画：网店推广工作流程

家的复购率，让卖家获取最大化的收益。

如今，卖家不定期地开展促销活动已经成为一种常态。丰富的促销活动的确能非常有效地吸引买家的注意力，但是促销活动绝不是随便打个折、送个赠品就能促成购买行为发生。要想成功地开展一次促销活动，卖家必须制订周详的计划，分阶段开展活动，把握活动成功的要点，只有避开活动误区，才能做到万无一失。

### 1. 活动推广阶段、主要工作任务及核心监控指标

根据活动实施周期，可以将活动划分为筹备期、蓄水期、预热（售）期、引爆期、总结复盘期，活动各阶段的主要工作任务及核心监控指标如表 4-3 所示。

表 4-3 活动各阶段的主要工作任务及核心监控指标

| 活动阶段 | 主要工作任务 | | 核心监控指标 |
|---|---|---|---|
| 筹备期——<br>潜客拉新，粉丝蓄水 | 活动计划制订<br>活动产品规划<br>费用预算<br>活动报名<br>活动商品报名<br>新品打造 | | 展现量<br>加粉数<br>加会员数<br>引流成本 |
| 蓄水期——<br>蓄水种草 | 内容种草<br>标签加深<br>活动商品培育<br>会场素材（活动）<br>商品备货 | | 搜索展现量、点击率、点击花费、投入产出比、成交转化率、收藏量、加购数、内容互动量 |
| 预热（售）期——<br>粉丝激活，收藏加购 | 预售单品推广（多渠道）<br>引导加购、领券<br>老客户召回<br>促销利益点告知 | | 预售数据：销售额、订单量、客单价、加购数、领券数等<br>直播数据：人均观看时长、观看停留时长、加购金额 |
| 引爆期——<br>全场景收割 | 数据跟踪<br>催付／转化<br>老客户召回<br>团队激励 | | 实时流量、UV 转化率、销售额、加购数、收藏量、关注粉丝数 |
| 总结复盘期——<br>人群沉淀 | 物流发货 | 审单<br>仓库发货<br>商品盘点<br>货品调拨<br>补货计划<br>清仓计划 | 物流时效类数据 |

| 活动阶段 | 主要工作任务 | | 核心监控指标 |
|---|---|---|---|
| 总结复盘期——<br>人群沉淀 | 服务关怀 | 发货提醒<br>售后处理<br>引导加入会员<br>买家秀征集 | 客服响应时长、咨询转化率等 |
| | 产品复盘 | 产品复盘 | 核心产品售罄率 |
| | | | 客单件、客单价、连带率 |
| | | | 净收入、毛利、营销成本、退货率 |
| | 流量复盘 | 目标完成度 | 各流量组成和目标差异 |
| | | 推广效率 | 各流量统计，同比、计划比、ROI、UV价值等 |
| | | 站外推广 | 展现量、点击率、转化率等 |
| | 人群复盘 | 新客户增量 | 新增客户数、客户属性等 |
| | | 会员成交 | 新增会员数、会员成交比等 |
| | 内容复盘 | 粉丝增量 | 净增粉丝数 |
| | | 直播效果 | 关注、人均观看次数、引导成交量等 |
| | | 图文效果 | 阅读数、进店数、加购数等 |
| | 转化复盘 | 图片点击 | 点击率 |
| | | 视频效果 | 完播率、引导加购、转化率等 |
| | | 静默转化 | 成交占比、转化率等 |
| | | 客服转化 | 询盘转化、订单支付率等 |

### 2. 活动推广效果分析的维度

活动推广效果分析的目的是通过对活动数据进行分析，发现活动中存在的问题和可参考的经验，总结活动流程、推广渠道、客户兴趣等内容，方便后续活动推广策略的优化。

常见的活动推广分析维度有以下 4 个：

（1）活动推广流量分析。活动推广流量分析是判断推广效果的核心要素，是对推广活动为企业带来的流量情况进行分析。主要分析指标有：访客数、成交订单量、成交占比、投入成本、成交额、投入产出比等。

（2）活动推广转化分析。活动推广转化分析是对获取到的流量转化为收藏、加购、订单等状态的数据进行分析，主要的分析指标有：访客数、收藏量、加购数、成交订单数、收藏转化率、加购转化率、支付转化率等。

（3）活动推广拉新分析。活动推广拉新分析是对因活动带来的新客户数据进行分析，其分析的前提是先完成企业活动推广流量和转化分析，在此基础上将活动中的新客户单独拉出并对其相关数据进行分析。活动推广拉新分析的主要分析指标有：访客数、新访客数、新访客占比等。

（4）活动推广留存分析。活动推广留存分析是在活动结束一段时间后，对因活动转化为企业粉丝客户的相关数据进行分析。这部分粉丝客户的共同表现是：在活动结束后仍在企业发生重复购买等活跃行为。活动推广留存分析的主要指标有：访客数、留存访客数、留存访客占比等。

### 3. 不同维度活动推广效果分析的步骤

（1）活动推广流量分析。图4-60为企业H店庆活动后的流量相关数据，以这组数据为例，对该企业的活动推广流量进行分析。

| | A | B | C | D | E | F | G |
|---|---|---|---|---|---|---|---|
| 1 | 流量来源 | 访客数/人 | 成交订单数/笔 | 成交占比/% | 投入成本/元 | 成交额/元 | 投入产出比 |
| 2 | 超级推荐 | 12015 | 1103 | 9.18 | 12432 | 11932 | 0.96 |
| 3 | 钻石展位 | 19632 | 2536 | 12.92 | 5321 | 5736 | 1.08 |
| 4 | 聚划算 | 13021 | 1001 | 7.69 | 3688 | 2552 | 0.69 |
| 5 | 直通车 | 14202 | 1588 | 11.18 | 4399 | 4963 | 1.13 |
| 6 | 淘宝客 | 20162 | 4966 | 24.63 | 18423 | 20013 | 1.09 |

图4-60　企业H店庆活动后的流量相关数据

① 选择流量来源、访客数、成交订单数、成交占比、投入产出比对应的区域，插入组合图形，将访客数设置为簇状柱形图，成交占比、投入产出比设置为折线图，将次坐标轴设置为成交占比和投入产出比，如图4-61所示。

② 得到活动推广流量分析图，如图4-62所示。

③ 结合图4-62，企业可以得到以下信息：企业H在推广活动中，获取流量表现优秀的渠道有：钻石展位、直通车和淘宝客。这三种渠道的获取访客数、成交占比和投入产出比均排名在前，企业在后续推广活动中，可优先选择这三种渠道。

图 4-61　选择区域制作图形

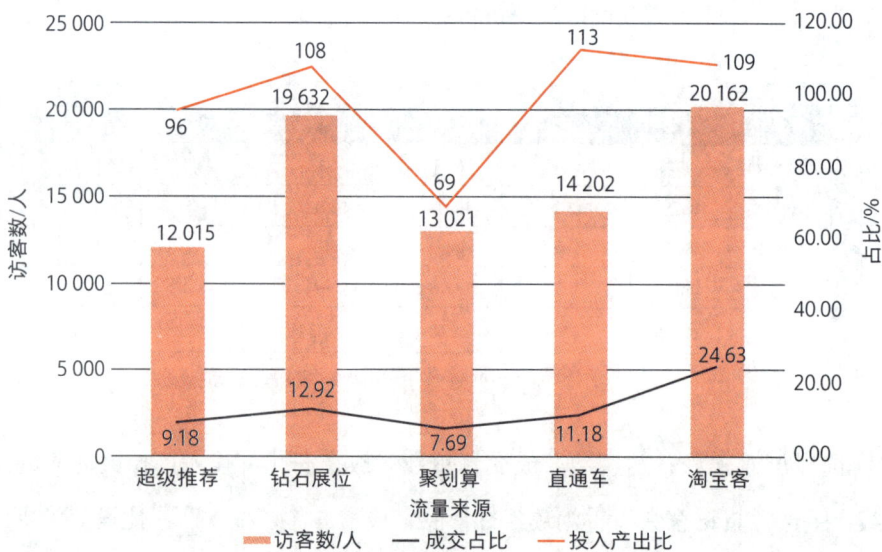

图 4-62　活动推广流量分析图

（2）活动推广转化分析。图 4-63 为企业 H 店庆活动后的转化相关数据，以这组数据为例，对该企业活动推广转化进行分析。

| | A | B | C | D | E | F | G | H |
|---|---|---|---|---|---|---|---|---|
| 1 | 流量来源 | 访客数/人 | 收藏量/次 | 加购数/次 | 成交订单数/笔 | 收藏转化率 | 加购转化率 | 支付转化率 |
| 2 | 超级推荐 | 12015 | 829 | 1603 | 1103 | 6.90% | 13.34% | 9.18% |
| 3 | 钻石展位 | 19632 | 3221 | 3236 | 2536 | 16.41% | 16.48% | 12.92% |
| 4 | 聚划算 | 13021 | 269 | 1043 | 1001 | 2.07% | 8.01% | 7.69% |
| 5 | 直通车 | 14202 | 1532 | 2088 | 1588 | 10.79% | 14.70% | 11.18% |
| 6 | 淘宝客 | 20162 | 3983 | 5120 | 4966 | 19.75% | 19.75% | 24.63% |

图 4-63　企业 H 店庆活动后的转化相关数据

① 选择流量来源、访客数、收藏量、加购数、成交订单数对应的区域，插入三维柱形图，如图 4-64 所示。

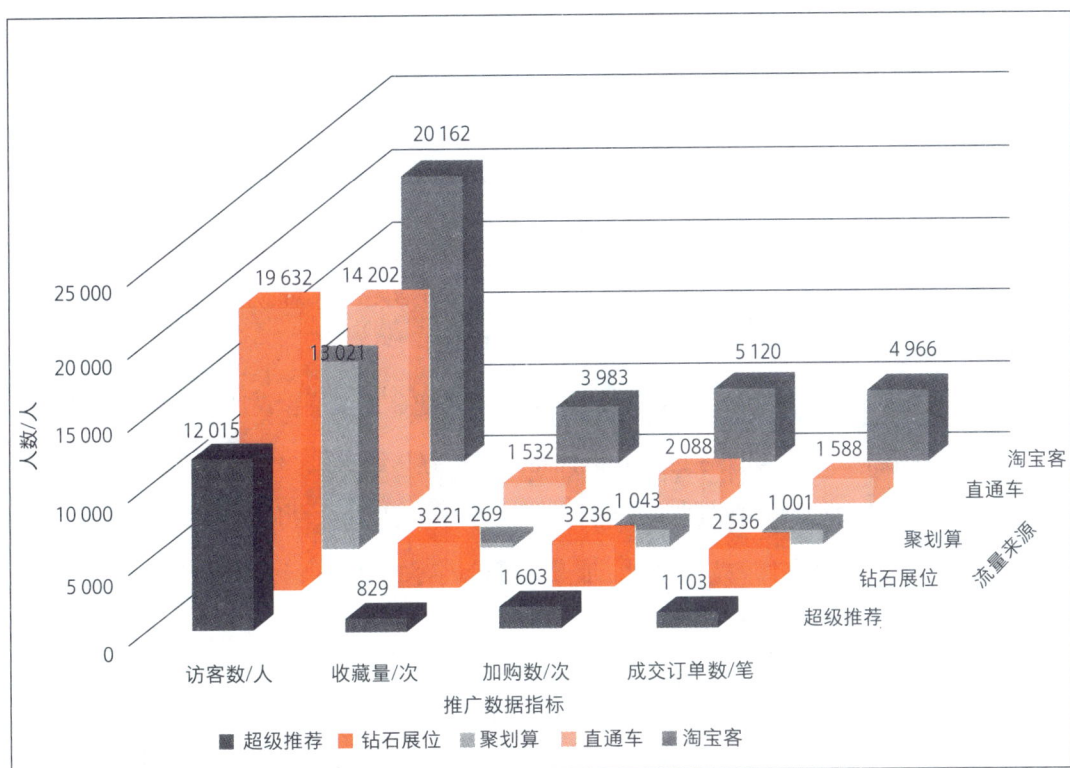

图 4-64　活动推广转化效果分析图（1）

② 选择流量来源、收藏转化率、加购转化率、支付转化率对应的数据区域，插入折线图，如图 4-65 所示。

③ 结合图 4-64 和图 4-65，可以得到以下信息：企业 H 在推广活动中，转化效果最好的是淘宝客，其各项转化均排名第一位。排名第二位、第三位的依次是钻石展位和直通车。企业在今后的活动中，可以根据店铺的实际需求和产品推广的不同阶

段，选择合适的推广渠道。

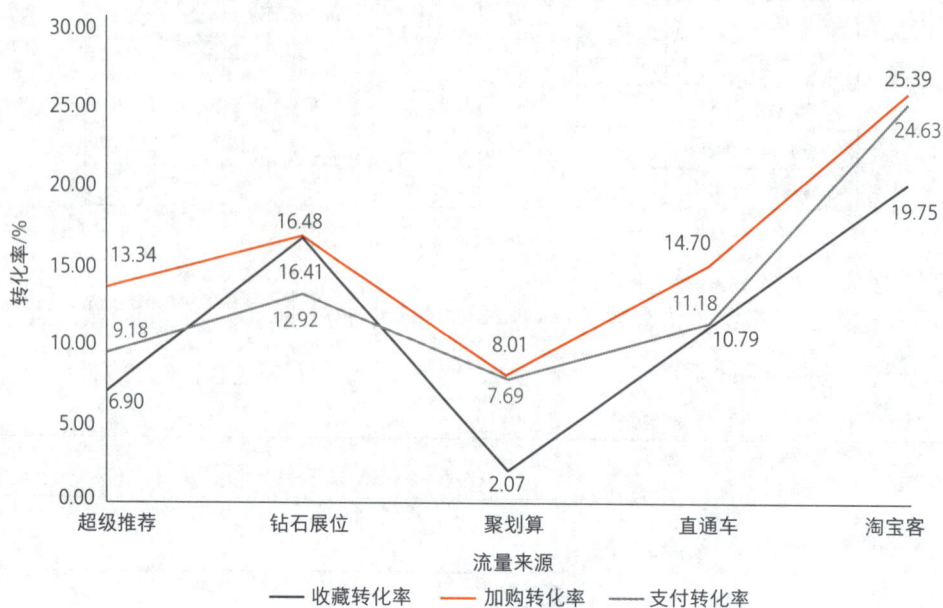

图 4-65 活动推广转化效果分析图（2）

（3）活动推广拉新与活动推广留存分析。活动推广拉新与活动推广留存分析的方法类似，需要将新客户或留存客户对应的比例计算出来。比如，对活动拉新进行分析，需要对新访客占比、新收藏占比、新加购占比、新成交额占比进行统计并整理至 Excel 表格中；对活动留存进行分析，需要对留存访客占比、留存收藏占比、留存加购占比、留存成交额占比进行统计并整理至 Excel 表格中，然后进行分析。

以下，以活动推广拉新为例，展开该部分内容的学习。

图 4-66 和图 4-67 为企业 H 店庆活动后的拉新相关数据，以这组数据为例，对该企业活动推广拉新进行分析。

| | A | B | C | D | E | F |
|---|---|---|---|---|---|---|
| 1 | 流量来源 | 新访客数/人 | 新访客占比 | 收藏数/次 | 新收藏数/次 | 新收藏占比 |
| 2 | 超级推荐 | 3544 | 29.50% | 829 | 231 | 27.86% |
| 3 | 钻石展位 | 6321 | 32.20% | 3221 | 1563 | 48.53% |
| 4 | 聚划算 | 2869 | 22.03% | 269 | 110 | 40.89% |
| 5 | 直通车 | 5654 | 39.81% | 1532 | 532 | 34.73% |
| 6 | 淘宝客 | 12021 | 59.62% | 3983 | 1210 | 30.38% |

图 4-66 企业 H 店庆活动后的拉新相关数据（1）

| 流量来源 | 加购数/次 | 新加购数/次 | 新加购占比 | 成交额/元 | 新成交额/元 | 新成交占比 |
|---|---|---|---|---|---|---|
| 超级推荐 | 1603 | 631 | 39.38% | 11932 | 6321 | 52.98% |
| 钻石展位 | 3236 | 1223 | 37.79% | 5736 | 2010 | 35.04% |
| 聚划算 | 1043 | 369 | 35.38% | 2552 | 968 | 37.93% |
| 直通车 | 2088 | 654 | 31.32% | 4963 | 1563 | 31.49% |
| 淘宝客 | 5120 | 2369 | 46.27% | 20013 | 10211 | 51.02% |

图 4-67　企业 H 店庆活动后的拉新相关数据（2）

① 选择流量来源、新访客占比、新收藏占比、新加购占比、新成交额占比对应的数据区域，插入折线图，如图 4-68 所示。

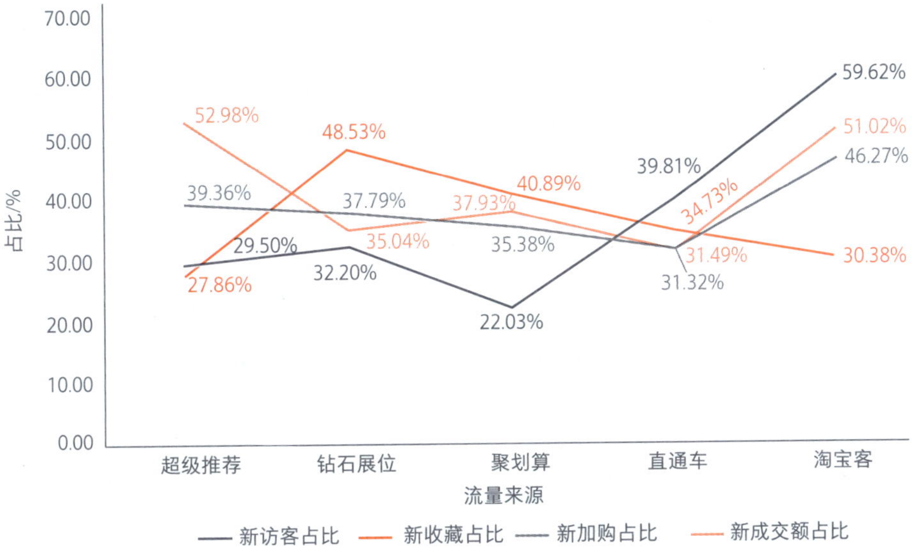

图 4-68　活动推广拉新分析

② 结合图 4-68，企业可以得到以下信息：综合来看，在企业 H 的推广活动中，拉新效果整体较好，其中新成交额表现最好，其最低占比为 31.49%，最高占比为 52.98%。拉新综合效果最好的渠道是淘宝客。企业可以结合该分析结果，了解其活动拉新情况，并为后续推广渠道优化提供参考。

# 四、内容运营分析

## 1. 内容运营分析认知

内容营销已进入全面繁荣的时代，越来越多的消费者习惯通过内容发现新鲜事物和优质商品，商家也越来越意识到内容营销的重要性。与此同时，通过内容运营分析追踪不同阶段的营销效果，分配营销预算，在营销前后有根据地查漏补缺也不容忽视。

内容运营分析，即对电子商务平台内容及平台外其他内容渠道的发布情况进行统计并分析，包括内容的展示、转化、传播、推广等维度，内容浏览人数、内容互动次数、引导进店人数、引导付款金额，以及增粉人数等核心指标。借助内容运营分析，可以有效地对内容形式及推广方式等进行评估和优化。

（1）内容运营分析的作用。

① 比较多渠道投放、多种内容的推送效果。将相同的内容投放到不同渠道，可以通过数据分析，得出各平台的推荐量和阅读量，以此判断目标群体集中地。将不同的内容投放到相同的渠道，可以了解目标用户的内容偏好，以便更集中地输出和优化内容，增强用户黏性。

② 找到问题所在，及时调整优化内容。通过数据对比，可以发现内容的问题所在。比如，标题没取好，封面没有吸引力，内容不够优质，目标用户在此平台不活跃等。根据数据反馈的问题，及时做出调整，以免粉丝流失。

③ 能够反馈内容运营效果，提供决策参考。数据能够直观反映当前内容的运营效果和问题所在，从而为决策层提供可参考的决策和战略依据。

（2）内容运营需要监控的数据指标。

① 展示数据。它属于基础数据，是一个直观的效果反馈，用来展示内容被点击、查阅的情况，包括覆盖人群、推荐量、阅读量、阅读次数等。

② 转化数据。它属于投入与回报数据，用于判断内容是否能够促进用户的转化，包括页面广告的点击次数、支付人数、支付金额等。

③ 传播数据。它属于分享数据，用来表明内容的质量和趣味性等特征，检测数据主动转发、传播的情况。

④ 渠道数据。它用来衡量渠道投放的质量和效果，由产品的特性和受众人群定位所决定。内容可在多个平台进行推送，通过多个平台的数据分析，确定目标用户集中地和喜欢的内容。

（3）内容运营数据的来源渠道。一般成熟的内容投放平台都具备数据统计功能，运营人员可以通过平台配套的数据分析工具进行分析，如淘宝平台可以借助生意参谋，微博可以借助后台的数据助手等，对长期关注和积累的数据进行分析，也可以借助第三方数据分析工具，完成内容运营数据分析，如表 4-4 所示。

表 4-4　第三方数据分析工具

| 工具 | 简介 |
|---|---|
| UC 浏览器 | UC 浏览器的大数据对移动端的热点具有指导性意义，会帮助选出手机端用户最关心的几大话题，帮助内容生产者研究主题 |
| 百度指数 | 百度指数可以对人群数据进行分析，包括关心这个话题的人的地区、年龄、性别等，可以帮助运营人员清晰掌握市场上某一关键词的动向，让文案方向定位更精准，内容更受欢迎 |
| 清博指数 | 针对微信、微博、头条、抖音、快手、QQ 等新媒体平台提供指数评估、行业分析、舆情报告、营销推广、数据新闻等内容 |
| 西瓜数据 | 提供微信公众号分析、广告投放分析、电商数据分析等功能，包括公众号诊断、阅读数监控、公众号对比、广告及删文检测等数据 |
| 新榜有数 | 在线数据采集分析平台，围绕以微信、微博为代表的新媒体领域，对有影响力的优质账号实行每日固定监测 |
| 飞瓜数据 | 短视频领域权威的数据分析平台，提供抖音数据和快手数据等，包括热门视频、音乐、抖音、快手排行榜，抖音、快手电商数据，视频监控，商品监控等 |

## 2. 站内内容运营分析

（1）站内内容运营分析的关键指标。以淘宝平台为例，生意参谋内容核心 KPI

（Key Performance Indicator，关键绩效指标）见图 4-69。

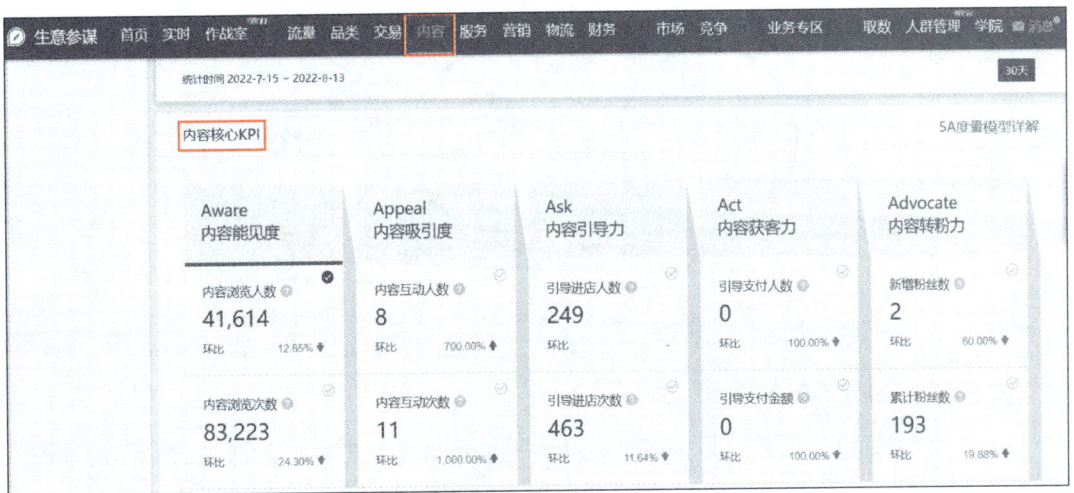

图 4-69　生意参谋内容核心 KPI

① 内容能见度，代表内容覆盖消费者的广度，以及投放出去的内容实际可触达的消费者数量。关键指标如下：

a. 内容浏览人数，指统计时间内，带有本店商品的内容被浏览的人数，一个人浏览多次按一人计算。"浏览"包括图文阅读、直播观看、短视频播放。

b. 内容浏览次数，是指统计时间内，带有本店商品的内容被浏览的次数，一个人浏览多次按多次计算。"浏览"包括图文阅读、直播观看、短视频播放。

② 内容吸引度，代表内容吸引消费者关注，影响消费者情绪的能力，是品牌加强消费者记忆的重要抓手。关键指标如下：

a. 内容互动人数，是指统计时间内，与本店商品相关内容进行互动的人数，一个人互动多次按一人计算。"互动"包括评论、点赞、分享三种行为。

b. 内容互动次数，是指统计时间内，与本店商品相关内容进行互动的次数，一个人互动多次按多次计算。

需要注意的是，关注内容互动时，不能只停留在加强受众品牌认知上。实际上，通过内容互动率和互动反馈，企业可以从中了解潜在消费者对商品的认可程度和潜在不满。

③ 内容引导力，代表内容激发消费者"主动了解商品"的能力，说明内容已对消费者行为产生明显影响。"目标受众—内容—消费者"引导链路如图 4-70 所示。

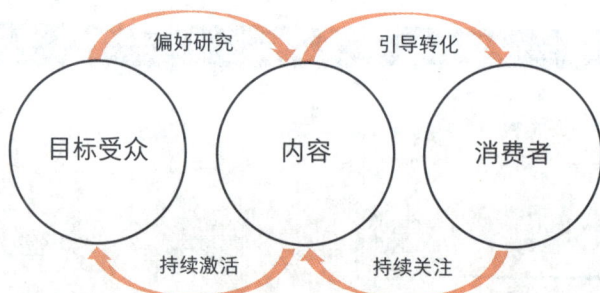

图 4-70 "目标受众—内容—消费者"引导链路

内容引导力的关键指标如下：

a. 引导进店人数，是指统计时间内，消费者浏览内容后，通过内容详情页进入店铺访问的人数。

b. 引导进店次数，是指统计时间内，消费者浏览内容后，通过内容详情页进入店铺访问的次数，一个人进店多次按多次计算，进店后在店铺内访问多个页面亦计算为多次。

**想一想**

在"目标受众—内容—消费者"引导链路中，内容起着什么样的作用？

④ 内容获客力，代表内容对消费者购买行为产生引导转化的能力，可用于评估内容营销引导客户收藏、加购及购买的效用。关键指标如下：

a. 引导收藏／加购／支付人数，分别指统计时间内，消费者浏览内容后产生商品收藏、加购、支付行为的人数。

b. 引导支付金额，是指统计时间内，消费者浏览内容后通过内容详情页进入店铺购买支付的金额。

⑤ 内容转粉力，代表内容为品牌沉淀消费者资产的能力，说明内容已引导消费者对品牌产生强烈兴趣（不限于购买）。关键指标如下：

a. 新增粉丝数，以淘宝平台为例，是指统计时间内新增的关注微淘或店铺的人数。

b. 累计粉丝数，是指历史累计粉丝人数，包含关注商家微淘、收藏店铺。以淘宝平台为例，针对各内容指标维度，总结其关键的内容投放渠道如表 4-5 所示。

表 4-5　内容投放渠道

| 指标维度 | 内容能见度 | 内容吸引度 | 内容引导力 | 内容获客力 | 内容转粉力 |
|---|---|---|---|---|---|
| 关键站内内容投放途径 | 微淘、淘宝直播、有好货、哇哦视频、淘宝头条等 | 微淘、淘宝直播、美妆学院等 | 淘宝经验、淘宝直播、有好货 | 淘宝直播、问大家、买家秀 | 微淘、品牌号、客服号、淘宝群聊 |
| 关键站外内容投放途径 | 微信、微博、头条、抖音等 | 微信、微博、头条、抖音等 | 微信、微博、头条、抖音等 | | 微信、微博、抖音等 |

（2）站内内容运营效果分析。在淘宝平台，运营人员可以借助生意参谋中的"内容"模块完成内容运营分析。如图 4-71 所示，通过"内容分析－全局诊断－内容概况"可以查看店铺内容运营本月的整体排名和环比上月的增降位数。如图 4-72 所示，通过查看内容核心 KPI 数据，可以获得内容能见度、内

微课：站内内容运营分析

容吸引度、内容引导力、内容获客力、内容转粉力 5 个维度对应数据指标的数值。在具体分析的时候，运营人员既可以选择某一个维度，也可以综合多个维度进行分析。

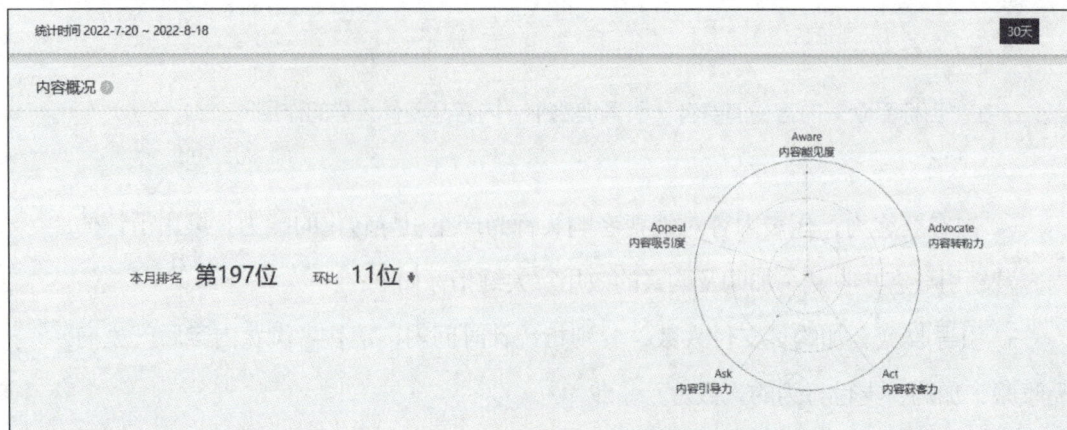

图 4-71　生意参谋 – 内容概况

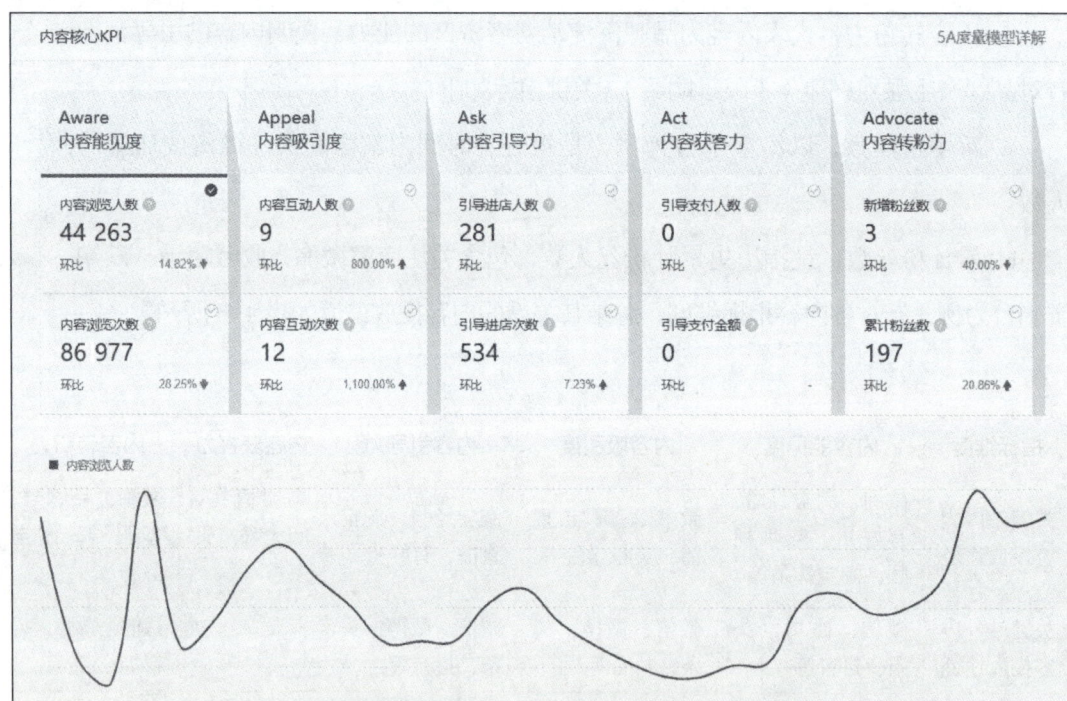

图 4-72　生意参谋 – 内容核心 KPI

如图 4-73 所示，通过"内容分析—内容效果"可以查看店铺整体、直播、图文、短视频四种类型，渠道分析、单条分析、商品分析、达人分析四个维度的数据结果。运营人员可以根据分析目标，选择对应的内容类型及维度，对内容运营效果进行分析。

图 4-73　内容分析—内容效果—渠道分析

① 渠道分析。通过渠道分析，挖掘不同人群偏好的内容渠道，让内容投放更有方向。目前，生意参谋统计的数据渠道主要有：微淘、淘宝直播、必买清单、淘宝头条、有好价、问大家、全球购、每日好店、酷玩星球、极有家等。

对各渠道数据进行基本的数据统计，不同渠道除了提供基础数据（如本店相关内容数、内容浏览次数、内容浏览人数、内容互动人数、内容互动次数等多个指标）外，也同样提供转化相关数据（如引导进店次数、引导进店人数、引导收藏次数和引导加购次数等）。运营人员可以根据数据分析结果，判断不同渠道的内容阅读情况和转化情况，也可以选择数据指标整理成数据表格，如表 4-6 所示，然后再进行图形化分析，更加直观地比较各渠道的内容运营效果，从而根据分析结果调整运营策略。例如，分析渠道的内容引导力和内容获客力，可以选择引导进店人数和引导支付人数，制作柱形图，如图 4-74 所示。

表 4-6　渠道分析数据

| 渠道名称 | 内容浏览人数/人 | 内容互动人数/人 | 引导进店人数/人 | 引导支付人数/人 | 新增粉丝数/人 |
|---|---|---|---|---|---|
| 其他 | 34 731 | 50 | 199 | 56 | 2 |
| 手淘商品主图 | 5 645 | 26 | 96 | 6 | 0 |

| 渠道名称 | 内容浏览人数／人 | 内容互动人数／人 | 引导进店人数／人 | 引导支付人数／人 | 新增粉丝数／人 |
|---|---|---|---|---|---|
| 手淘微淘 | 2 755 | 25 | 126 | 36 | 5 |
| 手淘有好价 | 6 522 | 56 | 192 | 89 | 9 |
| 手淘店铺其他 | 2 365 | 20 | 3 | 1 | 0 |
| 手淘哇哦视频 | 196 | 0 | 14 | 1 | 0 |

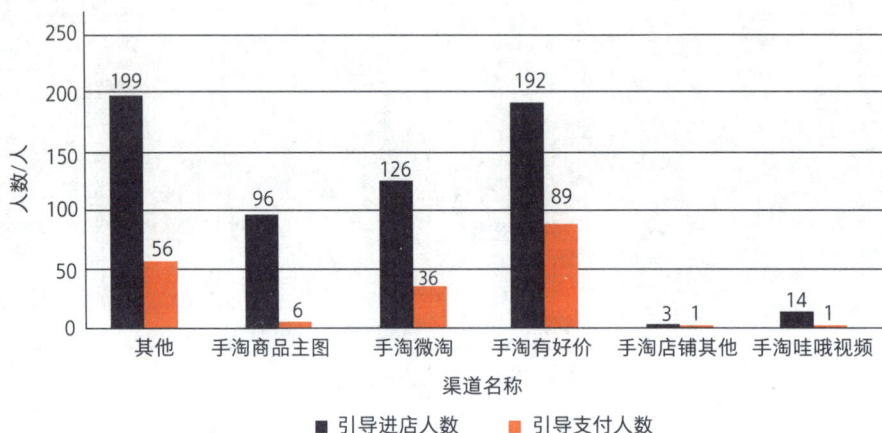

图 4-74　各渠道的引导进店人数和引导支付人数

可以按照以下步骤优化内容渠道：

第一步，圈选本店潜力人群，潜力人群为全店最近 30 天访客或指定商品最近 30 天访客。

第二步，指定全网范围内希望匹配的内容人群。

第三步，获得以上两个人群重合率最高的渠道，即更适合对潜力人群进行再营销的渠道。

② 单条内容分析。通过单条内容排行榜，可以查看图文、短视频、直播等不同内容类型的浏览指标、互动指标、引导指标，还可以查看单条内容的增粉及掉粉情况、流量来源，如图 4-75 所示。生意参谋的单条内容主要提供最近 3 个月内不同内容的阅读转化情况，包括浏览人数、互动人数、引导进店次数、引导收藏人数、引导加购人数等多个指标，如图 4-76 所示。单条内容在各渠道被阅读了多少次，随后产生多少转化（进店、收藏、加购），均可查看。

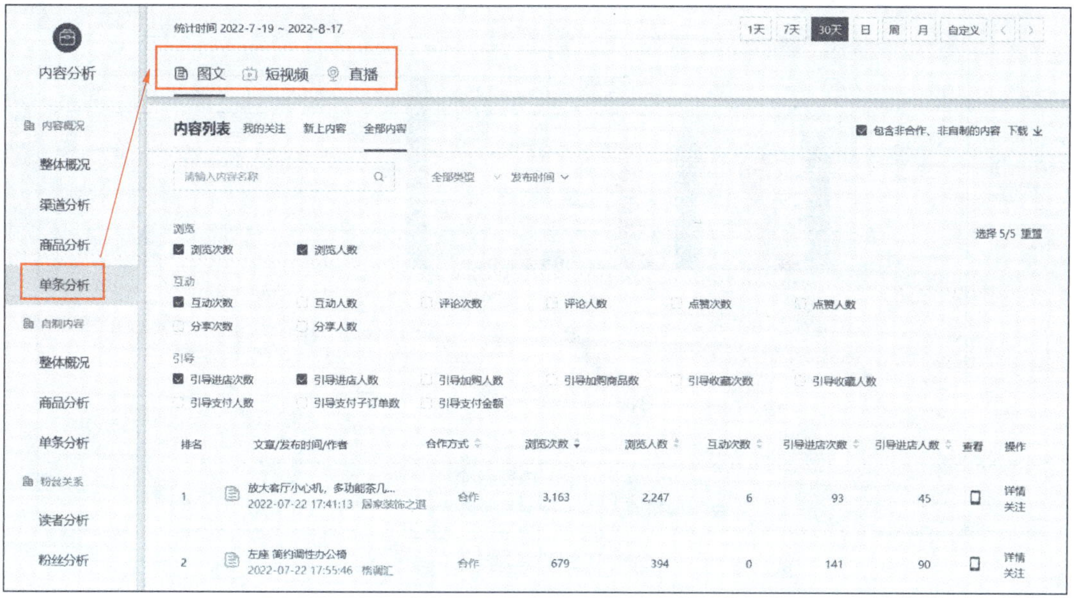


图 4-75　生意参谋 - 单条内容分析

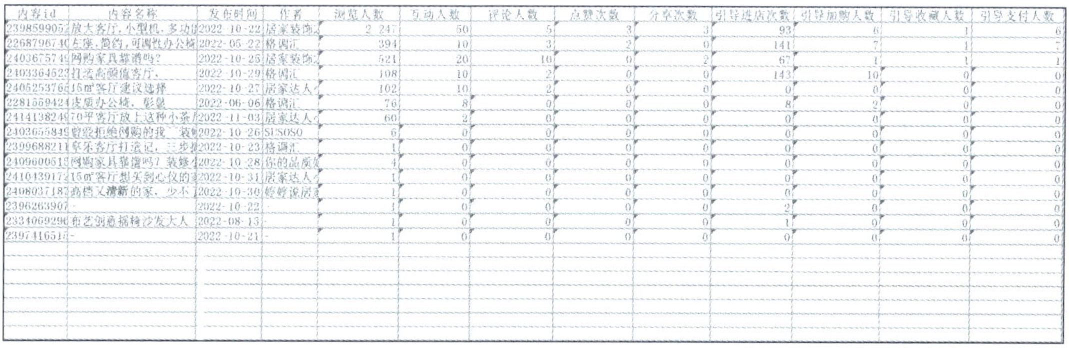

| 内容id | 内容名称 | 发布时间 | 作者 | 浏览人数 | 互动人数 | 评论人数 | 点赞次数 | 分享次数 | 引导进店次数 | 引导加购人数 | 引导收藏人数 | 引导支付人数 |
|---|---|---|---|---|---|---|---|---|---|---|---|---|
| 239859905 | 放大客厅，小型机，多功 | 2022-10-22 | 居家装饰 | 2 247 | 50 | 5 | 3 | 3 | 93 | 6 | 1 | 6 |
| 226879674 | 左座，简约，可调性办公椅 | 2022-05-22 | 格调汇 | 394 | 10 | 3 | 2 | 0 | 141 | 7 | 1 | 7 |
| 240367574 | 网购家具靠谱吗？ | 2022-10-25 | 居家装饰 | 521 | 20 | 10 | 0 | 2 | 67 | 1 | 1 | 1 |
| 240336462 | 打造高颜值客厅， | 2022-10-29 | 格调汇 | 108 | 10 | 2 | 0 | 0 | 143 | 10 | 0 | 0 |
| 240525376 | 15㎡客厅建议选择 | 2022-10-27 | 居家达人 | 102 | 10 | 2 | 0 | 0 | 0 | 0 | 0 | 0 |
| 228155942 | 皮质办公椅，彰显 | 2022-06-06 | 格调汇 | 76 | 8 | 0 | 0 | 0 | 8 | 2 | 0 | 0 |
| 241413824 | 70平客厅放上这种小茶 | 2022-11-03 | 居家达人 | 60 | 2 | 0 | 0 | 0 | 0 | 0 | 0 | 0 |
| 240365584 | 曾经拒绝网购的我 装 | 2022-10-26 | SUSOSO | 6 | 0 | 0 | 0 | 0 | 0 | 0 | 0 | 0 |
| 239968821 | 享乐客厅打造记，三步 | 2022-10-23 | 格调汇 | 1 | 0 | 0 | 0 | 0 | 0 | 0 | 0 | 0 |
| 240960061 | 网购家具靠谱吗？装修 | 2022-10-28 | 你的品质 | 4 | 0 | 0 | 0 | 0 | 0 | 0 | 0 | 0 |
| 241043917 | 15㎡客厅想买到心仪的 | 2022-10-31 | 居家达人 | 1 | 0 | 0 | 0 | 0 | 0 | 0 | 0 | 0 |
| 240803718 | 高档又清新的家，少不 | 2022-10-30 | 婷婷说居 | 1 | 0 | 0 | 0 | 0 | 0 | 0 | 0 | 0 |
| 239626390 | - | 2022-10-22 | - | 1 | 0 | 0 | 0 | 0 | 2 | 0 | 0 | 0 |
| 233406929 | 布艺创意摇椅沙发大人 | 2022-08-13 | - | 1 | 0 | 0 | 0 | 0 | 1 | 0 | 0 | 0 |
| 239741651 | - | 2022-10-21 | - | 1 | 0 | 0 | 0 | 0 | 0 | 0 | 0 | 0 |

图 4-76　单条图文数据

运营人员通过单条内容分析，可以挖掘出转化率较高的内容类型，从而分析读者偏好，调整内容策略。通过对单条内容数据进行整理，根据分析目标选择数据指标，再借助图形进行直观的分析与展示，如图 4-77 所示。

③ 商品分析。相比单条内容分析，商品分析主要聚焦于商品在不同内容渠道上的推广情况。只要是最近 3 个月通过内容渠道发布的商品，都可以看到对应的推广数据。如图 4-78 所示，商品分析主要提供内容浏览人数、内容互动人数、引导进店人数、引导支付人数、新增粉丝数等指标。

查看内容浏览情况和引导购买情况，通过计算可以得出不同商品的转化率。比起盲目推广，先了解哪个商品更适合内容营销，然后再有针对性地进行推广，往往效果更好。

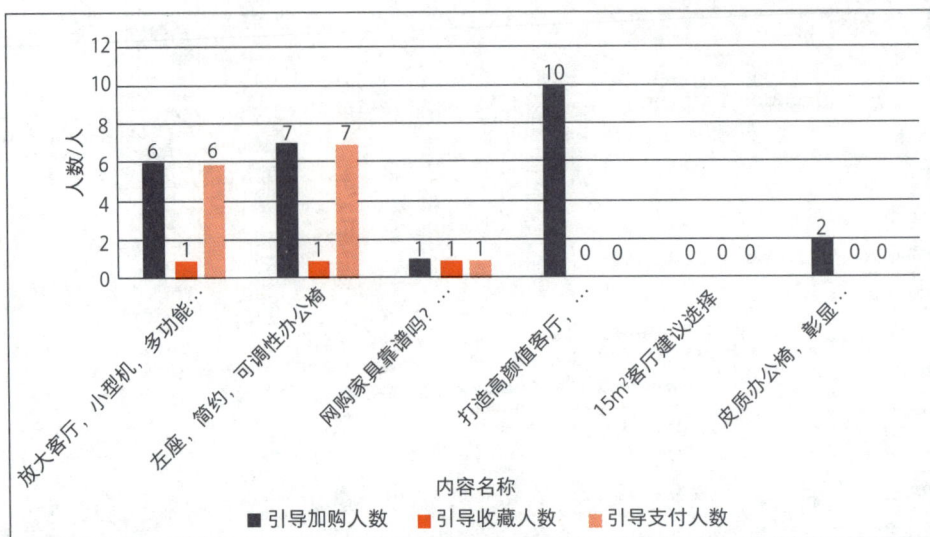

图 4-77　内容获客能力分析

图 4-78　内容分析—商品分析

④ 达人分析。通过达人分析，可以评判合作达人的靠谱程度及潜力。如图 4-79 所示，可以通过合作达人排行榜，了解不同达人的浏览指标、互动指标、引导指标，帮企业找到更合适的内容共创伙伴。

运营人员可以根据分析目标选择相应的数据指标整理成数据表格，如表 4-7 所示，然后再进行图形化分析，更加直观地比较各达人的内容运营效果。例如，分析各位达人的内容引导力和获客力，可以选择引导进店人数和引导支付人数制作柱形图，如图 4-80 所示，达人一的内容运营效果是最好的，其次是达人三。

图 4-79　内容分析—达人分析

表 4-7　达人分析数据

| 达人名称 | 内容浏览人数 / 人 | 内容互动人数 / 人 | 引导进店人数 / 人 | 引导支付人数 / 人 | 新增粉丝数 / 人 |
|---|---|---|---|---|---|
| 达人一 | 34 343 | 10 | 350 | 60 | 10 |
| 达人二 | 2 867 | 5 | 71 | 15 | 2 |
| 达人三 | 1 675 | 3 | 165 | 28 | 3 |
| 达人四 | 163 | 1 | 19 | 2 | 0 |
| 达人五 | 63 | 2 | 6 | 1 | 0 |
| 达人六 | 15 | 0 | 2 | 1 | 0 |

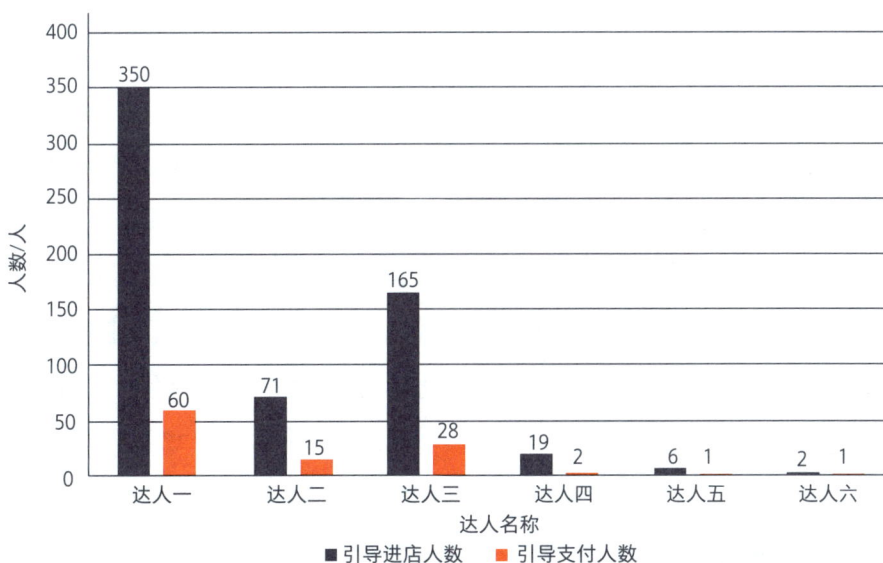

图 4-80　达人内容引导进店人数与引导支付人数

## 内容运营优化策略

1. 提升内容能见度的策略

全渠道投放以最大程度覆盖潜在消费者；精细化内容运营。

2. 提升内容互动效果的策略

以直播答题、短视频互动、微淘盖楼等方式增加互动的趣味性。

3. 提升内容引导力的策略

营销者要注重目标消费者人群画像和偏好习惯的研究，最大程度确保产出的内容风格符合目标消费者的"胃口"。

4. 提升内容获客力的策略

优化内容详情页，鼓励消费者分享问题、买家秀、与 KOL 合作推荐、直播、短视频引导。

5. 提升内容转粉力的策略

在粉丝转化方面，可以把非粉丝人群划分为内容读者、店铺访客、搜索人群、买家等人群，通过对不同人群特征进行交叉分析，得出新的人群偏好。通过粉丝内容偏好分析，设置粉丝特权和会员特权，并建立群聊。

### 3. 站外内容运营分析

相较于站内内容运营，站外内容运营可以借助新媒体平台自身的流量，进行营销内容的扩散传播，在提升电商企业销量的同时，进一步提升品牌形象、口碑和影响力。这里以微信和微博两个平台为例，展开站外内容运营分析。

（1）微信内容运营分析。微信内容运营多围绕微信公众号展开，电商企业通过微信公众号可将自身的商品信息通过文字、图片、视频等形式进行展现，并吸引用户参与、分享、传播。需要明确的是，用户对于微信公众号的黏性和忠诚度，很大程度上决定了微信公众号内容营销的有效程度。此外，微信公众号中的内容是否能吸引用户持续关注和参与，也是其中非常重要的因素。

① 微信公众号整体数据趋势分析。用户可通过诸多途径查看微信公众号发

微课：微信内容运营分析

布的内容，包括公众号消息、聊天会话、朋友圈、朋友在看、看一看精选、搜一搜、历史消息等，通过微信公众号后台，可了解选定时间周期内全部渠道的阅读次数和阅读人数，以及分享次数和分享人数等，如图 4-81 所示。

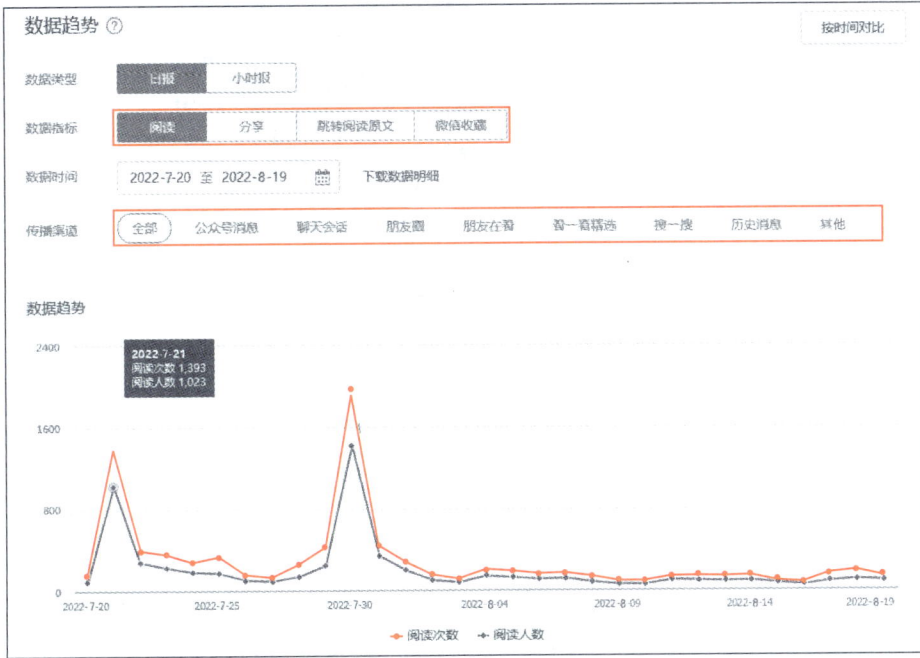

图 4-81　微信公众号—数据趋势

此外，还可以详细了解统计周期内各个渠道的阅读数据，如图 4-82 和图 4-83所示。

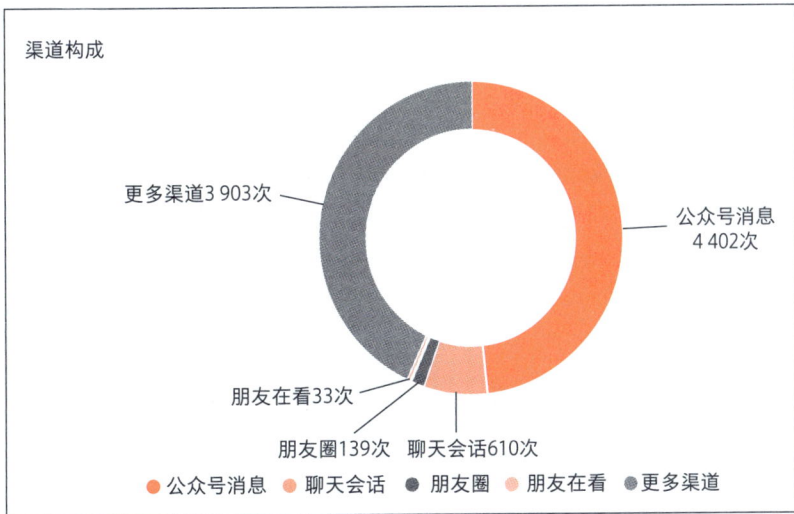

图 4-82　不同渠道数据（1）

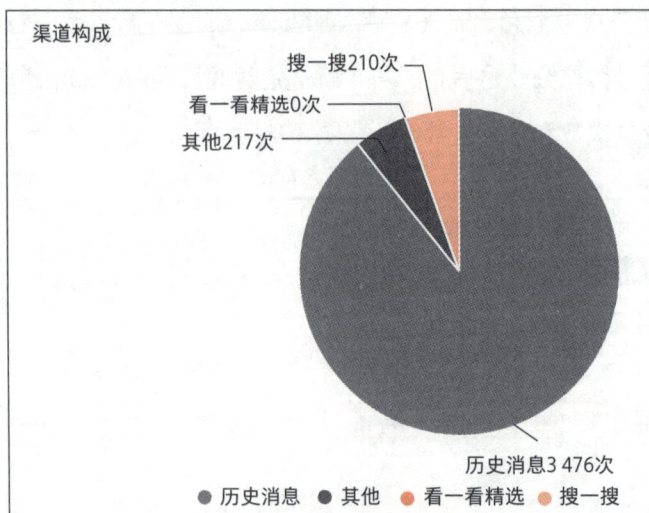

渠道构成

搜一搜210次

看一看精选0次

其他217次

历史消息3 476次

● 历史消息 ● 其他 ● 看一看精选 ● 搜一搜

图 4-83　不同渠道数据（2）

结合上述数据，确定统计周期内阅读量和分享量均表现较佳的日期，并进一步分析当天发布内容的类型以及主要通过哪些渠道实现引流，进而指导之后微信内容的精准发布。

②微信公众号单篇文章分析。了解了微信公众号整体的数据趋势，还需要进一步分析单篇文章推广数据，包括送达人数、阅读人数、分享人数等。进入微信公众号平台，点击"单篇群发"，即可查看统计周期内群发的所有内容的相关数据，如图 4-84 所示。

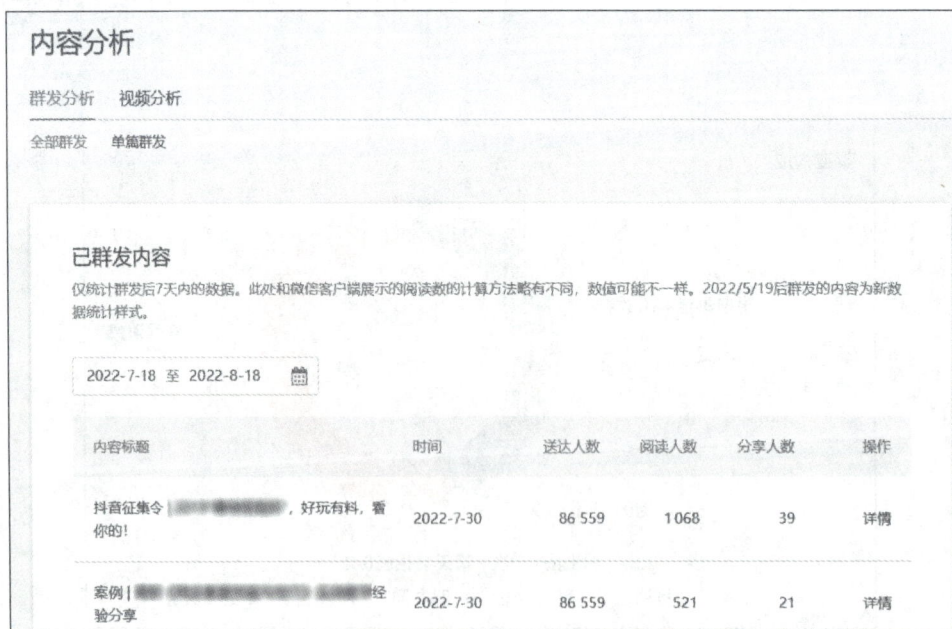

## 内容分析

群发分析　视频分析

全部群发　单篇群发

### 已群发内容

仅统计群发后7天内的数据。此处和微信客户端展示的阅读数的计算方法略有不同，数值可能不一样。2022/5/19后群发的内容为新数据统计样式。

2022-7-18 至 2022-8-18

| 内容标题 | 时间 | 送达人数 | 阅读人数 | 分享人数 | 操作 |
|---|---|---|---|---|---|
| 抖音征集令 ███ ████，好玩有料，看你的！ | 2022-7-30 | 86 559 | 1 068 | 39 | 详情 |
| 案例｜███ ████████ ██ ████ 经验分享 | 2022-7-30 | 86 559 | 521 | 21 | 详情 |

图 4-84　微信公众号平台—内容分析

数据运营人员采集统计周期内发布的单篇文章数据，如表 4-8 所示。

表 4-8 微信公众号平台内容分析

| 内容标题 | 时间 | 送达人数 / 人 | 阅读人数 / 人 | 分享人数 / 人 |
|---|---|---|---|---|
| 榜单｜"十大热门款式大衣"终于诞生 | 2022/7/19 | 73 461 | 286 | 3 |
| 又出新品！新选的这 10 款连衣裙，为什么推荐你一定要看？ | 2022/7/20 | 73 461 | 1 593 | 65 |
| 连衣裙热门款式最新榜单，新鲜出炉！ | 2022/7/30 | 73 844 | 2 613 | 38 |
| 花落谁家｜恭喜 3 位粉丝得到终极大奖 | 2022/8/01 | 74 306 | 974 | 2 |
| 【强烈推荐】这样搭配更引人注目，别错过！ | 2022/8/06 | 74 615 | 340 | 5 |
| 一大波秋冬新品来袭！ | 2022/8/18 | 74 380 | 578 | 6 |
| 选围巾｜2022 年热门款式 TOP10 新鲜出炉，20 款新品免费送 | 2022/8/18 | 74 380 | 1 918 | 98 |

为了直观地展示统计数据，使用柱形图进行对比，如图 4-85 所示，可知其中"连衣裙热门款式最新榜单，新鲜出炉！"这篇推文阅读人数最多，"选围巾｜2022 年热门款式 TOP10 新鲜出炉，20 款新品免费送"分享人数最多。

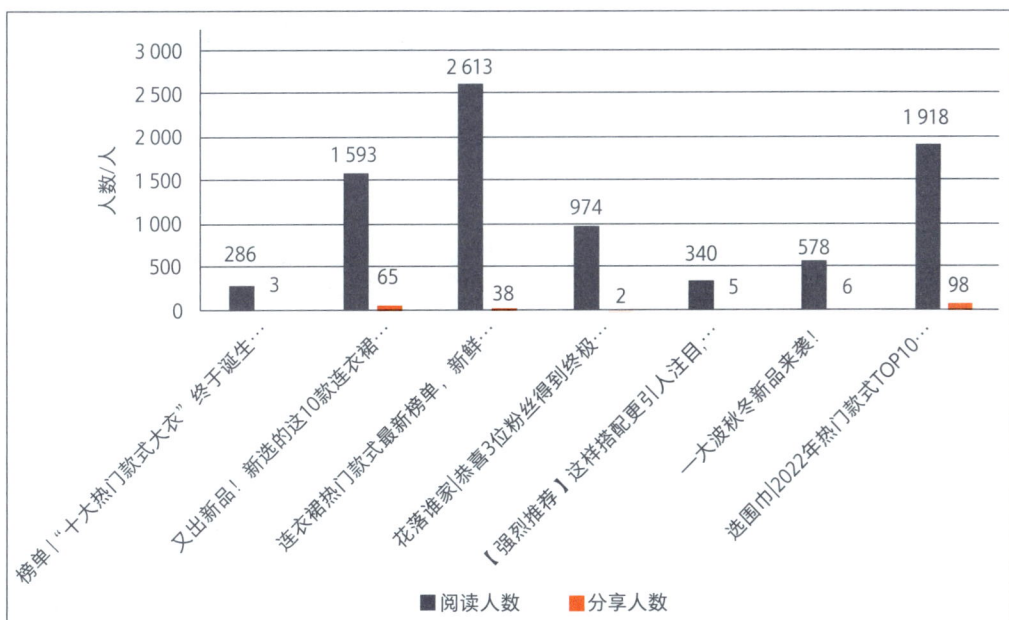

图 4-85 微信图文运营数据分析

用户热衷分享，说明发布的内容足够吸引人，可对该篇内容展开详细分析，如图4-85所示，单击"详情"操作按钮进入，可查看送达转化、分享转化等情况，如图4-86所示。

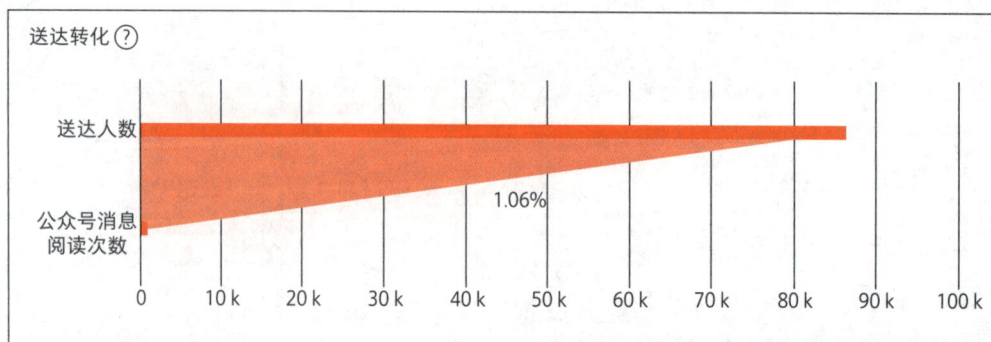

图 4-86　送达转化数据

运营人员统计单篇文章发布后一段时间内的各项数据，如表4-9所示，持续追踪推广效果。此外，如果在微信文章中加入了类似领券、购买入口等链接，可以加入店铺引流、成交等相关指标，对微信内容运营的效果进行更全面的分析。

表 4-9　微信公众号单篇内容数据

| 选围巾｜2022 年热门款式 TOP10 新鲜出炉，20 款新品免费送！ | | | | | | | | | | |
|---|---|---|---|---|---|---|---|---|---|---|
| 时间 | 图文总阅读－人数／人 | 图文总阅读－次数／次 | 公众号消息阅读－人数／人 | 公众号消息阅读－次数／次 | 朋友圈阅读－人数／人 | 朋友圈阅读－次数／次 | 分享转发－人数／人 | 分享转发－次数／次 | 微信收藏－人数／人 | 微信收藏－次数／次 |
| 2022/8/18 | 1 326 | 1 657 | 1 047 | 1 256 | 194 | 230 | 50 | 60 | 9 | 11 |
| 2022/8/19 | 432 | 594 | 141 | 183 | 148 | 174 | 39 | 45 | 4 | 4 |
| 2022/8/20 | 96 | 136 | 71 | 100 | 6 | 6 | 3 | 6 | 0 | 0 |
| 2022/8/21 | 66 | 82 | 38 | 44 | 2 | 2 | 2 | 2 | 3 | 3 |
| 2022/8/22 | 32 | 36 | 27 | 30 | 3 | 3 | 2 | 2 | 1 | 1 |
| 2022/8/23 | 64 | 87 | 18 | 24 | 12 | 16 | 6 | 7 | 2 | 2 |
| 2022/8/24 | 44 | 59 | 22 | 28 | 1 | 1 | 2 | 2 | 0 | 0 |

为了提升微信公众号内容的推广效果，还可与其他微信公众号合作，进行推广

内容的互推。以该篇推广内容为例，数据分析人员统计选定的 8 个互推渠道数据如表 4-10 所示。分析哪个互推渠道效果更好，可选用柱形图进行可视化展现，如图 4-87 所示。通过柱形图，可以很直观地分析出渠道八互推效果较好，可长期合作。

表 4-10　多渠道单篇微信内容运营数据

| 渠道 | 阅读量 / 次 | 转发评论数 / 次 | 店铺引流人数 / 人 | 成交人数 / 人 | 支付金额 / 元 |
|---|---|---|---|---|---|
| 渠道一 | 1 235 | 256 | 98 | 23 | 230 |
| 渠道二 | 2 056 | 569 | 235 | 56 | 560 |
| 渠道三 | 2 302 | 685 | 369 | 125 | 1 250 |
| 渠道四 | 6 599 | 1 200 | 899 | 243 | 2 430 |
| 渠道五 | 13 589 | 3 500 | 1 685 | 266 | 2 660 |
| 渠道六 | 2 500 | 786 | 265 | 63 | 630 |
| 渠道七 | 7 986 | 1 100 | 125 | 36 | 360 |
| 渠道八 | 19 826 | 6 800 | 2 300 | 855 | 8 550 |

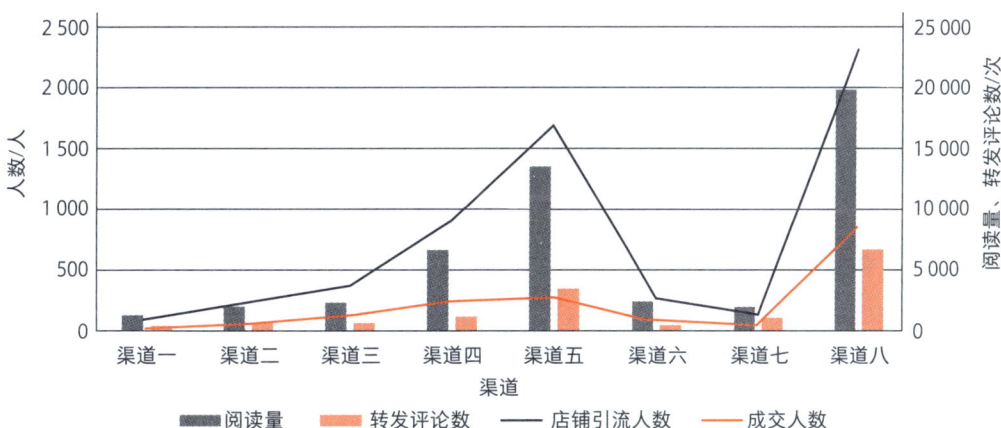

图 4-87　多渠道单篇微信内容运营分析

（2）微博内容运营分析。微博内容运营分析可以借助微博平台的数据助手工具展开，进入微博数据助手的路径是：进入"个人主页"—"管理中心"—"数据助手"，即可进入微博"数据概览"页面，通过"数据概览"页面可以了解到微博账号的整体运营状况，包括昨日关键指标、粉丝变化、博文、视频、文章数据等，如图 4-88 所示。

微课：微博内容运营分析

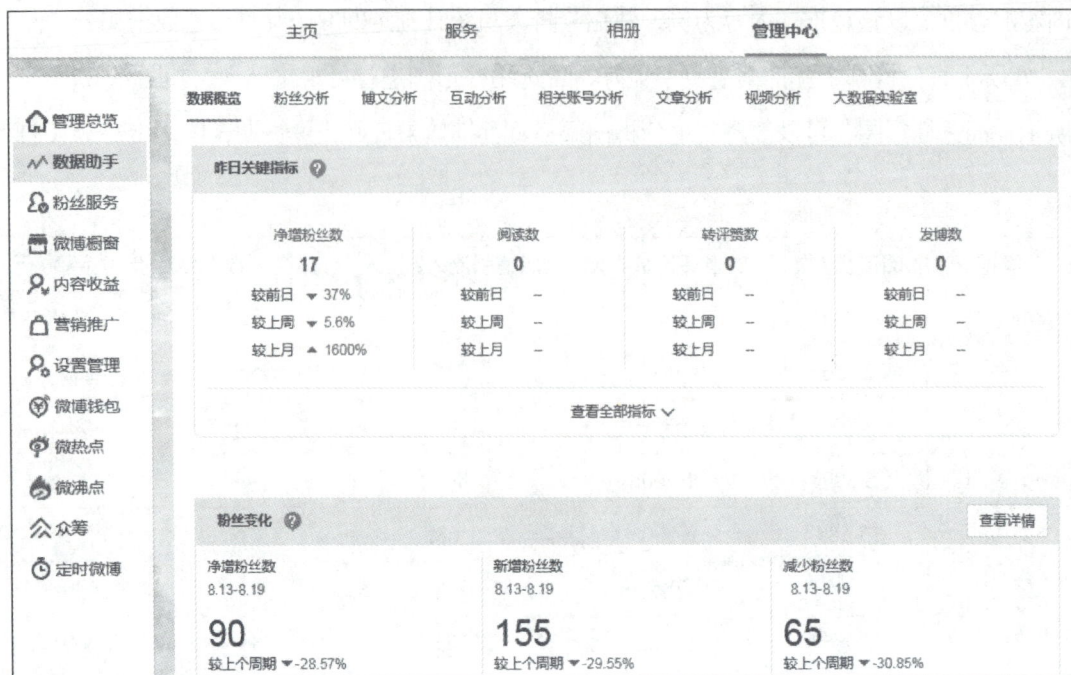

图 4-88 微博数据助手

目前，微博的推广内容以博文、文章及视频形式展现，在进行微博内容运营分析时，可分别进入数据助手相应的板块查看阅读趋势、阅读人数、转发数等。

① 博文分析。博文分析可通过微博阅读趋势、微博阅读人数、转发评论数、点赞数了解统计周期内发布微博的总体概况。但对于发布的单条微博，如包含电商企业推广商品的微博，可以直接查看详情分析，如图 4-89 所示。

图 4-89 单条微博详情分析

由于一条微博可以被同一用户阅读多次，统计的阅读数存在多次计数，所以可以重点查看阅读人数，即从去重多次阅读过微博的用户中计算得出，如图 4-90 所示。

该条微博发布当天阅读人数最多，随后呈现下降趋势，但后期由于粉丝转发引起了二次转发，阅读人数、转发数、评论数、点赞数均有所上涨，如图 4-91 所示。

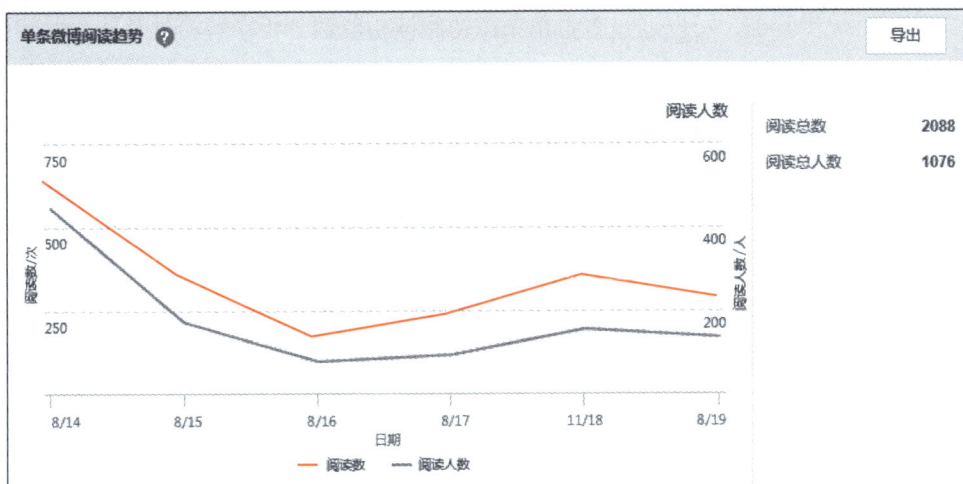

图 4-90　微博阅读人数

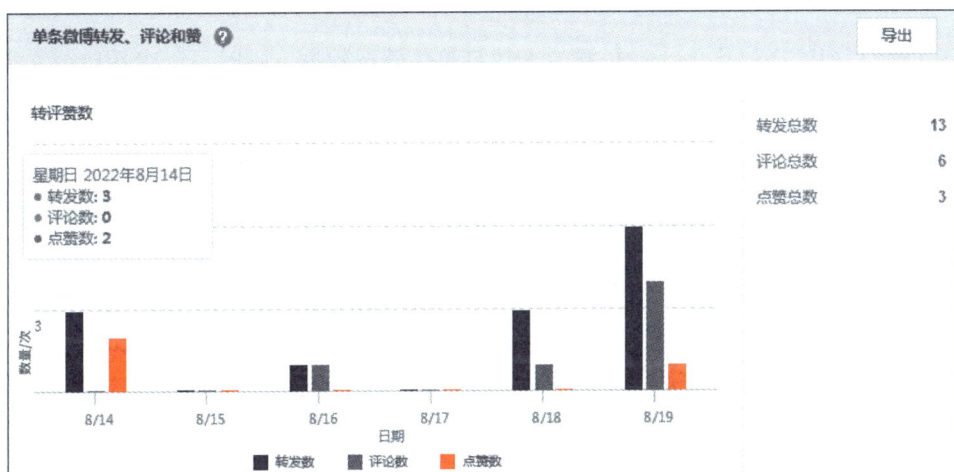

图 4-91　单条微博转发、评论和点赞总数

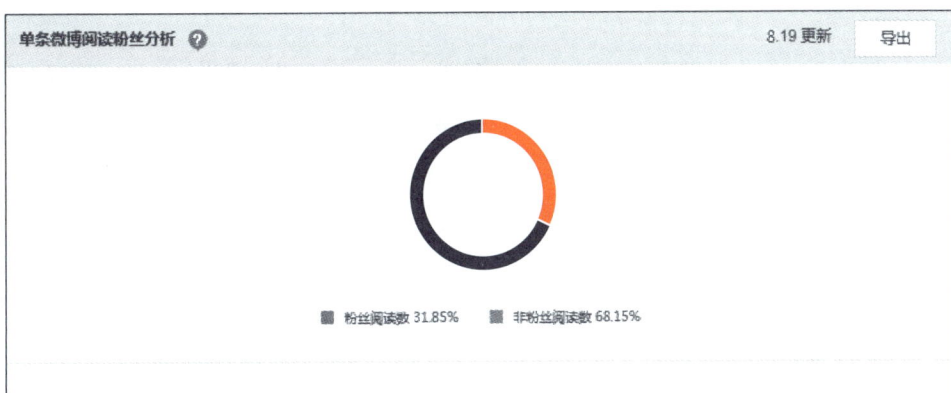

图 4-92　单条微博阅读粉丝数分析

为了进一步验证，可以通过查看单条微博阅读粉丝数分析了解粉丝及非粉丝阅读数占比，如图4-92所示。通过该条微博的阅读分析，可以了解到非粉丝阅读数占比较大。因此，在进行微博内容运营时，除了需要提升自身发布微博的吸引力、话题度外，还可以通过设置"转发抽奖"等内容吸引粉丝转发、评论等，实现微博信息的有效传播。

② 文章及视频分析。微博除了常规的博文外，还可以发布头条文章及视频。头条文章图文并茂，可以更详细地传达电商企业品牌文化、展示商品详情、发布活动信息等，并且可以进行多重分享，同时有机会被搜索引擎收录，提高头条文章的传播效果。微博视频则具有信息量大、表现性和趣味性强等特点，符合用户对信息短、平、快的接收特点，能够吸引更多的流量。

文章分析、视频分析与博文分析类似，同样可以查看文章阅读趋势、文章转发评论和点赞、视频播放趋势、视频播放人数等整体概况数据，同时可以查看单篇文章、单条视频的详情分析，针对单篇文章、单条视频的传播效果进行分析、评估，并对比同类型头条文章、视频，找出自身的不足，后期进行完善，提升推广效果。

无论是博文、文章，还是视频，除了借助微博数据助手采集相应的数据（如净增粉丝数、阅读量）外，还可以人工进行采集统计。对于带有引流链接的微博内容，需要研究其引流人数、转化人数等，以达到更全面地衡量微博内容运营效果的目的。

下面以某电商企业在微博上的内容运营分析为例，该电商企业为了提升推广效果，筛选了相关重要博主进行转发推广，随后统计各个渠道的阅读量、转发评论数、店铺引流人数、成交人数及支付金额，如表4-11所示。

表4-11  多渠道单条微博内容运营数据

| 渠道 | 阅读量/次 | 转发评论数/次 | 店铺引流人数/人 | 成交人数/人 | 支付金额/元 |
|---|---|---|---|---|---|
| 渠道一 | 12 359 | 369 | 98 | 36 | 360 |
| 渠道二 | 20 568 | 789 | 235 | 78 | 780 |
| 渠道三 | 62 302 | 1 021 | 369 | 126 | 1 260 |
| 渠道四 | 65 991 | 1 200 | 899 | 256 | 2 560 |
| 渠道五 | 113 589 | 3 500 | 2 365 | 1 266 | 12 660 |
| 渠道六 | 25 003 | 786 | 265 | 69 | 690 |

| 渠道 | 阅读量 / 次 | 转发评论数 / 次 | 店铺引流人数 / 人 | 成交人数 / 人 | 支付金额 / 元 |
|------|------------|----------------|------------------|--------------|--------------|
| 渠道七 | 79 869 | 1 235 | 125 | 35 | 360 |
| 渠道八 | 98 269 | 680 | 230 | 85 | 855 |

通过柱形图展示各个渠道的转发评论数、店铺引流人数、成交人数等，如图 4-93 所示，可以直观地分析出渠道五的微博内容营销效果较好，在后期可以加大合作力度。

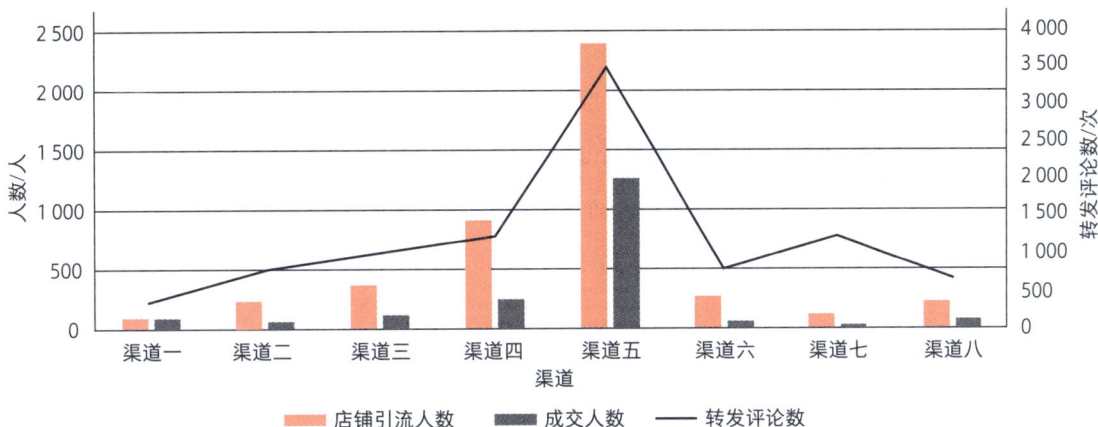

图 4-93　多渠道单条微博内容运营分析

除了常用的微信、微博外，站外内容可投放的平台还有很多，如抖音、快手、今日头条、知乎等，这些优质的新媒体平台自身都具备相应的数据统计工具，运营人员需要结合内容投放的平台进行综合分析，筛选出引流效果好的平台，打造站外内容投放平台矩阵。

微课：视频营销效果分析

## 1+X 考证提要

### 本单元需重点理解与掌握的内容

（1）推广渠道分析：

① 流量来源（免费流量、付费流量）。

② 流量结构分析（免费流量结构分析、付费流量结构分析）。

（2）关键词推广效果分析：

① 衡量关键词推广效果分析评价指标（展现量、点击量（率）、点击转化率、花费、投入产出比等）。

② 提升关键词推广效果的方法（展现量优化、点击率优化、图片优化、转化率优化等）。

（3）活动推广效果分析：

① 活动推广阶段、主要工作任务及核心监控指标。

② 活动推广效果分析的维度（活动推广流量分析、活动推广转化分析、活动推广拉新分析、活动推广留存分析）和步骤。

（4）内容运营分析：

① 内容运营分析的作用；内容运营需要监控的数据指标（展示数据、转化数据、传播数据、渠道数据等）；内容运营数据的来源渠道。

② 站内、站外内容运营分析。

# 单元四　销售数据分析

## 引导案例

电子商务运营与销售策略、方式和手段等都有别于实体行业。以网店为例，其交易金额就是访客数（流量）、转化率和客单价的乘积。

小苏新开了一家经营女式正装的网店。网店开张后，经过一系列常规运营手段，访客数逐渐增多起来，更重要的是网店受到了访客的一致好评，回头客相当多，短短几个月的时间，回头客的销量就占到了总购买量的53%，新访客的转化率也远高于平均水平。但是，网店的销售额不尽如人意。

在访客数和转化率较稳定的情况下，小苏发现客户成交的都是单件商品，客单价较低。发现问题后，小苏决定使用关联营销的方法，增加了衬衣和西裤搭配销售套餐，套餐的推广信息除了在商品详情页中展示外，还安排网店客服人员给客户主动推荐套餐，使得衬衣和西裤两件商品的销量稳步上升，成功地提高了客单价，网店的销售额也得到了增长。

客单价是影响销售额的主要因素之一。网店销售数据的提高涉及方方面面的运营与管理操作。小苏成功的原因在于他敏锐地发现了网店的问题，使用关联营销的方式，起到立竿见影的效果。

网店运营的最终目的是实现利润最大化。要想实现利润最大化，网店经营者就必须分析影响销售额的因素，并且通过不断优化影响销售额的因素，提升网店的利润。

另外，要加强服务管理，把网店的客服效能释放到最大，明确客服工作对网店销售的影响。客服已经不再是简单的"聊天工具"，客服工作早已转变成为网络营销中的关键环节之一。网店经营者首先应该认识到客服对整个网店的重要性，然后根据网店的实际情况制定科学的网店客服绩效考核制度，让客户服务产生更多的销售收益。

结合案例，思考并回答以下问题：

（1）影响网店销售收益的核心因素是什么？

（2）客服工作对网店经营的影响是什么？

# 一、交易数据分析

在企业日常销售过程中，会产生大量的销售数据，企业需要根据前期的销售数据和市场变化情况及时调整销售策略，帮助销售部门实现销售目标。

拿网店的销售额来说，销售额＝展现量 × 点击率 × 转化率 × 客单价＝访客数 × 转化率 × 客单价

网店商品的展现量与商品的搜索排名有较大关系。网店商品的点击率与商品价格、主图设计等有较大关系。展现量与点击率相乘得到点击量，在实际网店经营中，用数据去重的访客数替代数据存在重复计算的点击量，将会使数据更具有较高的参考价值。

转化率与商品主图、店铺首页、商品详情页设计、促销活动、客户评价等有重大关系，反映网店商品对每个访客的吸引力。在访客数稳定的情况下，提高转化率就能提高网店的销售额；反之，销售额下降。

客单价与商品定价、促销活动等有重大关系，反映平均每个客户（订单）的购买金额。在订单数量基本稳定的情况下，提高客单价就可以提高网店的销售额；反之，销售额下降。

在日常店铺运营过程中，在转化率平稳的前提下，高流量的获取和客单价的提升都可以提高店铺整体的销售额。下面就从爆款引流、客单价分析、利润分析这三方面来说明如何提升网店的销售额。

### 1. 爆款引流

爆款是指在商品销售中供不应求，销售量很高的商品。打造爆款是店铺的一种营销方式。现在，店铺的爆款已经成为其销售中的"催化剂"，可以在短时间内给店铺带来较大的流量并提高成交转化率。

爆款是流量的重要入口。爆款商品的表现形式是高流量、高曝光量、高成交转化率。许多经营者通常会借助各种购物平台官方的促销活动打造爆款。

某淘宝店铺在 5 月 17 日参加了平台的"天天特卖"活动，成功打造了网店的爆款。表 4-12 为该网店最近 25 天的流量情况。图 4-94 为该网店最近 25 天的流量变化情况。

表 4-12　店铺流量情况

| 日期 | 浏览量（PV）/ 次 | 访客数（UV）/ 人 |
|---|---|---|
| 5 月 1 日 | 1 369 | 201 |
| 5 月 2 日 | 1 431 | 257 |
| 5 月 3 日 | 1 784 | 389 |
| 5 月 4 日 | 1 978 | 436 |
| 5 月 5 日 | 1 751 | 365 |
| 5 月 6 日 | 1 691 | 320 |
| 5 月 7 日 | 1 654 | 289 |
| 5 月 8 日 | 1 564 | 240 |
| 5 月 9 日 | 1 431 | 216 |
| 5 月 10 日 | 1 309 | 181 |
| 5 月 11 日 | 1 485 | 225 |
| 5 月 12 日 | 1 591 | 351 |

| 日期 | 浏览量（PV）/次 | 访客数（UV）/人 |
|---|---|---|
| 5 月 13 日 | 1 681 | 453 |
| 5 月 14 日 | 1 573 | 371 |
| 5 月 15 日 | 1 459 | 301 |
| 5 月 16 日 | 1 341 | 208 |
| 5 月 17 日 | 5 140 | 1 561 |
| 5 月 18 日 | 9 718 | 3 453 |
| 5 月 19 日 | 12 299 | 7 041 |
| 5 月 20 日 | 12 781 | 7 198 |
| 5 月 21 日 | 12 986 | 7 852 |
| 5 月 22 日 | 13 530 | 8 213 |
| 5 月 23 日 | 13 641 | 8 671 |
| 5 月 24 日 | 13 689 | 8 897 |
| 5 月 25 日 | 13 713 | 9 080 |

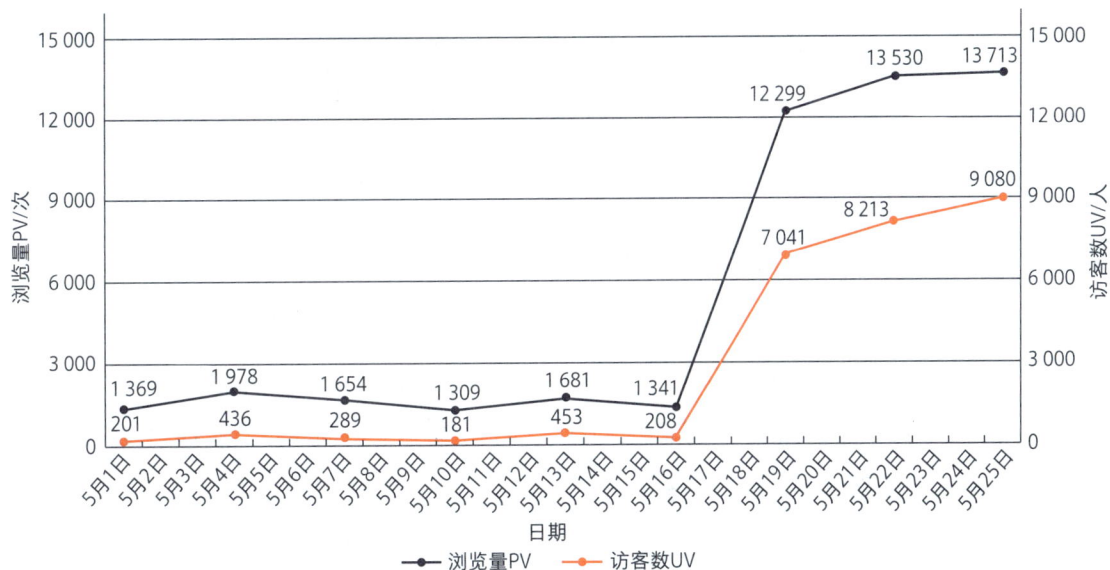

图 4-94　网店流量变化趋势图

从网店流量变化趋势图可以看出：该网店在最近 25 天内流量变化很大。5 月 1 日至 5 月 16 日，网店的流量比较低；5 月 17 日至 5 月 19 日，网店的流量呈直线上升趋势，5 月 20 日至 5 月 25 日，流量的增加趋于稳定，总体呈现平缓上升趋势。

网店经营者以时间为维度，把与流量相关的浏览量（PV）、访客数（UV）、平均访问深度，以及访客回头率进行对比分析，如表 4-13 所示。

表 4-13　网店流量的相关数据表

| 时间 | 浏览量（PV）/ 次 | 访客数（UV）/ 人 | 平均访问深度 | 访客回头率 |
| --- | --- | --- | --- | --- |
| 今日 | 16 713 | 10 860 | 1.54 | 21.85% |
| 昨日 | 14 219 | 9 446 | 1.51 | 23.46% |
| 上周同期 | 8 329 | 6 019 | 1.38 | 3.44% |
| 同期增长比率 | 100.66% | 80.43% | 11.59% | 84.25% |

从表 4-13 中可知，在爆款带来较大流量的同时，平均访问深度和访客回头率也得到了相应提升。平均访问深度从侧面反映了买家的黏性，买家的平均访问深度越高，说明买家对其他商品比较感兴趣。当客户对其他关联商品产生兴趣时，就有很大机会提升客单价。

### 2. 客单价分析

（1）认识客单价。客单价是每个用户在一定周期内，平均购买商品的金额，即平均交易金额。客单价 = 成交金额 ÷ 成交客户数，销售额 = 购买人数 × 客单价。例如，某店铺在 14：00-15：00 与 10 位买家完成交易，销售额为 1 000 元，其中的 8 位买家分别成交 1 笔订单，2 位买家各成交 3 笔订单，客单价 = 成交金额 ÷ 成交客户数 = 1 000 ÷ 10 = 100（元），在这个时段内店铺的客单价为 100 元。

从销售额的计算公式中可以看到，客单价是影响店铺盈利的因素之一，在流量相同的情况下，客单价越高，销售额就越高。

（2）影响客单价的因素。影响客单价的因素主要有商品定价、促销优惠、关联营销、购买数量等，详细内容见表 4-14。

表 4-14　影响客单价的因素

| 影响因素 | 具体影响 |
| --- | --- |
| 商品定价 | 商品定价的高低基本上决定了客单价的高低，在实际销售中，客单价只会在商品定价范围内上下浮动 |

| 影响因素 | 具体影响 |
|---|---|
| 促销优惠 | 在大型促销优惠活动中，客单价的高低取决于优惠力度的大小。另外，基于优惠力度的大小，包邮最低消费标准的设置，对客单价也有重要影响。例如，在"双11"活动中，某店铺设置的包邮最低消费标准为299元，这样的包邮规则，可以让买家选择凑单购买多件商品，这时的客单价与日常相比就会有所提升 |
| 关联营销 | 网店一般会在商品详情页推荐相关的购买套餐，同时加入其他商品的链接。这是一种关联营销，起到了互相引流的作用。现在很多电商平台通过大数据的算法，在首页、搜索页、商品详情页、购物车页、订单页等各种页面中都会有关联商品的推荐 |
| 购买数量 | 购买数量会因商品类目属性的不同而不同。定价不同的商品，买家花费的时间成本与操作成本是不同的。所以，要想提高客单价，可以增加单个买家购物的种类，以及单个订单内商品的数量。目前，许多电商平台上推出的"凑单"销售方式的原理就是如此 |

（3）提升客单价的方法。提升客单价最直接的方法就是引导顾客购买多件商品，常见的提升客单价的销售方式有如下四种：

① 提供附加服务。通过设置满足一定消费金额或消费数量后可以享受的服务。例如，一些纪念用品可以提供"免费刻字"活动；一些需要安装的商品可以策划"满多少免费上门安装"的活动，或者"消费多少免费提供多少日的免费维修服务"等。这些销售方式主要通过提供更多的附加服务来引导顾客多买多享。

② 促销活动。在店铺经常看到的"买1送1""2件8折，3件7折""第2件半价""2件包邮"等就是常用的促销活动形式。运用适当的优惠活动，激发顾客的购买欲，提升客单价。不过，这种销售方式需要店铺的商品种类和款式多，这样搭配起来才会产生较好的效果。

例如，某女装店铺发布优惠店庆活动，全场女装任意组合"2件9折，3件8折"，进行了商品活动组合数据预算，如表4-15所示。

表4-15　商品活动组合数据预算

| 商品名称 | 客单价/元 | 成本/元 | 利润/元 |
|---|---|---|---|
| 学院风衬衣 | 99 | 29.7 | 69.3 |
| 中长款半身裙 | 119 | 35.7 | 83.3 |
| 宽松休闲西服 | 199 | 59.7 | 139.3 |
| 2件9折<br>衬衣+西服 | 268.2 | 89.4 | 178.8 |

| 商品名称 | 客单价 / 元 | 成本 / 元 | 利润 / 元 |
|---|---|---|---|
| 2 件 9 折<br>衬衣 + 裙子 | 196.2 | 65.4 | 130.8 |
| 2 件 9 折<br>裙子 + 西服 | 286.2 | 95.4 | 190.8 |
| 3 件 8 折<br>衬衣 + 裙子 + 西服 | 333.6 | 125.1 | 208.5 |

通过商品活动组合数据预算可以看出，2 件套餐和 3 件套餐活动大大提升了单笔订单的客单价，在提升客单价的同时，单笔利润也得到了提升。

促销活动有很多种，每种促销方式可以获得的效果各有利弊，因此，网店经营者要想通过促销活动取得良好的效果，就要提前选择合适的促销活动。

例如，某淘宝店铺主营运动休闲服，T 恤的定价为 45 元，商品成本为 23 元，卖家为了提升店铺的客单价，预备设置"满 $X$ 件包邮"和"第 $X$ 件 $X$ 折"两种促销方式，现在要对两种促销方式的获利情况进行对比，确定获利最优的促销活动。

a. 满 $X$ 件包邮。要想通过满 $X$ 件包邮提升客单价，首先要预算出店铺能承受的邮费成本和能接受的最大打折力度。在制定满 $X$ 件包邮方案之前，需要核算出店铺的最高客单价与买家接受度的平衡点。

设置满 $X$ 件包邮的促销活动，店铺能够承受的邮费成本是 10 元 / 单。卖家统计了不同的促销方式与成交转化率，如表 4-16 所示。

表 4-16　满 $X$ 件包邮的客单价与成交转化率的关系

| 促销方式 | 人均购买笔数 | 客单价 / 元 | 成交转化率 /% | 总成本 / 元 | 利润 / 元 |
|---|---|---|---|---|---|
| 满 1 件包邮 | 1 | 45 | 15.3 | 33 | 12 |
| 满 2 件包邮 | 1 | 90 | 10.6 | 56 | 34 |
| 满 3 件包邮 | 1 | 135 | 7.8 | 79 | 56 |
| 满 3 件以上包邮 | 1 | ≥180 | 4.9 | ≥102 | ≥78 |

从表 4-16 中可以分析出：包邮提升客单价的方法最重要的是要考虑到店铺的最高客单价与成交转化率之间的关系。从店铺的统计数据分析可知，满 2 件包邮为该店铺的最高客单价与买家接受度的平衡点。除此之外，还需要考虑邮费成本的问题。

从卖家能承受的邮费角度来分析，卖家能承受的平均邮费是 10 元 / 单，但是买家来自全国各地，部分偏远地区的邮费偏高。卖家在制定包邮方案之前，需要考虑偏远地区的邮费问题，不能为了提升客单价而盲目包邮促销。

b. 第 $X$ 件 $X$ 折。结合表 4-15，该卖家为了利用多种促销方式提升人均购买笔数，又制定了另外一种促销方式，即第 $X$ 件 $X$ 折，第 1 件原价，客单价为 $45 \times 1 = 45$（元）；第 2 件 8 折，即两件衣服的客单价为 $45 + 45 \times 0.8 = 81$（元），依此类推，分别求出购买三件和四件衬衫的客单价，如表 4-17 所示。

表 4-17　第 $X$ 件 $X$ 折的客单价与成交转化率的关系

| 促销方式 | 人均购买笔数 | 客单价 / 元 | 成交转化率 /% | 总成本 / 元 | 利润 / 元 |
|---|---|---|---|---|---|
| 第 1 件原价 | 1 | 45 | 13.4 | 23 | 22 |
| 第 2 件 8 折 | 1 | 81 | 18.9 | 46 | 35 |
| 第 3 件 7.5 折 | 1 | 114.75 | 11.5 | 69 | 45.75 |
| 第 4 件 7 折 | 1 | 146.25 | 7.6 | 92 | 54.25 |

从表 4-17 中可以分析出，与表 4-16 相比，从客单价分析，包邮促销客单价稍微高于打折促销。从成交转化率分析，店铺采取"第 1 件原价"的促销方式，包邮促销成交转化率高于打折促销；店铺采取"第 2 件 8 折"的促销方式，打折促销转化率明显高于包邮促销。从利润分析，店铺采取"第 1 件原价"的促销方式，打折促销高于包邮促销。所以，两种促销方式提升客单价各有利弊。淘宝卖家可以灵活运用不同的促销方式提升客单价。

c. 提供 SKU 销售套餐。在提供优惠套餐时，要根据网店人群属性提供不同的套餐，为买家提供多种不同的选择，图 4-95 为某食品销售店铺设计的多种套餐，通过 SKU 销售套餐可以有效提高每笔单价，从而提高客单价。

③ 商品详情页关联营销。适当地将互补商品搭配起来关联营销，如经营男装的店铺，将衬衣和裤子搭配好进行展示，当顾客在购买其中任意一种商品时，同时看到模特身上穿的关联商品，就可能对关联商品产生兴趣。这种营销方式不仅可以减少顾客自主搭配的烦恼，提高了顾客的购物体验，而且可以提高客单价。

一家主营女装的淘宝店铺对店铺的一件衬衫和一件短裙进行了数据测试。5 月 1 日，卖家先采用"单件营销"的方法，统计了 5 月的客单价变化情况，如表 4-18 所示。

图 4-95　某食品销售网店设计的多种套餐

表 4-18　单件营销的客单价

| 开始测试时间 | 测试方法 | 测试宝贝 | 测试数据 | | | | | |
|---|---|---|---|---|---|---|---|---|
| | | | 时长／天 | 浏览量（PV）／次 | 访客数（UV）／人 | 成交人数／人 | 成交金额／元 | 客单价／元 |
| 5月1日 | 单件营销 |  49 元　气质淑女衬衣 | 1 天 | 387 | 149 | 3 | 147 | 49 |
| | | | 7 天 | 2 250 | 870 | 20 | 980 | 49 |
| | | | 15 天 | 5 665 | 2 035 | 33 | 1 617 | 49 |
| | | | 30 天 | 8 916 | 3 419 | 68 | 3 332 | 49 |
| | |  29 元　新款短裙黑色 | 1 天 | 479 | 251 | 7 | 203 | 29 |
| | | | 7 天 | 1 038 | 685 | 13 | 377 | 29 |
| | | | 15 天 | 2 140 | 800 | 17 | 493 | 29 |
| | | | 30 天 | 3 120 | 1 288 | 24 | 696 | 29 |

6月1日，卖家改变了营销方法，采用"关联营销"，将衬衫和短裙进行相关性搭配。表4-19为6月的客单价统计表。

表4-19 关联营销的客单价

| 开始测试时间 | 测试方法 | 测试宝贝 | 测试数据 | | | | | |
|---|---|---|---|---|---|---|---|---|
| | | | 时长/天 | 浏览量（PV）/次 | 访客数（UV）/人 | 成交人数/人 | 成交金额/元 | 客单价/元 |
| 6月1日 | 关联营销 | <br>49元 气质淑女衬衣 | 1 天 | 475 | 230 | 8 | 392 | 49 |
| | | | 7 天 | 2 641 | 1 125 | 23 | 1 127 | 49 |
| | | | 15 天 | 11 895 | 5 169 | 48 | 4 704 | 98 |
| | | | 30 天 | 12 514 | 8 169 | 108 | 10 584 | 98 |
| | | <br>29元 新款短裙黑色 | 1 天 | 801 | 405 | 21 | 609 | 29 |
| | | | 7 天 | 4 582 | 1 478 | 36 | 1 044 | 29 |
| | | | 15 天 | 11 120 | 3 915 | 70 | 4 060 | 58 |
| | | | 30 天 | 16 150 | 5 871 | 178 | 10 324 | 58 |

通过对营销方式的对比可以得知：关联营销提升了商品的访问深度，带来了更多的流量，商品的搭配销售方式使商品的客单价得到了提升。

④ 客服推荐。客服推荐是提高客单价的一个非常重要的方式，客服可以通过沟通直接影响顾客的购买决策，通过优质合理的推荐，提高客单价。例如，经营母婴商品的店铺，新手妈妈在第一次购买母婴商品时，会很愿意倾听客服的推荐，从而主动购买更多的相关商品。

### 3. 利润分析

（1）利润与利润率的定义。利润是收入与成本的差额，以及其他直接计入损益的利得和损失。如果用 $P$ 代表利润，$K$ 代表成本，$W$ 代表收入，那么利润的计算公式为：$P = W - K$。

利润率是指利润值的转化形式，是同一剩余价值量的不同计算方法。如果用 $P'$ 代表利润率，$K$ 代表成本，$W$ 代表收入，那么利润率的计算公式为 $P'=(W-K)/K\times100\%$。利润率分为成本利润率、销售利润率和产值利润率，本单元主要讨论成本利润率。

例如，某主营童装的淘宝店铺经营者为了核算店铺7—9月的利润，根据相关的数据指标进行了统计，如表4-20所示。

表4-20 利润与利润率

| 月份 | 成交量/件 | 成交均价/元 | 成交额/元 | 总成本/元 | 利润/元 | 成本利润率/% |
|---|---|---|---|---|---|---|
| 7月 | 1 347 | 95.75 | 128 975.25 | 21 928.3 | 107 046.95 | 488.17 |
| 8月 | 1 210 | 96.19 | 116 389.90 | 23 468.1 | 92 921.80 | 395.95 |
| 9月 | 1 533 | 87.26 | 133 769.58 | 26 752.8 | 107 016.78 | 400.02 |

从表4-20中可知：从整体上看，在总成本变化不大的情况下，利润与成交量、成交均价相关。成本利润率越高，说明为获得相应的利润需要付出的代价越小，所以，网店经营者需要最大限度地提升成本利润率。

（2）影响店铺盈利的因素。店铺的运营核心部分是盈利。网店经营者要实现利润最大化，较好的方式是提升成交额、降低总成本。在一般情况下，经营者会通过减少总成本来提升店铺利润。影响总成本的主要因素有商品成本、推广成本和固定成本。下面分别对这三个因素进行深入分析。

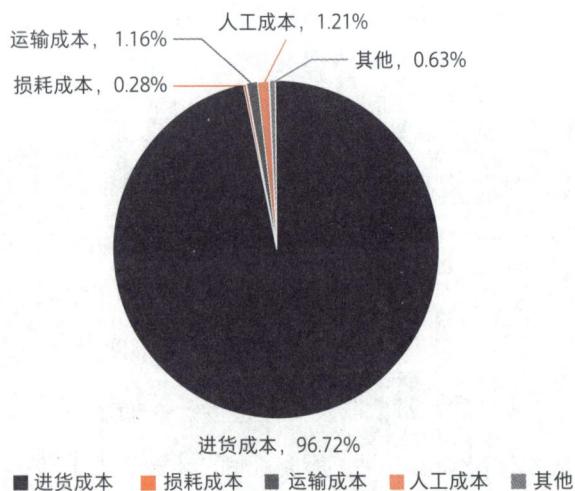

图4-96 商品成本的构成比例

① 商品成本。商品成本是经营总成本中的关键部分之一。网店经营者在运营整个店铺的过程中，关于成本的预测、分析、决策和控制都是必不可少的。而在决策和控制中，首先需要对商品成本进行预测和分析，研究店铺之前的商品成本相关数据。

例如，某淘宝店铺主营儿童服装，80%的商品来自本地服装批发市场，20%的商品从1688阿里巴巴采购批发网进货。图4-96为商品成本的构成比例。

该店铺某次进货的商品总成本为 7 938.23 元，那么两种不同的进货方式相对应的商品成本如表 4-21 所示。

表 4-21　两种不同的进货方式相对应的商品成本

| 进货渠道 | 进货成本 / 元 | 人工成本 / 元 | 运输成本 / 元 | 损耗成本 / 元 | 其他 |
|---|---|---|---|---|---|
| 当地批发市场 | 6 142.28 | 96.05 | — | — | 50.02 |
| 1688 阿里巴巴采购批发网 | 1 535.57 | — | 92.08 | 22.23 | |

从当地批发市场进货：

进货成本 = 7 938.23 × 96.72% × 80% = 6 142.28（元）

人工成本 = 7 938.23 × 1.21% = 96.05（元）

进货成本消耗率 = 96.05 / 6 142.28 × 100% = 1.56%

从 1688 阿里巴巴采购批发网进货：

进货成本 = 7 938.23 × 96.72% × 20% = 1 535.57（元）

运输成本 = 7 938.23 × 1.16% = 92.08（元）

损耗成本 = 7 938.23 × 0.28% = 22.23（元）

进货成本消耗率 =（92.08 + 22.23）/ 1 535.57 × 100% = 7.44%。

综合两种不同的进货方式可以发现，从当地批发市场进货的成本消耗率仅为 1.56%，而从 1688 阿里巴巴采购批发网进货的成本消耗率高达 7.44%。因此，可以减少在 1688 阿里巴巴采购批发网进货的比例。

② 推广成本。以淘宝店铺为例，最常用的付费推广方式有直通车、淘宝客、钻石展位及其他。该店铺对最近 30 天的付费推广成本、成交金额、利润、成本利润率等数据指标进行了统计，如图 4-97 和表 4-22 所示。

从图 4-97 和表 4-22 综合分析可知，从成本分析，钻石展位的成本最高，其次是直通车，再次是淘宝客，最后是其他方式。从成本利润率来分析，钻石展位虽成本最高，但是成本利润率却最低；直通车和淘宝客的成本相对较低，但是获得较高的成本利润率。

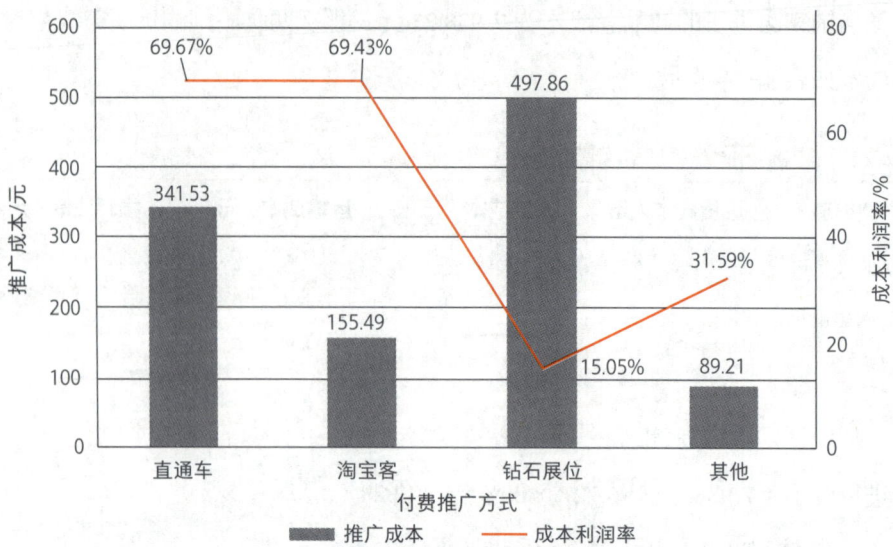

图 4-97　推广成本和成本利润率

表 4-22　不同推广方式的成本利润率

| 推广方式 | 成本 / 元 | 成交金额 / 元 | 利润 / 元 | 成本利润率 /% |
|---|---|---|---|---|
| 直通车 | 341.53 | 579.46 | 237.93 | 69.67 |
| 淘宝客 | 155.49 | 263.15 | 107.66 | 69.24 |
| 钻石展位 | 497.86 | 572.81 | 74.95 | 15.05 |
| 其他 | 89.21 | 117.39 | 28.18 | 31.59 |

　　根据统计结果，对店铺的推广方式进行相应的调整。首先，降低钻石展位的推广成本；其次，加大直通车和淘宝客的推广成本，尤其是淘宝客；最后，适当增加其他推广方式的成本。

　　③ 固定成本。固定成本又称固定费用，是指成本总额在一定时期和一定业务量范围内，不受业务量增减变动影响而能保持不变或者影响不大。对于网店而言，固定成本主要包括场地租金、员工工资、网络信息费，以及设备折旧。

　　例如，某店铺现有 2 名客服人员，1 名美工人员，1 名数据运营人员，经营者对店铺最近 3 个月的固定成本进行了数据统计分析，如表 4-23 所示。

　　从表 4-23 中可以看出，场地租金和网络信息费固定不变，员工工资和设备折旧有小幅度变动。设备折旧的成本属于固定成本中最基础的成本之一，尽量降低人为磨损率能在一定程度上降低设备折旧费用。在大多数情况下，员工工资与成交金额紧密相关，员工工资越高，则表示店铺的成交金额越高，所以要充分调动员工的工作积极性，制定合理完善的 KPI 绩效考核制度。

表 4-23　固定成本数据统计分析

| 月份 | 场地租金 / 元 | 员工工资 / 元 | 网络信息费 / 元 | 设备折旧 / 元 | 合计 / 元 |
| --- | --- | --- | --- | --- | --- |
| 7 月 | 6 000 | 32 000 | 180 | 856.38 | 39 036.38 |
| 8 月 | 6 000 | 31 600 | 180 | 370.42 | 38 150.42 |
| 9 月 | 6 000 | 35 800 | 180 | 416.66 | 42 396.66 |

（3）店铺利润预测与分析。利润预测是运营中必不可少的一个步骤。网店经营者在运营的历史数据和现有生产运营条件的基础之上，根据各种影响因素与利润的依存关系，对利润的变化趋势进行预测。

可以运用以下四种数据分析方法对利润进行科学合理的预测：

① 线性预测法。线性预测法是一种用来确定两个变量之间关系的一种数据建模工具。在实际工作中，这种预测法经常被用于测量一个变量随另一个变量变化的趋势。

在 Excel 中，可以用 TREND 函数来做线性预测。该函数是返回一条线性回归拟合线的值，即找到适合已知数组 Know_y's 和组 Know_x's 的直线（用最小二乘法），并返回指定数组 New_x's 在直线上对应的 $y$ 值。

② 指数预测法。指数预测法可以采用 LOGEST 函数进行预测，LOGEST 函数的作用是在回归分析中，计算出最符合数据的指数回归拟合曲线，并返回描述该曲线的数值数组。

③ 图表预测法。图表预测法也是数据预测的方法之一，图表预测法的实质是通过分析数据源创建预测图表，并在图表中插入趋势线，通过趋势线预测数据的走向。

④ 分析工具预测法。为了帮助网店经营者进一步解决在日常运营中的一些活动规划、数据的分析与预测等一系列问题，可使用"移动平均"分析工具，以便经营者对店铺的成本及利润进行预测。

移动平均法是一种最简单的自适应预测的方法。移动平均法是利用近期数据对预测值影响较大、远期数据对预测值影响较小的原理，把平均数进行逐期移动。而移动期数的大小视具体情况而定，移动期数少，能够快速反映近期数据，但是不能反映变化趋势；移动期数多，能够反映变化趋势，但是预测值带有明显的滞后偏差。

（4）店铺利润规划。在经过一段时间的运营后，经营者需要对上一阶段的预测结果进行验证和评价分析，即通过实际数与预测数的综合对比，核算预测结果的准确性，分析产生误差的原因，并且对原来选择的预测方法加以修正。这个过程需要反复对运营数据进行整理和分析，利用多次选择判断的结果为下次运营决策指引正确的方向，其目的也是确保数据预测的准确性。

通过减少推广成本和固定成本，增加利润。店铺为了提高利润，可以通过减少推

图 4-98  店铺上半年推广成本与利润统计

广成本的支出来实现。例如，某店铺主营女装，为了保证店铺的推广力度不受影响，网店经营者规定推广成本不得少于总成交额的 3%。同时，店铺在扣除商品成本的情况下，对推广成本和固定成本的相关数据进行了统计，如图 4-98 所示。

a. 设置目标单元格和可变单元格。在"数据"选项卡下单击"规划求解"按钮，弹出"规划求解参数"对话框，"设置目标单元格"为 E2，选中"最大值"单选按钮；单击"通过更改可变单元格"下方的折叠按钮，返回工作表中选择 B2 单元格区域，如图 4-99 所示。

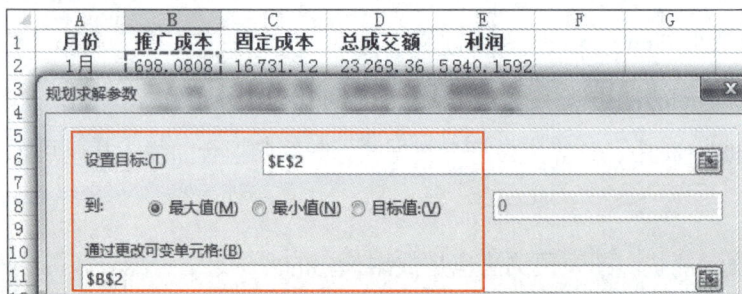

图 4-99  设置目标单元格和可变单元格

b. 设置约束条件。单击"添加"按钮，弹出"添加约束"对话框，约束条件设置如图 4-100 所示。

c. 求解最大值。单击"确定"按钮，返回"规划求解参数"对话框。在"约束"列表中显示了所有的添加条件，再单击"求解"按钮，如图 4-101 所示；单击"保存方案"按钮，在"方案名称"中输入"减少推广成本"，如图 4-102 所示。

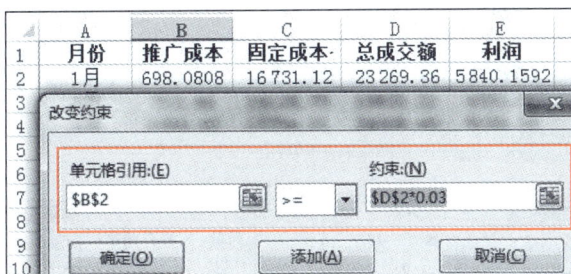

图 4-100　改变约束条件

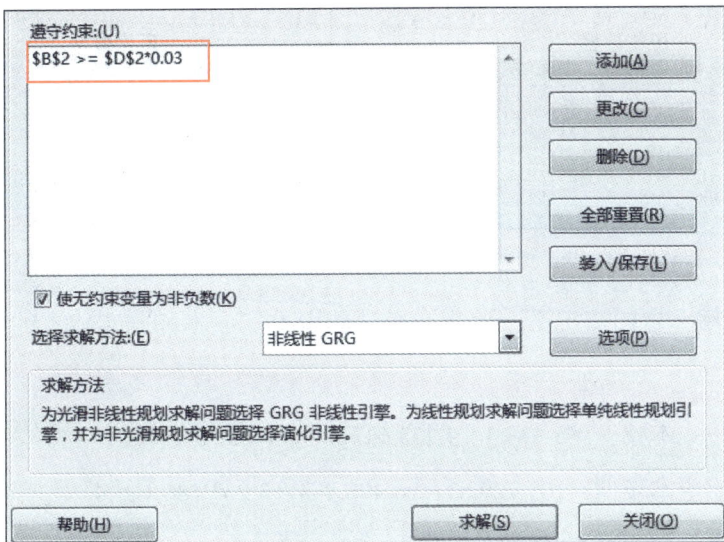

图 4-101　求解最大利润

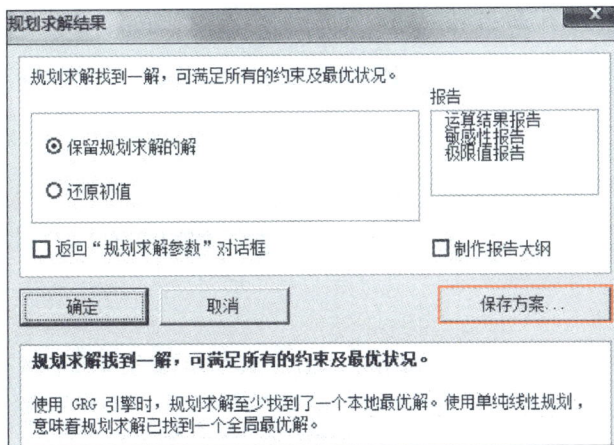

图 4-102　保存方案

d. 预测其他月份的推广成本。返回工作表中，即可看到 1 月份所支出的推广成本为 698.080 8 元，1 月份的利润为 5 840.159 2 元。按照同样的方法，计算出 2—6 月的推广成本，如图 4-103 所示；在固定成本不低于总成交额 70% 的情况下，预测店铺固定成本，如图 4-104 所示。

<table>
<tr><td colspan="5" align="center">预测数据</td></tr>
<tr><td>月份</td><td>推广成本</td><td>固定成本</td><td>总成交额</td><td>利润</td></tr>
<tr><td>1月</td><td>698.0808</td><td>16 731.12</td><td>23 269.36</td><td>5 840.1592</td></tr>
<tr><td>2月</td><td>595.0563</td><td>14 128.75</td><td>19 835.21</td><td>5 111.4037</td></tr>
<tr><td>3月</td><td>720.2547</td><td>17 756.11</td><td>24 008.49</td><td>5 532.1253</td></tr>
<tr><td>4月</td><td>798.4074</td><td>19 779.88</td><td>26 613.58</td><td>6 035.2926</td></tr>
<tr><td>5月</td><td>641.0508</td><td>16 413.43</td><td>21 368.36</td><td>4 313.8792</td></tr>
<tr><td>6月</td><td>682.7976</td><td>16 920.54</td><td>22 759.92</td><td>5156.5824</td></tr>
<tr><td>合计</td><td>4 135.6476</td><td>101 729.83</td><td>137 854.92</td><td>31 989.442</td></tr>
<tr><td colspan="5" align="center">历史数据</td></tr>
<tr><td>月份</td><td>推广成本</td><td>固定成本</td><td>总成交额</td><td>利润</td></tr>
<tr><td>1月</td><td>872.35</td><td>16 731.12</td><td>23 269.36</td><td>5 665.89</td></tr>
<tr><td>2月</td><td>713.44</td><td>14 128.75</td><td>19 835.21</td><td>4 993.02</td></tr>
<tr><td>3月</td><td>1 053.02</td><td>17 756.11</td><td>24 008.49</td><td>5 199.36</td></tr>
<tr><td>4月</td><td>1 209.19</td><td>19 779.88</td><td>26 613.58</td><td>5 624.51</td></tr>
<tr><td>5月</td><td>885.21</td><td>16 413.43</td><td>21 368.36</td><td>4 069.72</td></tr>
<tr><td>6月</td><td>901.09</td><td>16 920.54</td><td>22 759.92</td><td>4 938.29</td></tr>
<tr><td>合计</td><td>5 634.3</td><td>101 729.83</td><td>137 854.92</td><td>30 490.79</td></tr>
</table>

图 4-103 其他月份的推广成本预测值

<table>
<tr><td colspan="5" align="center">预测数据</td></tr>
<tr><td>月份</td><td>推广成本</td><td>固定成本</td><td>总成交额</td><td>利润</td></tr>
<tr><td>1月</td><td>872.35</td><td>16 288.552</td><td>23 269.36</td><td>6 282.7272</td></tr>
<tr><td>2月</td><td>713.44</td><td>13 884.647</td><td>19 835.21</td><td>5 355.50677</td></tr>
<tr><td>3月</td><td>1 053.02</td><td>16 805.943</td><td>24 008.49</td><td>6 482.29233</td></tr>
<tr><td>4月</td><td>1 209.19</td><td>18 629.506</td><td>26 613.58</td><td>7 185.66666</td></tr>
<tr><td>5月</td><td>885.21</td><td>14 957.852</td><td>21 368.36</td><td>5 769.45722</td></tr>
<tr><td>6月</td><td>901.09</td><td>15 931.944</td><td>22 759.92</td><td>6 145.17844</td></tr>
<tr><td>合计</td><td>5 634.3</td><td>96 498.444</td><td>137 854.92</td><td>37 220.8288</td></tr>
<tr><td colspan="5" align="center">历史数据</td></tr>
<tr><td>月份</td><td>推广成本</td><td>固定成本</td><td>总成交额</td><td>利润</td></tr>
<tr><td>1月</td><td>872.35</td><td>16 731.12</td><td>23 269.36</td><td>5 665.89</td></tr>
<tr><td>2月</td><td>713.44</td><td>14 128.75</td><td>19 835.21</td><td>4 993.02</td></tr>
<tr><td>3月</td><td>1 053.02</td><td>17 756.11</td><td>24 008.49</td><td>5 199.36</td></tr>
<tr><td>4月</td><td>1 209.19</td><td>19 779.88</td><td>26 613.58</td><td>5 624.51</td></tr>
<tr><td>5月</td><td>885.21</td><td>16 413.43</td><td>21 368.36</td><td>4 069.72</td></tr>
<tr><td>6月</td><td>901.09</td><td>16 920.54</td><td>22 759.92</td><td>4 938.29</td></tr>
<tr><td>合计</td><td>5 634.3</td><td>101 729.83</td><td>137 854.92</td><td>30 490.79</td></tr>
</table>

图 4-104 店铺固定成本预测值

在成交额一定的情况下，该店铺通过减少推广成本和固定成本的支出提升了利润。

店铺推广成本减少 = 5 634.3 - 4 135.647 6 = 1 498.652 4（元）

店铺固定成本减少 = 101 729.83 - 96 498.444 = 5 231.386（元）

店铺的利润提升 = 37 220.828 - 30 490.79 = 6 730.038（元）

最大限度地提升利润是店铺赖以生存和发展的前提，也是店铺的基本目标。店铺的一切运营活动都是围绕利润展开的，而如何有效控制成本是提升利润的关键。网店经营者在控制成本的时候也应该注意以下两点：

第一，统计历史运营数据的前提是必须保证数据准确无误，根据前期的运营情况对接下来的运营建立上下控制线，并且制定相关的工作制度。

第二，减少固定成本的支出，需要形成全员参与的氛围，如节约水电、爱惜办公设备等。

## 二、服务数据分析

### 1. 服务评价数据

买家在完成购买后，一般情况下会给予评价。买家对于服务的评价会直接影响网店的服务评分。在淘宝平台上，会有卖家服务评级（Detail Seller Rating，DSR），DSR 主要指的是其动态评分系统，三个评分维度分别是：商品描述相符度、卖家服务态度和物流服务，满分 5 分，平台会给出店铺各项得分和其与同行业平均分数的对比。

店铺评分 = 连续 6 个月买家给予该项评分的总和 ÷ 连续 6 个月买家给予该项评分的次数。每个自然月，相同买家与卖家之间的交易，卖家店铺评分仅计取前三次（计取时间以交易成功时间为准）。店铺评分一旦评出无法修改。

例如，有 25 个买家参与店铺评分，每个买家参与一次，其中有 20 人给 5 分，其他 5 人给 4 分，那么店铺的动态平均分 =[（20 人 × 5 分）+（5 人 × 4 分）] ÷ 25 次 = 4.8 分

店铺评分会直接影响店铺是否可以参加平台活动的资格和流量，如图 4-105 所示。

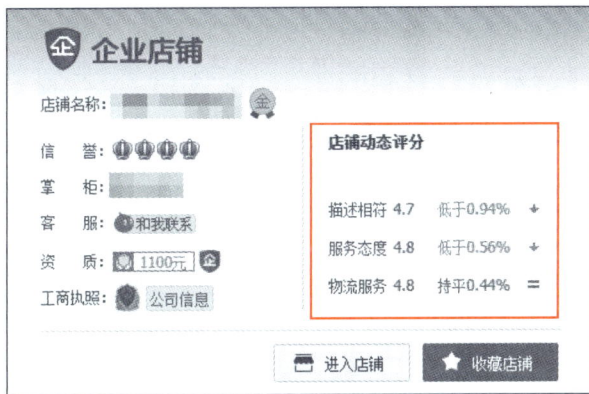

图 4-105　DSR 评分

DSR 低分的原因和改善方法如表 4-24 所示。

表 4-24　DSR 低分的原因和改善方法

| 问题类型 | DSR 低分原因 | 改善方法 |
| --- | --- | --- |
| 客户服务问题 | 客服不及时回复客户、与客户产生矛盾、未能解答客户问题、态度差等 | ● 设置快捷短语应答，加快客服人员的应答速度<br>● 改善服务态度，安抚客户情绪，使客服人员用专业的态度去工作<br>● 加强客服人员基本产品知识和店铺活动内容的培训<br>● 用制度对客服人员进行考核，将态度恶劣造成严重后果的客服人员辞退 |

| 问题类型 | DSR 低分原因 | 改善方法 |
|---|---|---|
| 物流问题 | 货品少件缺件、发货时间晚、货物破损、送货不及时等 | ● 选择优良的物流公司合作，提升物流服务质量 |
| 商品问题 | 商品质量差、商品与描述不符、商品低于客户预期等。 | ● 修改商品描述，不夸大商品的功能性描述<br>● 对客户差评进行有针对性的解释，真诚的解释会得到顾客的谅解 |

表 4–25 是淘宝某文具店 6 个月的 DSR 评分情况和行业 DSR 平均评分。从表 4–25 中可以看到该店铺的物流评分低于行业平均分，说明需要调整店铺的物流服务商，以提高物流评分。

表 4–25　店铺近 6 个月的 DSR 评分与行业的 DSR 评分

| 月份 | 商品与描述相符 | | 卖家的服务态度 | | 物流服务 | |
|---|---|---|---|---|---|---|
| | 店铺评分 | 行业平均分 | 店铺评分 | 行业平均分 | 店铺评分 | 行业平均分 |
| 7 月 | 4.942 ↑ | 4.880 | 4.891 ↑ | 4.850 | 4.788 ↓ | 4.870 |
| 8 月 | 4.941 ↑ | 4.880 | 4.891 ↑ | 4.850 | 4.788 ↓ | 4.870 |
| 9 月 | 4.941 ↑ | 4.880 | 4.891 ↑ | 4.850 | 4.789 ↓ | 4.870 |
| 10 月 | 4.942 ↑ | 4.880 | 4.892 ↑ | 4.850 | 4.789 ↓ | 4.870 |
| 11 月 | 4.941 ↑ | 4.880 | 4.892 ↑ | 4.850 | 4.788 ↓ | 4.870 |
| 12 月 | 4.942 ↑ | 4.880 | 4.892 ↑ | 4.850 | 4.789 ↓ | 4.870 |

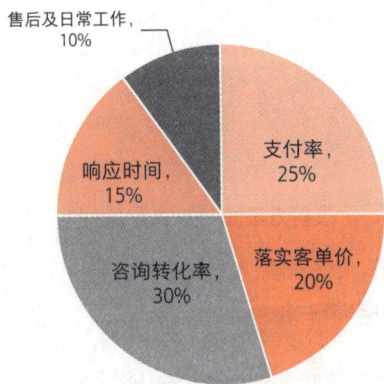

图 4-106　店铺考核指标权重的分配

### 2. 客户服务数据

对于网店经营者而言，客户服务关键绩效考核（KPI）制度把客服人员的业绩目标与店铺的整体运营目标相结合，能及时发现潜在问题，并能及时反映给客服人员，进而实现对客服人员 KPI 的评价和管理，引导店铺向正确的方向发展。

例如，某主营女装的淘宝店铺，现有 3 名客服，经营者为了高效地管理整个客服团队，决定对客服人员采取 KPI 复合模型考核制度。图 4-106 为店铺考核指标权重的分配。

（1）咨询转化率。咨询转化率是指所有咨询客服并产生购买行为的人数与所有咨询客服总人数的比值。当买家在访问过程中产生一系列疑问时，大部分都会与在线客服进行交流，如果客服解决了买家的相关问题，有一部分买家就会选择购买商品。在网购过程中，绝大多数行业的销售额是需要客服引导客户购买完成的，而不同行业的咨询转化率也是不同的，如图 4-107 所示。

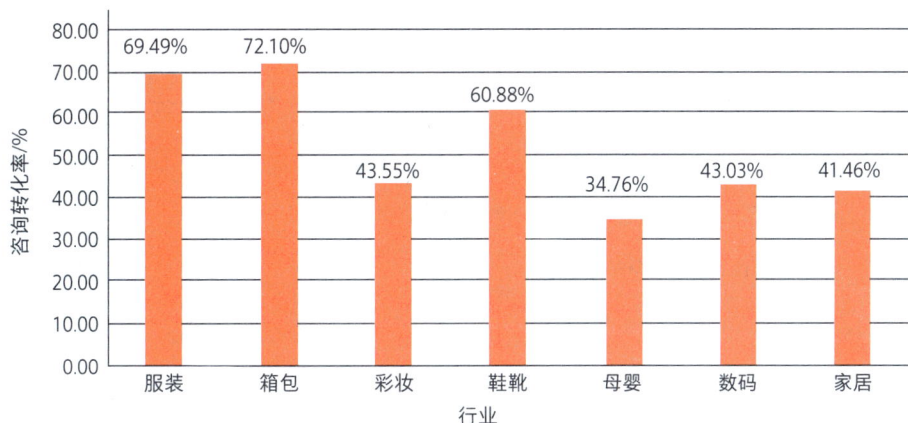

图 4-107　不同行业的咨询转化率

在直接层面上，咨询转化率会影响整个店铺的销售额；在间接层面上，咨询转化率会影响买家对店铺的黏性和复购率，甚至整个店铺的品牌建设和持续发展。

某网店经营者针对店铺的咨询转化率做了相关的数据统计，如表 4-26 所示，并且根据访问深度和咨询转化率对店铺进行深入分析。

表 4-26　店铺的咨询转化率

| 日期 | 浏览量 / 次 | 访客数 / 人 | 访问深度 | 咨询率 /% | 咨询转化率 /% |
|------|------------|------------|----------|-----------|--------------|
| 今日 | 1 427 | 610 | 2.34 | 36.22 | 16.06 |
| 昨日 | 1 045 | 553 | 1.89 | 29.13 | 13.33 |
| 上周同期 | 648 | 400 | 1.62 | 25.75 | 12.89 |
| 一周日均值 | 1 000 | 571 | 1.75 | 29.56 | 13.78 |

① 店铺的平均访问深度。访问深度是指用户一次性连续访问店铺的页面数，即每次会话浏览的页面数量。平均访问深度是指用户平均每次连续访问店铺的页面数。图 4-108 不同日期的访问深度统计情况。

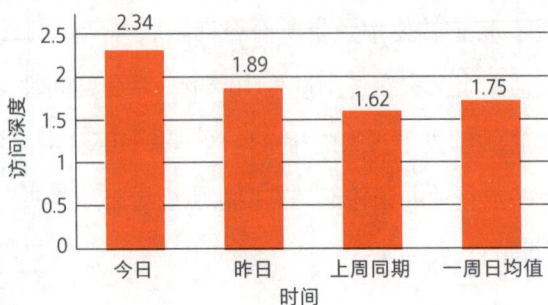

图 4-108 不同日期的访问深度统计情况

从店铺不同页面的平均访问深度分析，店铺的访问深度日均值为 1.75，表示大部分买家访问店铺 1~2 个页面就离开了，说明店铺对买家的吸引力不够。卖家应该优化店铺的各个页面，提升买家的访问深度，尽量提升商品详情页的访问深度，因为商品的成交主要集中在商品详情页。

② 店铺的咨询转化率。咨询转化率是指通过咨询客服成交的人数与咨询总人数的比值，即：

咨询率 = 咨询人数 ÷ 访客总数 × 100%

咨询转化率 = 咨询成交人数 ÷ 咨询总人数 × 100%

图 4-109 为该店铺咨询率和咨询转化率的变化，从中可以看出，随着访问深度的变化，咨询率和咨询转化率随之变化。访问深度的数值越大，咨询率和咨询转化率越大。

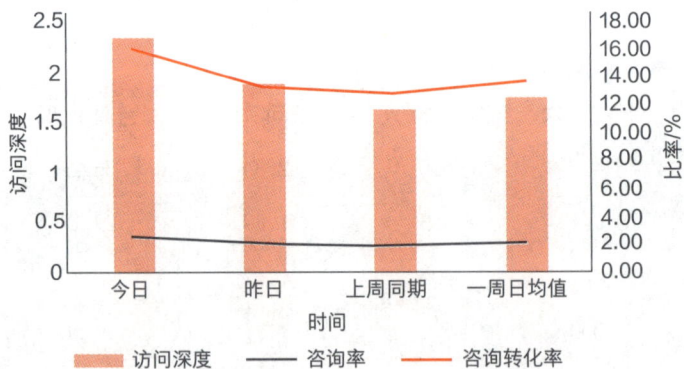

图 4-109 咨询率和咨询转化率的变化

因此，网店经营者必须针对不同的页面特性进行优化，并且各类页面的优化应该紧紧围绕买家的购买关注点进行。在买家的访问深度得到提升的同时，店铺的咨询率和咨询转化率也会相应提高。

表 4-27 为该店铺针对客服 KPI 考核制定的咨询转化率考核表。

表 4-27　咨询转化率考核表

| KPI 考核指标 | 计算公式 | 评分标准 | 分值 | 权重 |
|---|---|---|---|---|
| 咨询转化率（$X$） | 咨询转化率 = 咨询成交人数 ÷ 咨询总人数 ×100% | $X \geqslant 41\%$ | 100 | 30% |
| | | $38\% \leqslant X < 41\%$ | 90 | |
| | | $35\% \leqslant X < 38\%$ | 80 | |
| | | $31\% \leqslant X < 35\%$ | 70 | |
| | | $28\% \leqslant X < 31\%$ | 60 | |
| | | $25\% \leqslant X < 28\%$ | 50 | |
| | | $X < 25\%$ | 0 | |

网店经营者对 3 名客服人员最近 30 天的咨询转化率做了统计，如表 4-28 所示。根据表 4-28，分别计算出 3 名客服人员 A 客服、B 客服和 C 客服的咨询转化率和权重得分。

表 4-28　客服人员咨询转化率和权重得分

| 客服人员 | 成交总人数 / 人 | 咨询总人数 / 人 | 咨询转化率 | 得分 | 权重得分 |
|---|---|---|---|---|---|
| A | 88 | 275 | 32% | 70 | 21 |
| B | 582 | 1 455 | 40% | 90 | 27 |
| C | 232 | 800 | 29% | 60 | 18 |

从表 4-28 中可以看出：B 客服的咨询转化率最高，其次是 A 客服，最后是 C 客服。咨询转化率能直接反映出一个客服人员的工作质量。在同等条件下，咨询转化率越高，对店铺的贡献越大。

（2）支付率。支付率是指成交总笔数与下单总笔数的比值。支付率直接影响着店铺的利润。除此之外，店铺支付率在一定程度上也会影响店铺的排名。表 4-29 为该店铺针对客服 KPI 考核制定的支付率考核表。

表 4-30 为经营者对 3 名客服人员最近 30 天的支付率的统计表，结合表 4-29 分别计算出 3 名客服人员的支付率和权重得分。

表 4-29　支付率考核表

| KPI 考核指标 | 计算公式 | 评分标准 | 分值 | 权重 |
|---|---|---|---|---|
| 支付率（$F$） | 支付率＝成交笔数 ÷ 下单总笔数 ×100% | $F \geqslant 90\%$ | 100 | 25% |
| | | $80\% \leqslant F < 90\%$ | 90 | |
| | | $70\% \leqslant F < 80\%$ | 80 | |
| | | $60\% \leqslant F < 70\%$ | 70 | |
| | | $50\% \leqslant F < 60\%$ | 60 | |
| | | $F < 50\%$ | 0 | |

表 4-30　客服人员支付率统计表

| 客服人员 | 成交笔数 / 笔 | 下单总笔数 / 笔 | 支付率 | 得分 | 权重得分 |
|---|---|---|---|---|---|
| A | 228 | 240 | 95% | 100 | 25 |
| B | 247 | 325 | 76% | 80 | 20 |
| C | 198 | 225 | 88% | 90 | 22.5 |

从表 4-30 中可以看出：A 客服的得分最高，然后是 C 客服，最后是 B 客服。

支付率是衡量店铺利润的指标之一，同时又和客服 KPI 考核息息相关。因此，网店经营者需要加大对支付率的重视，采取"以点带面"的考核方法提升支付率，通过提升客服人员的支付率，达到提升店铺支付率的目的。

（3）落实客单价。落实客单价是指在一定周期内，客服个人的客单价与店铺客单价的比值。表 4-31 为该店铺针对客服 KPI 考核制定的落实客单价考核表。

表 4-31　落实客单价考核表

| KPI 考核指标 | 计算公式 | 评分标准 | 分值 | 权重 |
|---|---|---|---|---|
| 落实客单价（$Y$） | 落实客单价＝客服客单价 ÷ 店铺客单价 | $Y \geqslant 1.23$ | 100 | 20% |
| | | $1.21 \leqslant Y < 1.23$ | 90 | |
| | | $1.19 \leqslant Y < 1.21$ | 80 | |
| | | $1.17 \leqslant Y < 1.19$ | 70 | |
| | | $1.15 \leqslant Y < 1.17$ | 60 | |
| | | $Y < 1.15$ | 0 | |

表 4-32 为经营者对 3 名客服人员最近 30 天落实客单价的统计表，根据表 4-32 可以计算出 3 名客服人员的落实客单价和权重得分。

表 4-32　客服人员的落实客单价统计表

| 客服人员 | 客服客单价 / 元 | 店铺客单价 / 元 | 落实客单价 / 元 | 得分 | 权重得分 |
|---|---|---|---|---|---|
| A | 78.23 | 66.3 | 1.18 | 70 | 14 |
| B | 76.90 | 66.3 | 1.16 | 60 | 12 |
| C | 82.80 | 66.3 | 1.25 | 100 | 20 |

从表 4-32 中可以看出：C 客服的落实客单价最高，其次是 A 客服，B 客服最低。落实客单价直接把客服个人客单价与店铺客单价联系起来，经营者可以很直观地看出整个团队的水平，这样更容易及时发现问题，有利于整个团队 KPI 的提升。

（4）响应时间。响应时间是指当买家咨询后，客服回复买家的时间间隔。响应时间又分为首次响应时间和平均响应时间。表 4-33 为店铺针对客服人员制定的响应时间考核表。

表 4-33　响应时间考核表

| KPI 考核指标 | 评分标准 | 分值 | 权重 |
|---|---|---|---|
| 首次响应时间（$ST$） | $ST \leqslant 10$ | 100 | 10% |
| | $10 < ST \leqslant 15$ | 90 | |
| | $15 < ST \leqslant 20$ | 80 | |
| | $20 < ST \leqslant 25$ | 70 | |
| | $25 < ST \leqslant 30$ | 60 | |
| | $ST > 30$ | 0 | |
| 平均响应时间（$PT$） | $PT \leqslant 20$ | 100 | 5% |
| | $20 < PT \leqslant 25$ | 90 | |
| | $25 < PT \leqslant 30$ | 80 | |
| | $30 < PT \leqslant 35$ | 70 | |
| | $35 < PT \leqslant 40$ | 60 | |
| | $PT > 40$ | 0 | |

表 4-34 为经营者对 3 名客服人员最近 30 天响应时间的统计, 根据表 4-34 可以计算出 3 名客服人员首次响应时间和平均响应时间的得分和权重得分。

表 4-34  客服人员响应时间统计表

| 客服人员 | 首次响应时间 / 秒 | 得分 | 权重得分 | 平均响应时间 / 秒 | 得分 | 权重得分 |
|---|---|---|---|---|---|---|
| A | 13 | 90 | 9 | 21 | 90 | 4.5 |
| B | 8 | 100 | 10 | 19 | 100 | 5 |
| C | 16 | 80 | 8 | 27 | 80 | 4 |

从表 4-34 中可以看出: B 客服的响应时间最短, 其次是 A 客服, 最后是 C 客服。

响应时间是影响成交转化率的因素之一, 当买家咨询客服时, 就表明其对商品比较感兴趣, 客服的响应时间就会影响商品的咨询转化率, 如果客服的响应时间短、回复专业、态度热情, 那么将会大大提升商品的咨询转化率。

(5)售后及日常工作。客服 KPI 复合模型能够根据不同的指标对客服进行全方位的考核。除了相关的数据指标之外, 还包括对客服的售后及日常工作的考核。表 4-35 为该店铺对客服的售后和日常工作考核表。

表 4-35  售后及日常工作考核表

| PKI 指标 | 评分标准 | 分值 | 权重 |
|---|---|---|---|
| 月退货量 ($T$) | $T < 3$ | 100 | 5% |
| | $3 \leqslant T < 10$ | 80 | |
| | $10 \leqslant T < 25$ | 60 | |
| | $T \geqslant 25$ | 0 | |

经营者对 3 名客服人员最近 30 天的售后服务统计如表 4-36 所示, 从中可以计算出 3 名客服人员的月退货量和权重得分。

表 4-36  客服人员售后服务统计表

| 客服人员 | 月退货量 / 件 | 月成交量 / 件 | 月均退货率 | 得分 | 权重得分 |
|---|---|---|---|---|---|
| A | 6 | 289 | 2.08% | 80 | 4 |
| B | 23 | 423 | 5.44% | 60 | 3 |
| C | 0 | 260 | 0% | 100 | 5 |

从表 4-36 中可以看出：C 客服的月均退货率最低，其次是 A 客服，B 客服的退货率最高。退货率能直接反映出客服的服务质量，当客服与买家沟通的时候，应该注意方式方法，结合买家的喜好推荐商品。

综上所述，该网店经营者结合咨询转化率、支付率、落实客单价等数据指标对店铺的客服人员进行综合考察，如表 4-37 所示。

表 4-37　客服人员 KPI 复合考核表

| KPI 考核指标 | A | B | C |
|---|---|---|---|
| 咨询转化率 | 32% | 40% | 29% |
| 支付率 | 95% | 76% | 88% |
| 落实客单价 / 元 | 1.18 | 1.16 | 1.24 |
| 首次响应时间 / 秒 | 13 | 8 | 16 |
| 平均响应时间 / 秒 | 21 | 19 | 27 |
| 退货率 | 2.07% | 5.43% | 0% |
| 权重得分 | 77.5 | 77 | 77.5 |

根据客服人员 KPI 复合考核表可知：A、C 客服的综合水平最高，其次是 B 客服。3 位客服的权重得分相差不大，但是根据各类数据指标分析，A 客服的综合水平位于中等，因为 A 客服的大部分数据都介于 B、C 客服之间；B 客服的咨询转化率较高，但是退货率也是最高的；C 客服的支付率较高，且退货率在 3 人中最低。

当经营者综合分析了 3 位客服的情况后，应该针对 3 位客服目前存在的问题做出相应的改进：

A 客服需要缩短响应时间，及时回复买家的咨询，提升潜在的咨询转化率；同时，尽量降低退货率，和买家在交流沟通的时候注意方式方法。

B 客服咨询转化率很高，但是支付率过低，急需提升支付率，否则严重影响个人的业绩考核；同时，提升售后服务能力和水平，逐步降低退货率。

C 客服需要提升咨询转化率，而影响咨询转化率很重要的一个因素就是响应时间，因此 C 客服目前应该缩短自己的服务响应时间。

客服 KPI 复合模型从多方面对客服进行考核，不仅是个人的业绩能力，而且包括团队协作能力、工作态度等多方面的指标，这样才能够更加透彻地反映出目前客服团队存在的问题。

　　客服 KPI 复合模型也将客服个人与整个店铺联系起来。店铺的运营和 "木桶效应" 相似：一只木桶能装多少水，取决于它最短的那块木板。当最短的那块木板变长，整个木桶的容积就会得到提升。因此，网店经营者需要通过 KPI 考核的数据，分析客服团队存在的短板，并逐步弥补和提升。

## 1+X 考证提要

### 本单元需重点理解与掌握的内容

（1）交易数据分析：

① 爆款引流分析：爆款引流分析方法、爆款引流分析结论得出。

② 客单价分析：客单价计算公式、影响客单价的因素、提升客单价的方法。

③ 利润分析：利润与利润率的定义、影响店铺盈利的因素、店铺利润预测与分析、店铺利润规划。

（2）服务数据分析：

① 服务评价数据：DSR 评分分析和优化。

② 客户服务数据：咨询转化率、支付率、落实客单价、响应时间、售后及日常工作分析。

# 单元五　供应链数据分析

## 引导案例

　　4月26日，媒体报道广东省徐闻县菠萝滞销。5月9日，笨鲜生天猫旗舰店在聚划算发起全民助农破滞销活动，1天时间售卖出60万千克菠萝。但紧随其后的是大量用户收货时发现菠萝已经腐烂变质，笨鲜生发布公告称果农坐地起价，代办掺杂熟果，导致发货和品控出现严重问题，店铺损失近50万元，面临破产。

　　菠萝作为一种比较娇贵的水果，如果采摘过程中有挤压损伤，或是成熟度在八分以上，在运输过程中就一定会腐烂变质。事实上，生鲜在电商销售中无论是对源头品质的把控、产品分级制度的建立，还是保鲜方式、流通方式，都有较高要求。针对此次事件，业内人士指出：笨鲜生正是由于采购源头品控没有掌控好，才引发了后续退换货等大量售后赔偿问题，导致店铺评分直线下降甚至面临破产，其直接原因是笨鲜生的供应链。

　　结合案例，思考并回答以下问题：

　　（1）如何避免发生"笨鲜生菠萝事件"？

　　（2）电子商务供应链分析需重点关注哪些数据指标？

　　供应链是指围绕核心企业，从配套零件开始，制成中间产品以及最终产品，最后由销售网络把产品送到消费者手中的生产、交易全链条。供应链是一个链状结构，涵盖了从供应商到客户之间有关最终产品和服务的一切业务活动，在电子商务环境中，用于供应链数据分析的内容包括但不限于以下三类：采购数据分析、物流数据分析和仓储数据分析。

微课：认识供应链

# 一、采购数据分析

## 1. 采购数据分析概述

采购是指一整套购买产品和服务的商业流程，是供应链管理中必不可少的环节。从业务本身来说，采购要求在恰当的时间，以合理的价格、恰当的数量和良好的质量，从适合的供应商处采购物料、服务和设备，即采购管理的 5R 原则——适时（Right Time）、适质（Right Quality）、适量（Right Quantity）、适价（Right Price）、适地（Right Place）。

采购数据分析是优化供应链和采购决策的核心，具有极其重要的战略意义。通过采购数据分析，可以解决以下问题：

（1）供应商选择是否存在变动，这涉及供应商的稳定性和竞争力。

（2）采购价格是否合理，是否有异常变动，这涉及产品的采购成本。

（3）退货比例是否合适，这涉及产品的质量和结构。

（4）采购时间是否合适，这涉及资金的使用效益。

## 2. 采购数据分析的内容

采购数据分析主要包括采购需求计划分析、采购成本数据分析和采购策略分析。

（1）采购需求计划分析。在供应链领域，可以将需求定义为"销售需求"，需求计划也被称为"销售预测"。采购需求计划分析是基于实际销售数据，对未来的销售预测进行评估，通常有如下步骤：

① 对过去的销量进行数据统计，得出以 SKU 为颗粒度的销量统计表。

② 分别对日常销量和活动销量进行预判，得出需求预测。

③ 基于时间维度进行需求预测汇总。

④ 结合市场和销售策略，定期对所有需求进行符合事实的更新。

例如，某店铺在往期销量的基础上，初步进行了日常需求预测和活动需求预测，如表 4-38 和表 4-39 所示。

根据计算公式：

需求总预测 = 日常需求预测 + 活动需求预测

对表 4-38 和表 4-39 进行汇总，得到表 4-40 中的数据。

表 4-38　某店铺日常需求预测

| 月份 | 汇总数量 / 件 | 连衣裙 S 码 / 件 | 连衣裙 M 码 / 件 | 连衣裙 L 码 / 件 |
|---|---|---|---|---|
| 1 | 110 | 38 | 42 | 30 |
| 2 | 163 | 48 | 65 | 50 |
| 3 | 173 | 52 | 66 | 55 |
| 4 | 266 | 80 | 100 | 86 |
| 5 | 8 040 | 2 760 | 2 800 | 2 480 |
| 6 | 10 520 | 3 840 | 3 520 | 3 160 |

表 4-39　某店铺活动需求预测

| 月份 | 汇总数量 / 件 | 连衣裙 S 码 / 件 | 连衣裙 M 码 / 件 | 连衣裙 L 码 / 件 |
|---|---|---|---|---|
| 1 | — | — | — | — |
| 2 | — | — | — | — |
| 3 | 570 | 200 | 220 | 150 |
| 4 | 1 466 | 466 | 518 | 482 |
| 5 | 4 015 | 1 427 | 1 360 | 1 228 |
| 6 | 6 684 | 2 807 | 2 293 | 1 584 |

表 4-40　某店铺需求预测汇总

| 月份 | 汇总数量 / 件 | 连衣裙 S 码 / 件 | 连衣裙 M 码 / 件 | 连衣裙 L 码 / 件 |
|---|---|---|---|---|
| 1 | 110 | 38 | 42 | 30 |
| 2 | 163 | 48 | 65 | 50 |
| 3 | 743 | 252 | 286 | 205 |
| 4 | 1 732 | 546 | 618 | 568 |
| 5 | 12 055 | 4 187 | 4 160 | 3 708 |
| 6 | 17 204 | 6 647 | 5 813 | 4 744 |

在此基础上，为了显示出需求变化规律以规划其他运营资源，可以将表 4-40 中的数据结果转化为如图 4-110 所示的柱形图。

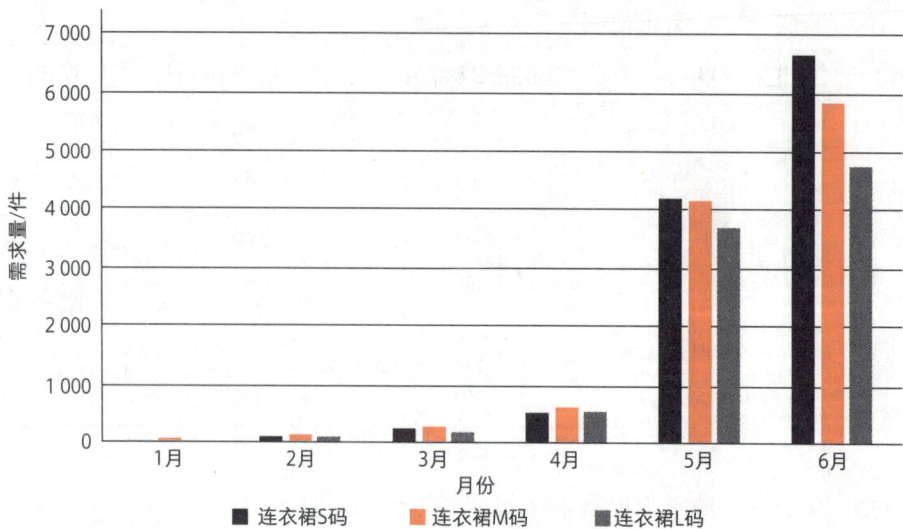

图 4-110 需求总分析

经过一系列分析，得出 1-6 月的需求情况：1-4 月因为气候原因连衣裙整体需求量小，尽管 3-4 月需求有所提升，但需求量仍然不大；5-6 月需求量飙升，并且 S 码占比逐步增大。

综上所述，产品采购通常受到一些可预测因素的影响，不同时期的需求发生着不同的变化。这些变化包括季节性因素（如空调、羽绒服等季节性产品）和非季节性因素（如促销活动和产品普及率），它们都可能导致原先的采购需求计划出现变化，从中可以预测出数量的增加或减少。

如果需求波动可以预测，应及时修改采购需求计划，避免产品需求的变化给供应链带来一系列问题，如需求旺季大量缺货，供不应求；需求淡季库存过多，造成产品积压及库存成本上升。

（2）采购成本数据分析。作为电商经营者，想要获得更多的利润，就必须考虑前期的资金投入。其中，占比较大的是产品采购成本，通过对其进行相应的分析，可以得出科学的依据，以制定或采取措施对采购成本进行有效控制。

① 采购成本走势分析。在进行产品采购时，产品的价格会受到各种因素的影响，如交通、气候等，可以选择在产品价格走低时进行大量采购，以节省成本，从而获得更多利润。

分析价格走势，一般都是根据已有数据构成的走势折线来进行，如图 4-111 所示。

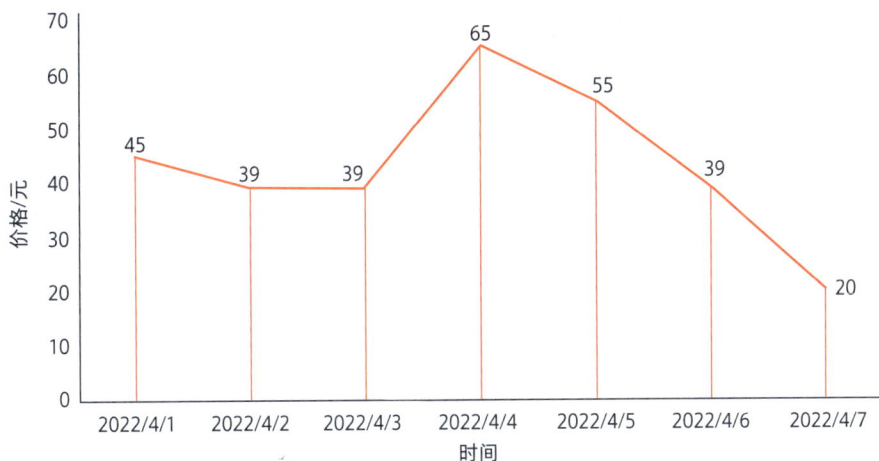

图 4-111　最近一周产品价格走势

② 不同渠道采购成本分析。店铺产品的供货商，不一定完全来自同一家，有时甚至来自多家，这不仅是为了降低主要供货源的中断风险，同时也是为了建立起竞争优势，降低采购成本。如果多家供应商都可以提供商品，电商经营者就可以根据已采购商品的价格数据来判定哪家供应商的进货成本更低，从而进行相关取舍。对于这样的采购成本比较，无须对数据进行一对一的比价或计算，用对比折线图就可以轻松展示出来，如图 4-112 所示。

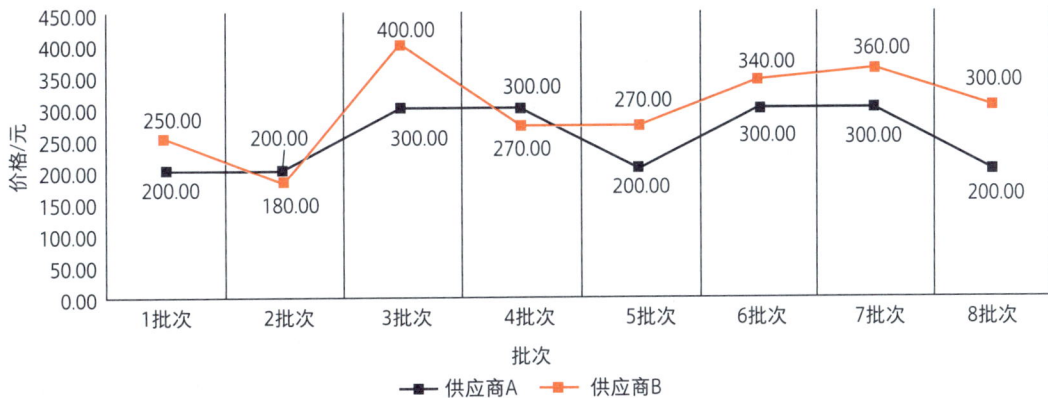

图 4-112　不同商家采购价格对比

③ 产品采购价格分析。产品采购价格变动是常有的事情，怎样在变动的采购单价中获取最佳采购时机，较大程度降低投入成本，是很多卖家都希望掌握的方法和技能，因为这样可以让自己处于更加有利的地位，无论是搞促销还是让利活动，都有发挥的空间，同时还能取得较高利润。将波动价格与平均价格进行划分和对比，即可分

析指导采购时机，如图 4-113 所示。

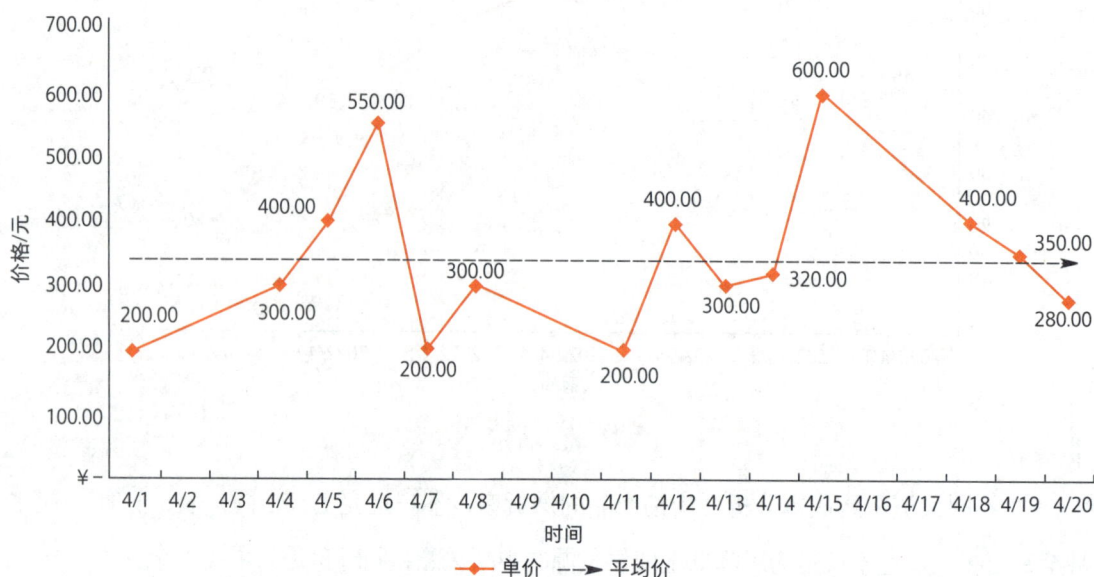

图 4-113　产品采购价格分析

（3）采购策略分析。采购策略分析的目的是了解目前采购策略所处的状态，并根据状态调整优化，以更好地适应公司业务的需求，最终达到最佳供应链总利润的规模。

采购策略分析的内容包括：

① 自制还是外包。企业最重要的采购决策是在企业内部完成任务还是外包给第三方执行供应链功能。在运输中，管理者必须决定是全部外包、只外包需要快速反应的部分，还是只外包需要高效率的部分。这项决策部分受它对供应链总利润影响的驱动。如果供应链总利润大幅增长且没有额外风险，则最好选择外包。

② 供应商的选择。在选择供应商之前，企业必须选择是采用单一供货源还是多方供货源。确定好供应商的数量后，再确定评价和选择供应商的标准。供应商的选择方法有很多种，包括线下竞标、反向拍卖和直接谈判，无论采用哪种方法，都要以选择供应商的总成本而不是单一价格作为评判标准。

③ 供货。供货是供应链获得物品和服务的过程。管理者必须根据不断增加供应链盈余的目标设计供货。举例来说，企业应该建立直接材料供货机制，确保供应商与采购商之间的良好协调。相比之下，对 MRO（Maintenance，Repair and Operations，维护、维修及运营设备）用品的供给则要确保交易成本最低。

④ 与采购相关的指标。采购决策直接影响产品销售成本和应付账款。采购决策也影响着质量、库存及内向运输成本。管理者应该审核以下影响供应链绩效与采购的相关指标，如应付账款周转天数、平均购买价格、平均购买数量、供应质量和准时交货比例等。

# 二、物流数据分析

## 1. 物流数据分析概述

物流是指物品从供应地向接收地实体流动的过程，是电子商务活动中不可或缺的一个环节。物流水平直接影响着店铺 DSR 中的物流服务分数，如图 4-114 和图 4-115 所示，物流服务的优劣也是用户选择下单与否的重要参考依据。

| 评分详细 | |
| --- | --- |
| 用户评价： | 8.82 低 |
| 物流履约： | 9.45 高 |
| 售后服务： | 8.99 中 |

| 店铺动态评分 | | 与同行业相比 |
| --- | --- | --- |
| 描述相符： | 4.9 | ↑ 高于 32.36% |
| 服务态度： | 4.8 | ↑ 高于 34.18% |
| 物流服务： | 4.9 | ↑ 高于 48.45% |

图 4-114　京东某店铺 DSR 评分　　图 4-115　天猫某店铺 DSR 评分

在电子商务环境下，物流活动伴随着物流数据的管理。通过物流数据分析，可以帮助企业完成实时物流订单追踪、订单时效监控，以及异常物流诊断等，避免因为物流原因造成用户投诉和用户流失等，而企业却只能被动接受这一结果。

## 2. 物流数据分析的内容

（1）物流运费分析。一般来说，考虑到成本的问题，商家都会选择已经确定的合作快递公司。在选择快递公司之前，首先要注意地区的概念，不同快递公司、不同区域之间的运费可能是不相同的。如果统一定价，不分地区，会给网店带来经济损失，所以网店物流配送应划分区域，并对每个区域的运费进行不同的定价，而定价范围可以与快递公司协商后决定。

确定好合作快递公司后，物流运费分析的核心问题就是产品是否包邮，也就是在包邮带来的产品竞争力与不包邮带来的产品利润之间找到一个平衡点。通常来说，对于店铺内某款产品是否采取包邮需要考虑多方面的因素：

① 产品定位因素。产品定位不同，运费策略不同。例如，引流款单价不高，利

润不高，甚至没有利润或者完全亏本，但作为流量入口是可以考虑包邮的，因为相对于直通车或者点击付费的推广方式来说，投入还是比较低的。利润款、常规款等其他产品可视毛利润情况而定。

② 产品利润因素。计算产品的毛利润，预留一定的利润空间，然后确定包邮、不包邮或者设置包邮条件，如满两件包邮、满 200 元包邮等。

③ 运费结构因素。根据产品类型确定运费计价方式，如按件数、按重量或按体积，目前快递公司多按重量计算，以"首重＋续重"的方式计价。针对利润有限，但重量大的产品，购买多件时可以考虑免首重费用等策略。

④ 地域因素。偏远地区距离远、订单少，运费相对较高，经济发达地区距离近、订单多，运费较低。考虑地域因素，可以设置包邮梯度，如完全包邮地区、满减包邮地区、完全不包邮地区。

产品包邮策略确定之后，就可以进行运费模板设置了。一个产品应用于一个运费模板。以淘宝为例，运费模板设置位于淘宝后台"卖家中心—物流管理—物流工具"中，如图 4-116 所示。

图 4-116　淘宝卖家中心界面

在运费模板设置中，单击"新增运费模板"进入编辑界面，填写主要信息，包括模板名称、商品地址、发货时间、是否包邮、计价方式与运送方式的选择等信息，如图4-117所示。

图 4-117　运费模板设置

（2）订单时效分析。订单时效是指用户从完成订单支付开始，到完成商品签收的时间跨度，即支付签收时长。随着电商的发展，用户对于物流时效的感知和要求越来越高，在追求用户体验的今天，订单时效是提升用户体验、增强用户满意度的基本要素之一。

订单时效分析的主要目的是通过数据分析找出影响订单时效的因素及不同物流公司之间的差距，从而有针对性地进行流程优化，以达到更优的效率。

通常情况下，订单时效分析的指标主要包括以下四个：

① 平均"发货—揽收"时长，即商品发货到物流公司揽收的平均时间。

② 平均"揽收—签收"时长，即物流公司揽收到用户签收的平均时间。

③ 揽收包裹数，即物流公司回传了揽收信息的物流包裹数。

④ 签收成功率，即签收成功的包裹数占总派送包裹数的比例，签收成功率＝签收成功包裹数 ÷（签收成功包裹数 + 拒签包裹数）。

企业将实际订单中不同物流公司的相关指标进行对比，如图 4-118 和图 4-119 所示，以找出最优方案。

| 收货地 | 揽收包裹数/个（占比） | 平均发货-揽收时长/小时 | 平均揽收-签收时长/小时 | 签收成功率 | 操作 |
|---|---|---|---|---|---|
| 中国全部 | 806 (9.40%) | 4.93小时 | 48.65小时 | 100.00% | 趋势 |
| 广东省 | 120 (1.40%) | 8.05小时 | 50.57小时 | 100.00% | 趋势 |
| 浙江省 | 115 (1.34%) | 5.80小时 | 50.40小时 | 100.00% | 趋势 |
| 江苏省 | 114 (1.33%) | 4.02小时 | 43.60小时 | 100.00% | 趋势 |
| 上海市 | 88 (1.03%) | 3.11小时 | 45.73小时 | 100.00% | 趋势 |
| 湖北省 | 67 (0.78%) | 4.89小时 | 42.86小时 | 100.00% | 趋势 |
| 山东省 | 56 (0.65%) | 3.08小时 | 41.92小时 | 100.00% | 趋势 |
| 安徽省 | 55 (0.64%) | 2.13小时 | 43.86小时 | 100.00% | 趋势 |
| 江西省 | 45 (0.53%) | 0.46小时 | 41.65小时 | 100.00% | 趋势 |
| 湖南省 | 37 (0.43%) | 9.56小时 | 52.67小时 | 100.00% | 趋势 |

图 4-118　韵达快递的订单时效指标（部分）

| 收货地 | 揽收包裹数/个（占比） | 平均发货-揽收时长/小时 | 平均揽收-签收时长/小时 | 签收成功率 | 操作 |
|---|---|---|---|---|---|
| 中国全部 | 8 450 (98.59%) | 1.14小时 | 45.47小时 | 99.98% | 趋势 |
| 广东省 | 1 195 (13.94%) | 1.26小时 | 47.95小时 | 99.91% | 趋势 |
| 江苏省 | 920 (10.73%) | 1.10小时 | 45.55小时 | 100.00% | 趋势 |
| 浙江省 | 745 (8.69%) | 1.09小时 | 46.06小时 | 100.00% | 趋势 |
| 河南省 | 524 (6.11%) | 1.18小时 | 37.34小时 | 100.00% | 趋势 |
| 山东省 | 520 (6.07%) | 1.16小时 | 46.51小时 | 100.00% | 趋势 |
| 上海市 | 475 (5.54%) | 1.12小时 | 47.32小时 | 100.00% | 趋势 |
| 北京市 | 448 (5.23%) | 1.00小时 | 43.80小时 | 100.00% | 趋势 |
| 陕西省 | 431 (5.03%) | 0.93小时 | 24.19小时 | 100.00% | 趋势 |
| 湖北省 | 367 (4.28%) | 1.08小时 | 39.07小时 | 100.00% | 趋势 |

图 4-119　中通快递的订单时效指标（部分）

观察以上数据，揽收包裹数足够支持数据分析，可以代表该快递公司在不同地区的运送效果。很明显，中通快递在各地区的平均发货—揽收时长均小于韵达快递。然后，以平均揽收—签收时长指标为重点分析对象，对以上数据进行整理，结果如表4-41所示。

表4-41　韵达快递与中通快递平均"揽收—签收"时长对比　　　　　　　单位：小时

| 地区 | 韵达快递 | 中通快递 |
|---|---|---|
| 广东省 | 50.57 | 47.95 |
| 浙江省 | 50.40 | 46.06 |
| 江苏省 | 43.60 | 45.55 |
| 上海市 | 45.73 | 47.32 |
| 湖北省 | 42.86 | 39.07 |
| 山东省 | 41.92 | 46.51 |
| 安徽省 | 43.86 | 48.01 |
| 江西省 | 41.65 | 49.31 |
| 湖南省 | 52.67 | 48.02 |
| 四川省 | 56.93 | 40.03 |
| 河南省 | 46.43 | 37.34 |
| 吉林省 | 53.29 | 65.58 |
| 福建省 | 48.01 | 52.63 |
| 辽宁省 | 70.46 | 60.54 |
| 北京市 | 51.91 | 43.80 |
| 青海省 | 68.83 | 56.97 |
| 云南省 | 50.99 | 55.68 |
| 贵州省 | 69.64 | 48.04 |
| 重庆市 | 45.58 | 40.38 |
| 广西壮族自治区 | 99.56 | 56.60 |
| 山西省 | 43.83 | 40.26 |

为了更直观地展示数据分析结果，可以插入柱形图，如图4-120所示，两大快递公司在不同地区的平均揽收—签收时长便一目了然了，在不考虑运费的情况下，商

家可以根据分析图对不同地区的订单选择更高效的快递公司。此外，商家还可以根据以上方法，加入其他快递公司，共同进行比较分析。

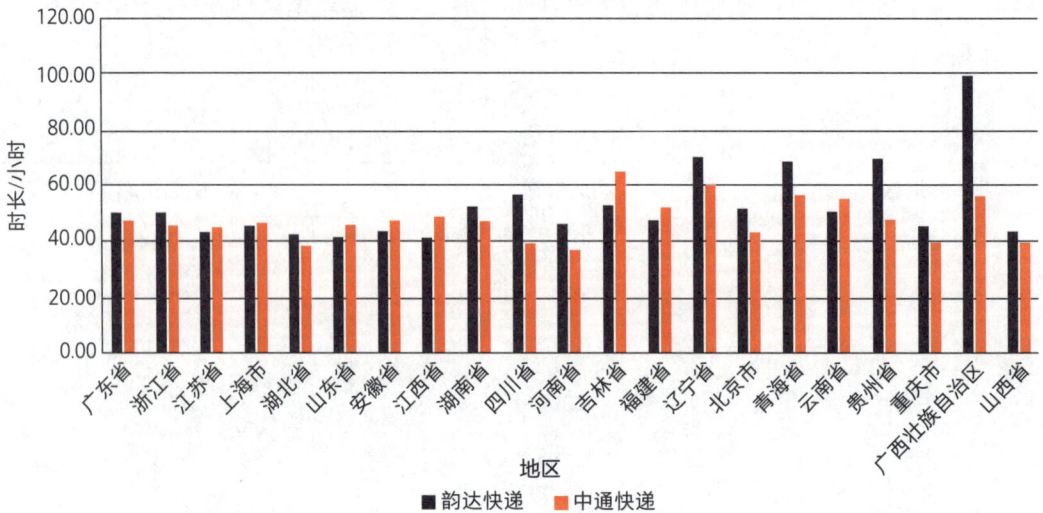

图 4-120　韵达、中通快递平均揽收—签收时长对比图

（3）异常物流分析。异常物流包括发货异常、揽收异常、派送异常和签收异常等数据，如表 4-42 所示，各平台划分维度及标准略有不同，节假日及特殊地区也会区别对待。

表 4-42　异常物流分析详表

| 异常物流分类 | 具体表现 | 主要原因 |
| --- | --- | --- |
| 发货异常 | 用户下单完成支付后 24 小时仍未发货的包裹 | ●缺货<br>●出货量大，不能及时发货<br>●订单被遗漏等 |
| 揽收异常 | 商品发货后超过 24 小时仍未揽收的包裹 | ●物流公司原因<br>●物流信息未及时上传 |
| 派送异常 | 物流揽收后停滞超过 24 小时仍未派送的包裹 | ●物流运输原因<br>●物流信息未及时上传 |
| 签收异常 | 当日派件，但在次日还没有签收的包裹 | ●快递原因导致未妥投，如货物破损等<br>●客户原因导致未妥投，如客户拒签、改签等<br>●节假日、恶劣天气等导致未妥投 |

图 4-121 是某电商企业的异常物流统计数据，接下来对该企业当日的异常物流数据进行分析。

| | A | B | C | D | E | F | G |
|---|---|---|---|---|---|---|---|
| 1 | 统计时间 | 订单编号 | 买家会员名称 | 订单创建时间 | 物流公司 | 运单号 | 物流异常原因 |
| 2 | 2022/8/3 | 552586458557221532 | 嘿嘎GAGA | 2022/7/31 12:45:58 | -- | -- | 超48小时未发货 |
| 3 | 2022/8/3 | 543523737572392295 | heila_love | 2022/7/27 18:42:11 | 中通 | 75302548851255 | 超72小时揽收 |
| 4 | 2022/8/3 | 653765611548563769 | 老王iwant | 2022/7/20 16:35:02 | 中通 | 75301024589785 | 物流停滞超48小时 |
| 5 | 2022/8/3 | 574953534659734722 | 一个萝卜一个坑 | 2022/7/21 19:47:55 | 顺丰 | 23517895488954 | 物流停滞超48小时 |
| 6 | 2022/8/3 | 648328512642734468 | 天意0011 | 2022/7/22 19:32:54 | 中通 | 75306541547844 | 物流停滞超48小时 |
| 7 | 2022/8/3 | 557221532587462274 | 龙娃 | 2022/7/22 21:08:11 | 中通 | 75302458975621 | 超24小时揽收 |
| 8 | 2022/8/3 | 572392295543523737 | 名字不好起 | 2022/7/31 22:23:43 | -- | -- | 超48小时未发货 |
| 9 | 2022/8/3 | 548563769653765611 | 小黑and小吴 | 2022/7/31 20:53:23 | -- | -- | 超48小时未发货 |
| 10 | 2022/8/3 | 659734722574953534 | 疯狂扫货ing | 2022/8/1 10:45:28 | -- | -- | 超48小时未发货 |
| 11 | 2022/8/3 | 642734468648328512 | yoyo天后 | 2022/7/26 10:54:32 | 中通 | 75309865442687 | 超48小时签收 |

图 4-121　某电商企业异常物流数据统计

① 异常物流数据分类。根据各订单显示的物流异常原因，对其按发货异常、揽收异常、派送异常和签收异常进行分类，如图 4-122 所示。

| | A | B | C | D | E | F | G | H |
|---|---|---|---|---|---|---|---|---|
| 1 | 统计时间 | 订单编号 | 买家会员名称 | 订单创建时间 | 物流公司 | 运单号 | 物流异常原因 | 异常物流分类 |
| 2 | 2022/8/3 | 552586458557221532 | 嘿嘎GAGA | 2022/7/31 12:45:58 | -- | -- | 超48小时未发货 | 发货异常 |
| 3 | 2022/8/3 | 543523737572392295 | heila_love | 2022/7/27 18:42:11 | 中通 | 75302548851255 | 超72小时揽收 | 揽收异常 |
| 4 | 2022/8/3 | 653765611548563769 | 老王iwant | 2022/7/20 16:35:02 | 中通 | 75301024589785 | 物流停滞超48小时 | 派送异常 |
| 5 | 2022/8/3 | 574953534659734722 | 一个萝卜一个坑 | 2022/7/21 19:47:55 | 顺丰 | 23517895488954 | 物流停滞超48小时 | 派送异常 |
| 6 | 2022/8/3 | 648328512642734468 | 天意0011 | 2022/7/22 19:32:54 | 中通 | 75306541547844 | 物流停滞超48小时 | 派送异常 |
| 7 | 2022/8/3 | 557221532587462274 | 龙娃 | 2022/7/22 21:08:11 | 中通 | 75302458975621 | 超24小时揽收 | 揽收异常 |
| 8 | 2022/8/3 | 572392295543523737 | 名字不好起 | 2022/7/31 22:23:43 | -- | -- | 超48小时未发货 | 发货异常 |
| 9 | 2022/8/3 | 548563769653765611 | 小黑and小吴 | 2022/7/31 20:53:23 | -- | -- | 超48小时未发货 | 发货异常 |
| 10 | 2022/8/3 | 659734722574953534 | 疯狂扫货ing | 2022/8/1 10:45:28 | -- | -- | 超48小时未发货 | 发货异常 |
| 11 | 2022/8/3 | 642734468648328512 | yoyo天后 | 2022/7/26 10:54:32 | 中通 | 75309865442687 | 超48小时签收 | 签收异常 |

图 4-122　异常物流数据分类

② 异常物流分类统计。使用数据透视表，统计出各类异常物流的订单数，以百分比展示，如图 4-123 所示。

③ 统计结果可视化。为了更直观地展示数据分析结果，可以插入三维饼状图，形成异常物流分析图，如图 4-124 所示。

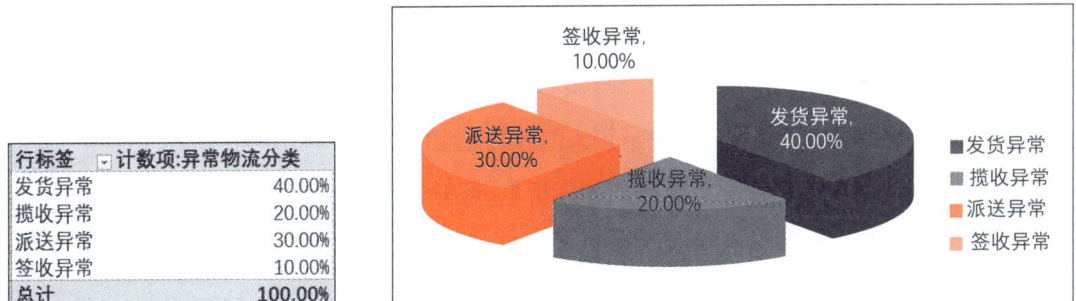

| 行标签 | 计数项:异常物流分类 |
|---|---|
| 发货异常 | 40.00% |
| 揽收异常 | 20.00% |
| 派送异常 | 30.00% |
| 签收异常 | 10.00% |
| 总计 | 100.00% |

图 4-123　各类异常物流订单数占比统计

图 4-124　异常物流分析图

④ 数据分析。根据图 4-125 可以看出，物流异常主要是因为发货异常，然后依次是派送异常、揽收异常和签收异常。发货异常属于企业内部原因，可以首先确认是因为活动量大造成的发货延缓还是因为库存不足造成的暂时无法发货，然后及早与用户联系沟通，说明原因，找出解决方案。例如，可以通过优化发货环节或者采用专业的 ERP 管理软件来提升发货效率；针对库存不足的问题，可以通过精确采购需求预测，将此类问题出现的概率降到最低。揽收异常和派送异常的主要原因是物流公司，企业可以通过电话与物流公司联系，询问原因并进行催促，如有必要，可以考虑更换合作的物流公司。最后是签收异常，可以通过电话与用户进行沟通，询问原因或是提醒用户注意查收。

# 三、仓储数据分析

## 1. 仓储数据分析概述

"仓"即仓库，是指具有存放和保护商品功能的特定场所；"储"即储存，是指商品的收存、保管、交付使用。"仓储"为利用仓库存放、储存未及时使用商品的行为。在电子商务环境中，仓储是指为有形商品提供存放场所并对存放物进行保管、存取与控制的过程，一般指的是库存。

供应链中库存的存在是为了解决供给与需求之间的不匹配，库存影响供应链持有的资产、所发生的成本，以及提供的响应性。高水平的库存会降低运输成本，但增加了库存成本；低水平的库存会提高库存周转率，但供不应求会降低响应速度。因此，管理者应做好相关数据分析，制定行之有效的库存决策。

## 2. 仓储数据分析的内容

仓储数据分析的意义不仅在于核对商品数量的对错，而且在于通过数据分析了解商品库存的情况，从而判断库存商品结构是否完整，商品数量是否适中，以及库存是否处于健康水平，是否存在经济损失的风险。仓储数据分析的内容如下：

（1）库存结构分析。库存结构分析主要是通过分析库存商品的占比情况，了解商品结构是否符合市场需求，从而及时调整销售策略。某企业 1-6 月的商品库存数量如表 4-43 所示。

表 4-43　某企业 1-6 月的商品库存数量表　　　　　　　　　　　　　　　单位：个

| 月份 | 单肩包 | 手提包 | 双肩包 |
|------|--------|--------|--------|
| 1 月 | 541 | 593 | 480 |
| 2 月 | 540 | 421 | 388 |
| 3 月 | 335 | 595 | 579 |
| 4 月 | 376 | 345 | 405 |
| 5 月 | 449 | 536 | 434 |
| 6 月 | 498 | 438 | 474 |

为了直观地表现出各商品的结构关系，可以将表 4-40 中的数据转化为三维饼状图，设置数据标签格式为"百分比"，位置为"数据标签外"，如图 4-125 所示。

图 4-125 显示了 1 月份商品库存占比情况，通过"图表筛选器"继续查看其他月份（如 2 月）的库存占比，从图 4-126 中可以初步判断商品库存结构完善。

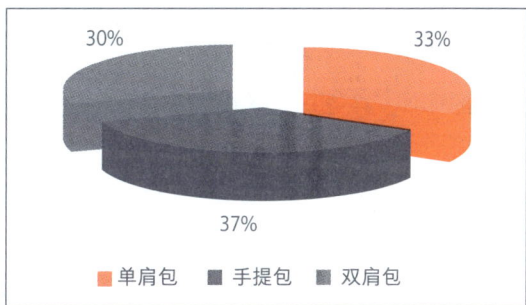

图 4-125　1 月份商品库存占比情况

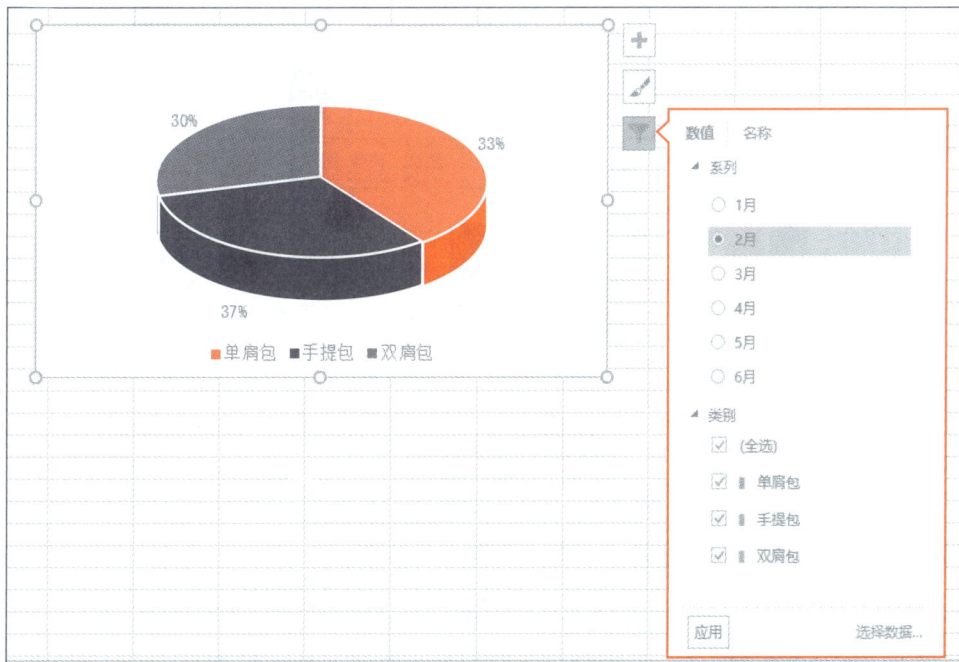

图 4-126　2 月份商品库存占比情况

（2）库存数量分析。在电商运营过程中，商品库存数量要保持适中，既要保证商品供应充足，满足日常销售所需，又不能有太多积压，产生较多仓储成本，因此需要对库存数量进行分析，为下次入库数量提供数据支持。例如，某企业的商品出入库记录如表 4-44 所示。

表 4-44　某企业的商品出入库记录表　　　　　　　　　　　　　　　　单位：个

| 产品型号 | 入库时间 | 期初数量 | 入库数量 | 出库数量 | 结存数量 | 库存标准量 |
|---|---|---|---|---|---|---|
| GTS1101 | 2022/7/10 | 42 | 50 | 75 | 17 | 20 |
| GTS1102 | 2022/7/10 | 40 | 50 | 63 | 27 | 30 |
| GTS1103 | 2022/7/10 | 41 | 50 | 78 | 13 | 30 |
| GTS1104 | 2022/7/10 | 45 | 50 | 47 | 48 | 20 |
| GTS1105 | 2022/7/10 | 55 | 50 | 38 | 67 | 20 |

为了直观地判断是否需要补货，可以将表 4-44 中"结存数量"与"库存标准量"的数据转化为簇状柱形图，如图 4-127 所示。

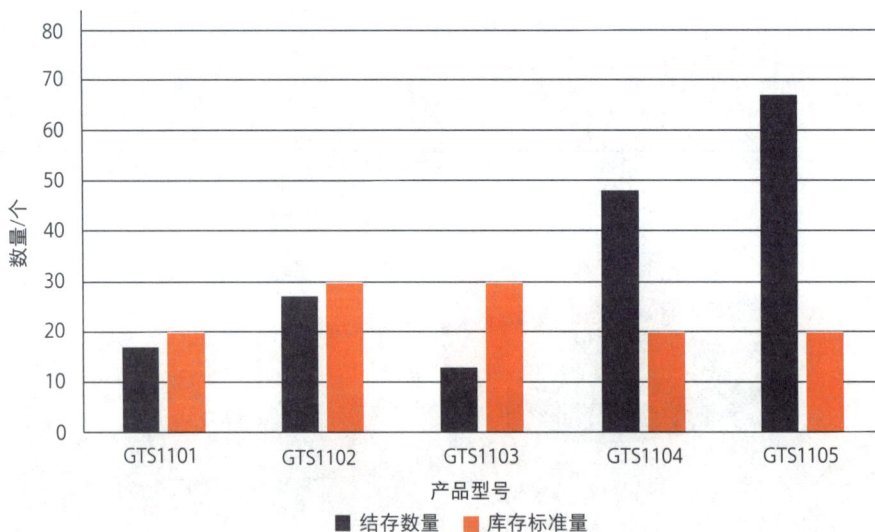

图 4-127　结存数量与库存标准量分析图

通过图 4-127，可以清晰地观察到，型号 GTS1101 和型号 GTS1102 的商品库存与标准量差距不大，库存量适中；其余三款则差距较大，其中型号 GTS1103 需要补货，而型号 GTS1104 和型号 GTS1105 的产品库存量过多。

（3）库存健康度分析。库存健康度分析是针对库存的实际情况，以一定的指标进行测验，以判断库存是否处于健康水平，是否存在经济损失的风险。库存健康度分析主要通过以下四个方面进行：

① 库存周转（通过周转判断缓流或紧缺）。库存周转一般在目标库存的 80% 以上，同时在目标库存的 1.5 倍以下，可以称为健康的周转水平。

② 近效期库存（存在失效报废风险）。通常将效期在一半以下的商品控制为 0。

③ 残次品库存。及时处理，控制为 0。

④ 其他不良库存。控制为 0。

> **实训专区**
>
> 调取源数据 4-2，进行库存数量分析，并得出结论。

## 1+X 考证提要

### 本单元需重点理解与掌握的内容

（1）采购数据分析，主要包括采购需求计划分析、采购成本数据分析和采购策略分析。

（2）物流数据分析，主要包括物流运费分析、订单时效分析和异常物流分析。

（3）仓储数据分析，主要包括库存结构分析、库存数量分析和库存健康度分析。

## 竞赛直达

### 赛题一：客户分类

背景："原牧纯品旗舰店"是一家经营冷冻鸡肉食品的淘宝网店，如鸡翅中、鸡腿等。为了实现以客户为中心的个性化、精准化管理和营销，运营人员采集了 2021 年 10 月 1 日到 2022 年 3 月 31 日期间的客户交易数据进行分析，通过分析将店内客户分别划归到普通客户、普通会员客户、银会员客户、金会员客户、超级会员客户五种类型中，为后期客户管理奠定基础。

要求：调取源数据4-3，进行客户分类。客户分类如表4-45所示。（购买客户不包括"交易关闭"的客户）

表4-45　客户分类

| 普通客户 | 半年内在网店产生一次购买的客户 |
|---|---|
| 普通会员客户 | 半年内在网店产生大于1次，且小于等于3次购买的客户 |
| 银会员客户 | 半年内在网店产生大于3次，且小于等于5次购买的客户 |
| 金会员客户 | 半年内在网店产生大于5次，且小于等于8次购买的客户 |
| 超级会员客户 | 半年内在网店产生大于8次购买的客户 |

## 赛题二：流量结构分析

背景：为了解网店流量结构情况，为后期营销渠道的选择提供参考，网店数据分析人员采集了2022年1月份的流量数据展开流量结构分析，以明确免费、付费流量的结构占比、结构分布情况。

要求：调取源数据4-4，进行流量结构分析。使用表格处理工具图表功能，从免费流量结构分析和付费流量结构分析两个维度展开，完成流量结构分析并回答：免费流量中引流效果最好的渠道是哪个？首选的付费推广渠道是哪个？免费/付费流量整体访客占比情况如何？

## 赛题三：交易数据分析

背景：某网店主要经营儿童玩具，"618"大促活动准备期需要做活动选品工作，首先，数据分析人员统计了5月整月网店商品的销售数据，需要对销售数据进行分析，从中选取3个产品能力较强的商品作为活动商品，保证活动期间的活动效果最大化。

要求：评估商品作为网店活动款的主要因素有商品支付转化率和加购转化率指标，具体优先参考支付转化率并取最大值，其次参考加购转化率并取最大值。调取源数据4-5，完成各商品加购转化率的计算，并筛选出适合参与"618"大促活动的3款商品。

## 赛题四：商品库存数据分析

背景：某网店主营奇异果、番石榴、榴梿、火龙果、百香果等新鲜水果。由于水果保质期短，容易变质，并且大多数属于时令性商品，价格波动较大，因此需要定期关注库存数量，在防止库存积压的同时又要保证商品供应充足。同时，还需要对商品的破损原因（霉变腐烂、磕伤碰伤、低温冻伤、失重失鲜）进行分析，以采取相应的措施，将其破损率控制在10%以内。

　　要求：网店规定：结存数量低于库存标准量的30%，须立即安排补货以及计算破损率。调取源数据4-6，首先计算商品的结存数量，并明确需要立即补货的商品。然后计算破损率，分析破损原因。

　　来源："博导前程杯"电子商务数据分析赛项。

---

## 📺 数据赋能

### 大数据如何让服装企业实现"零库存"

　　随着快时尚影响力的衰退，服装行业也深受影响，但某大型服装企业不仅没有受到影响，而且逆流而上，近20年来营业额增长了160倍，利润增长了1 500倍。该企业是为数不多的可以成功实现零库存的快时尚品牌之一，这得益于该企业对大数据技术的应用。

　　1. 打造商品靠数据

　　该企业通过收集每款商品的销售数据，将数据进行汇总分析，来进行创新，及时调整战略方案，为商品"零库存"奠定基础。

　　2. 预测市场靠数据

　　该企业有一个商品企划的部门，负责公司的市场运营。通过实时监控、分析销售数据，来制定生产量，调整营销方案，庞大的数据支撑可以确保计划80%的正确率。

　　3. 销售靠数据

　　该企业的员工入职的第一天不是去销售，而是要观察数字，理解数字，感受数字的变化，然后创造出数字来。20多年来，企业相关部门收集每时每刻、每款、每色、每码、每个店铺所有的销售数据，通过大数据分析制定销售方案。

　　4. 开店靠数据

　　该企业建立天猫旗舰店以来，并没有把流量分散在京东、当当等平台，电商官网以及App上的流量全部被导向天猫旗舰店，同时在后台分析出哪些人在买、单次消费金额是多少、消费频率是多少等，利用这些数据可以精准地指导企业将新门店开在中国哪些区域。

综上所述，该服装企业的系统化、高容错率和低错误率业务模型的背后是大数据的收集和准确分析，可以说是大数据助力企业实现了商品的"零库存"。

---

### 📝 法治导航

## 非法获取电商用户数据

9月19日，山东省公安厅联合济南市公安局在济南泉城广场举办网络安全宣传周"9.19"法治日现场宣传活动。活动现场，省公安厅还发布了一起非法获取电商用户数据的犯罪典型案例。

案例情况如下：

潍坊市公安局网安支队会同安丘市公安局历时5个月，破获了公安部挂牌督办的特大非法获取某知名电商用户数据案，打掉了该行业最大黑客软件"火牛"开发团队，抓获犯罪嫌疑人20名，捣毁涉案公司4家，扣押作案计算机57台、手机69部、猫池1个，查扣涉案资金1 000余万元，彻底摧毁了这个窃取用户信息并利用用户信息非法获取电商优惠券销售获利的网络黑产犯罪链条，得到了公安部的充分肯定。

《中华人民共和国电子商务法》中制约大数据滥用的法条体现如下：

第十八条　电子商务经营者根据消费者的兴趣爱好、消费习惯等特征向其提供商品或者服务的搜索结果的，应当同时向该消费者提供不针对其个人特征的选项，尊重和平等保护消费者合法权益。

电子商务经营者向消费者发送广告的，应当遵守《中华人民共和国广告法》的有关规定。

第七十七条　电子商务经营者违反本法第十八条第一款规定提供搜索结果，或者违反本法第十九条规定搭售商品、服务的，由市场监督管理部门责令限期改正，没收违法所得，可以并处五万元以上二十万元以下的罚款；情节严重的，并处二十万元以上五十万元以下的罚款。

# 职业技能训练

## 一、单项选择题

1. 以下（　　　）没有违反《中华人民共和国电子商务法》中关于"获取电商用户数据"的规定。

   A. 采集网店后台客户数据

   B. 窃取用户个人身份信息

   C. 利用其他用户信息获取电商优惠券销售获利

   D. 将用户信息传播到公众平台

2. 网店可以通过（　　　）、促销活动、商品详情页关联营销和客服推荐来提升客单价。

   A. 提供附加服务　　　　　　　　B. 提升访客数量

   C. 增加客服数量　　　　　　　　D. 下架滞销商品

3. 以下说法正确的是（　　　）。

   A. 客服可以通过沟通来直接影响顾客的购买决策，通过优质合理的推荐，提高客单价

   B. 客服的推荐对于客单价影响不大

   C. 在流量相同的情况下，客单价越低，销售额就越高

   D. 关联营销可以增加商品销售数量，但对客单价提升没有帮助

4. 供应链是一个链状结构，涵盖了（　　　）之间有关最终产品和服务的一切业务活动。

   A. 供应商到分销商　　　　　　　B. 供应商到商家

   C. 商家到客户　　　　　　　　　D. 供应商到客户

5. 如要借助生意参谋分析淘系网店的内容获客力，关键指标包括引导收藏／加购／支付人数和（　　　）。

A. 新增粉丝数        B. 引导支付人数

C. 内容互动次数        D. 内容浏览人数

## 二、多项选择题

1. 对于仓储数据分析的意义，下列说法正确的是（      ）。

A. 判断库存商品结构是否完整

B. 判断商品数量是否适中

C. 判断库存是否处于健康水平、是否存在经济损失的风险

D. 判断供应商是否存在变动、是否稳定和具有竞争力

2. 影响客单价的因素是（      ）。

A. 商品定价        B. 促销优惠

C. 关联营销        D. 购买数量

3. 爆款商品的表现形式是（      ）。

A. 高流量        B. 高曝光量

C. 高成交转化率        D. 高客单价

4. 运营数据分析包括推广数据分析、（      ）。

A. 客户数据分析        B. 市场数据分析

C. 销售数据分析        D. 供应链数据分析

5. 衡量关键词推广效果的指标包含（      ）。

A. 展现量        B. 点击率

C. 点击转化率        D. 投入产出比

## 三、判断题

1. 利润是收入与成本的差额，以及其他直接计入损益的利得和损失。（     ）

2. 咨询转化率的变化对网店的销售额没有影响。（     ）

3. 通过互动率和互动反馈，企业可以从中了解潜在消费者对商品的认可程度和潜在不满。（     ）

4. 站内免费流量有平台购物车、论坛、商品推荐等。（     ）

5. 如果经过一个生命周期（半年或一年），客户的活跃率还能稳定保持在

2%～3%，则是比较好的客户活跃表现。（　　　　）

## 四、案例分析题

1. 晶晶在一家电子商务公司从事运营工作，现在她需要通过上半年的网店成交量、商品成本、推广成本，以及固定成本数据（调取源数据 4-7，如图 4-128 所示），结合下半年的销售目标，运用线性预测法对下半年网店经营的各项成本进行预测。

| 月份 | 成交量/件 | 商品成本/元 | 推广成本/元 | 固定成本/元 |
|---|---|---|---|---|
| 1月 | 369 | 9 463.00 | 1 245.00 | 11 397.00 |
| 2月 | 412 | 8 599.00 | 983.00 | 10 412.00 |
| 3月 | 185 | 6 542.00 | 671.00 | 9 822.00 |
| 4月 | 204 | 7 246.00 | 802.00 | 10 462.00 |
| 5月 | 351 | 10 349.00 | 1 279.00 | 13 029.00 |
| 6月 | 342 | 9 877.00 | 1 073.00 | 11 734.00 |
| 7月 | 400 | | | |
| 8月 | 450 | | | |
| 9月 | 500 | | | |
| 10月 | 550 | | | |
| 11月 | 600 | | | |
| 12月 | 600 | | | |
| 合计 | | | | |

图 4-128　某电子商务公司销售数据

2. 图 4-129 为根据某企业 2022 年 7-9 月客户行为数据（包括客户浏览量、收藏量、加购量、提交订单量、支付订单量、成交订单量和成交金额数据）制作的客户行为分析图。图中统计的是客户各行为指标高于指标对应平均值的指标个数，如客户"im 编号 007"有 7 个行为指标高于指标对应的平均值。请结合图 4-129，对该企业的客户行为进行分析。

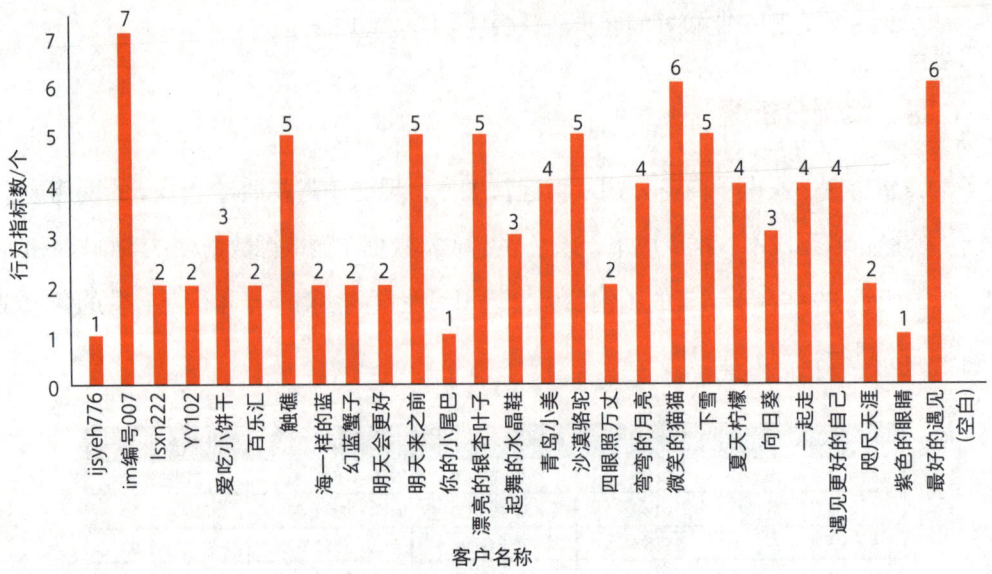

图 4-129　客户行为分析图

模块五

# 产品数据分析

## 学习目标

### 知识目标

◆ 熟悉产品数据分析的概念和内容
◆ 了解产品搜索指数和产品交易指数分析的维度
◆ 掌握产品搜索指数和产品交易指数分析的方法
◆ 掌握产品获客能力和产品盈利能力分析的方法

### 技能目标

◆ 能独立完成产品搜索指数分析和产品交易指数分析
◆ 能独立完成产品获客能力分析和产品盈利能力分析
◆ 能使用生意参谋工具完成产品数据分析

### 素养目标

◆ 遵纪守法，具备遵守《中华人民共和国消费者权益保护法》《中华人民共和国反不正当竞争法》法律法规的职业操守
◆ 能够在产品数据分析过程中坚持正确的道德观
◆ 具备较强的理解能力、分析能力和实践能力，能够借助数据分析工具、第三方平台等，完成数据采集和分析

## 思维导图

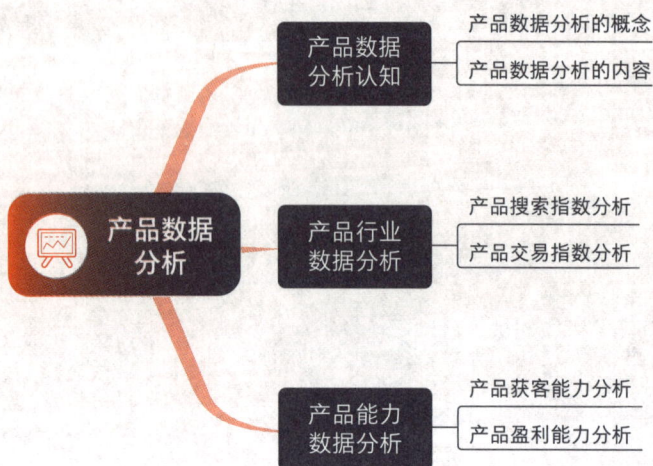

## 学习计划

- 知识学习计划

_____

_____

- 技能训练计划

_____

_____

- 素养提升计划

_____

_____

_____

# 单元一　产品数据分析认知

## 引导案例

新手卖家小王在淘宝网上开店创业后，销售情况并不理想。经过同行指点，小王使用数据分析工具——生意参谋对网店产品进行了行业数据分析。

如图 5-1 和图 5-2 所示，小王针对网店主营的大码女装进行了搜索词排行分析和搜索用户年龄分析，结果显示：搜索词"休闲少女风穿搭""大码女装""秋款两件套 减龄"位于搜索词排行榜前三名；年龄 18—24 岁的用户搜索量遥遥领先。根据分析结果，小王对网店的关键词进行了优化，重新制定了推广方案，并对网店的产品结构进行了调整。一段时间后，网店销量果然得到了提升。

图 5-1　搜索词排行分析

年龄分析

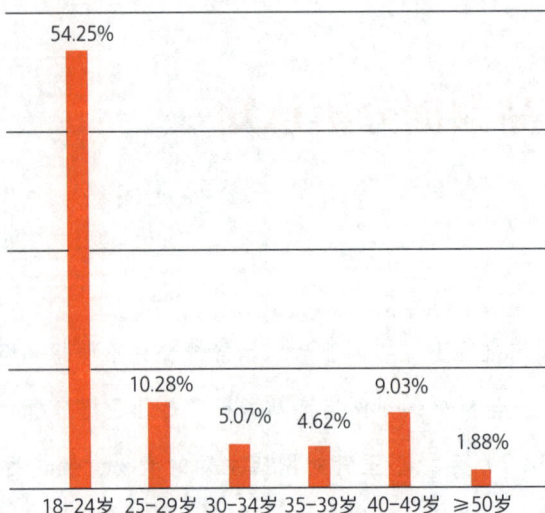

图 5-2　搜索用户年龄分析

结合案例，思考并回答以下问题：

（1）小王进行了哪些方面的数据分析？

（2）产品数据分析能为企业或网店带来哪些好处？

# 一、产品数据分析的概念

## 1. 产品数据

产品数据是围绕企业产品产生的相关数据，包括产品行业数据和产品能力数据。具体来看，产品行业数据是指产品在整个市场环境下的相关数据，如行业产品搜索指数、行业产品交易指数等；产品能力数据是指产品在具体企业运营过程中产生的相关数据，如产品获客能力数据、产品盈利能力数据等。

## 2. 产品数据分析

产品数据分析是指通过产品在其生命周期中各个阶段的数据变化来判断产品所在阶段，指导产品的结构调整、价格升降，决定产品的库存系数以及引进和淘汰，并对后期产品的演进进行合理的规划。在产品探索阶段，通过数据分析指导决策产品的定位；在产品需求阶段，通过数据分析对用户的需求去伪存真；在产品运营阶段，通过数据验证产品的功能价值，并寻求产品的迭代升级方向。

# 二、产品数据分析的内容

产品数据分析通常在产品、客服岗位完成，直接影响企业的经营效益，这些岗位设置在产品部、运营部或客服部，与设计部、美工部、生产部等均有配合。产品数据分析包括竞争对手分析、用户特征分析、产品需求分析、产品价格分析、产品生命周期分析和用户体验分析，最后通过调研报告形成合理化建议，对产品开发及市场走向进行预测。

## 1. 竞争对手分析

分析目标客户、定价策略、市场占有率等确定竞争对手；对竞争对手的价格、产品、渠道、促销等进行调研，归纳整理调研数据；通过 SWOT 分析法，得出竞争对手的产品及自身产品的优劣势。

## 2. 用户特征分析

根据研究目的，确定典型用户特征的分析内容；做好用户关于年龄、地域、消费能力、消费偏好等数据的收集与整理工作；通过 Excel 等工具分析用户数据，给不同的人群贴上不同的标签。

## 3. 产品需求分析

根据典型用户特征分析结果，收集用户对产品需求的偏好；通过整理分析产品需求偏好，提出产品开发的价格区间、功能卖点、产品创新、包装等建议；通过产品的不断迭代升级，保持用户对产品及品牌持久的黏性。

## 4. 产品价格分析

根据营销目标、产品定位和产品成本，分析影响产品定价的内部因素；根据消费人群、市场需求和竞争对手定价的调查结果，分析影响产品定价的外部因素；恰当运用各种定价策略，可实现产品价格的确定。

## 5. 产品生命周期分析

根据产品的销量和利润等分析产品进入市场所呈现出来的特征；根据不同特征判断其所处的阶段是投入期、成长期、成熟期还是衰退期，如图 5-3 所示；以产品各阶段的特征为基点来制定和实施企业的营销策略。

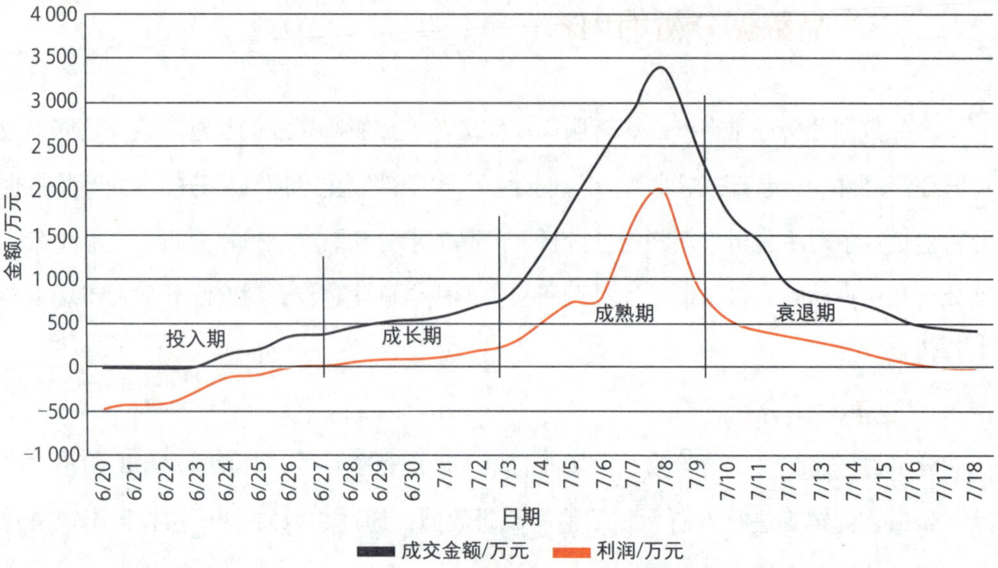

图 5-3　产品生命周期分析

### 6. 用户体验分析

通过用户访谈或工具软件收集，了解用户体验现状；跟踪和分析用户对产品的反馈，监测产品使用状况并及时提出改进方案；识别用户痛点及产品机会，组织有价值的典型用户参与产品设计，评估产品价值及用户体验。

---

**想一想**

产品需求分析需要深入挖掘用户对产品的期待，再将其转化为对应的产品，抛开可行性问题，想一想产品需求的获取方式有哪些？

---

### 1+X 考证提要

**本单元需重点理解与掌握的内容**

（1）产品数据和产品数据分析的含义。

（2）产品数据分析的内容：竞争对手分析、用户特征分析、产品需求分析、产品价格分析、产品生命周期分析和用户体验分析。

# 单元二　产品行业数据分析

## 引导案例

某企业计划入驻淘宝店铺，销售女装类目商品。在开店之前，运营人员采集了 2022 年 7 月 30 日至 2022 年 8 月 28 日女装 / 女式精品类目下所有终端的行业构成数据。

相对上一个周期，本期交易指数排行前十位的子行业，除了“毛针织衫”“短外套”“牛仔裤”，各子行业的交易增长幅度指数相对上一个周期的交易增长幅度指数均有不同程度的下降，如图 5-4 所示。其中，连衣裙的交易增长幅度指数下降了 39.63%，但连衣裙的交易指数为 20 817 971，排名第一位；而短外套的交易增长幅度指数上升了 96.74%，交易指数为 5 944 094，排名第九位。

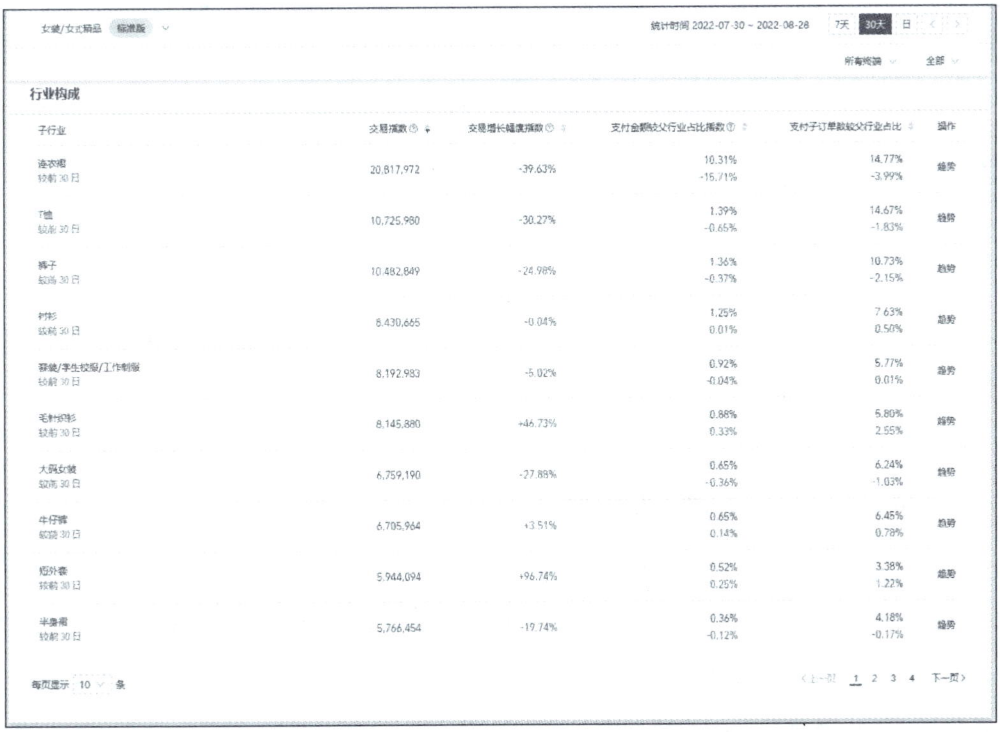
女装/女式精品 标准版

统计时间 2022-07-30 ~ 2022-08-28　7天　30天　日

所有终端　全部

行业构成

| 子行业 | 交易指数 | 交易增长幅度指数 | 支付金额较父行业占比指数 | 支付子订单数较父行业占比 | 操作 |
|---|---|---|---|---|---|
| 连衣裙<br>较前 30 日 | 20,817,972 | -39.63% | 10.31%<br>-15.71% | 14.77%<br>-3.99% | 趋势 |
| T恤<br>较前 30 日 | 10,725,980 | -30.27% | 1.39%<br>-0.65% | 14.67%<br>-1.83% | 趋势 |
| 裤子<br>较前 30 日 | 10,482,849 | -24.98% | 1.36%<br>-0.37% | 10.73%<br>-2.15% | 趋势 |
| 衬衫<br>较前 30 日 | 8,430,665 | -0.04% | 1.25%<br>0.01% | 7.63%<br>0.50% | 趋势 |
| 套装/学生校服/工作制服<br>较前 30 日 | 8,192,983 | -5.02% | 0.92%<br>-0.04% | 5.77%<br>0.01% | 趋势 |
| 毛针织衫<br>较前 30 日 | 8,145,880 | +46.73% | 0.88%<br>0.33% | 5.80%<br>2.55% | 趋势 |
| 大码女装<br>较前 30 日 | 6,759,190 | -27.88% | 0.65%<br>-0.36% | 6.24%<br>-1.03% | 趋势 |
| 牛仔裤<br>较前 30 日 | 6,705,964 | +3.51% | 0.65%<br>0.14% | 6.45%<br>0.78% | 趋势 |
| 短外套<br>较前 30 日 | 5,944,094 | +96.74% | 0.52%<br>0.25% | 3.38%<br>1.22% | 趋势 |
| 半身裙<br>较前 30 日 | 5,766,454 | -19.74% | 0.36%<br>-0.12% | 4.18%<br>-0.17% | 趋势 |

每页显示 10 条　　〈上一页　1　2　3　4　下一页〉

图 5-4　女装 / 女式精品行业交易排行

（1）交易指数指的是什么？

（2）结合女装/女式精品行业各子行业的交易数据对比，你能得出哪些结论？

# 一、产品搜索指数分析

## 1. 产品搜索指数分析的维度

产品搜索指数是用户搜索相关产品关键词热度的数据化体现，从侧面反映了用户对产品的关注度和兴趣度。它是根据搜索频次等因素综合计算得出的数值，数值越大，反映搜索热度越高。产品搜索指数不等同于实际的搜索次数，因此仅作定性分析。通常来说，产品搜索指数分析的维度包括以下几个方面。

（1）搜索词。搜索词是指用户搜索产品时，在搜索框中输入的词汇。搜索词直接代表了用户的搜索意图，可用于标题制作、分析用户行为动机、确定推广关键词、设定着陆页内容等。

（2）长尾词。对搜索词进行分词时，可分出的3个以上词语的搜索词被称为长尾词。长尾词搜索量不稳定，但匹配度高，需求明确，带来的转化率也高，适用于精准优化。

（3）品牌词。对搜索词进行分词后，取分词中的品牌名称作为品牌词。品牌词点击率高、转化率高、转化成本低，适用于品牌知名度较高且能拓展出其他有价值的品牌相关词。

（4）核心词。对搜索词进行分词后，取分词中的产品名称作为核心词，这类词一般属于行业主词。核心词搜索量大、曝光力度强且流量高，但精准度不够、转化率较低。

（5）修饰词。对搜索词进行分词后，取分词中用于描述修饰核心词的词组，以名词居多，适用于制作标题时修饰核心词。

## 2. 产品搜索指数分析的内容

在产品运营过程中，通常会用到搜索指数来进行热点追踪、用户画像分析、趋势研究、竞品分析等，以帮助卖家及时调整店铺经营的产品类目，商品标题优化，调整运营策略，以及进行产品的精准推广投放等。

在进行产品搜索指数分析时，可以通过百度指数、360趋势或各种数据分析产品（如生意参谋、京东商智）等获取相关搜索指数。搜索指数的数据来源主要依托于各家平台（网站）的用户搜索行为，同一关键词在不同平台（网站）得到的结果不同，具体操作时，需要结合目标定位、广告投放位置等因素。

微课：搜索指数分析平台对比

例如，生意参谋是基于阿里巴巴全域数据，专为淘宝和天猫商家打造的数据分析工具，借助生意参谋，淘宝商家可以在产品上架运营一段时间后，对市场动向做出预判，随时调整策略。在生意参谋"市场"板块中，搜索指数分析主要从搜索趋势分析和搜索人群分析两方面入手。接下来以搜索词"女式毛衣"为例展开分析。

（1）搜索趋势分析。从搜索词的搜索人气、搜索热度等方面进行分析。

图5-5为搜索词"女式毛衣"的搜索人气趋势图，图5-6为搜索词"女式毛衣"的搜索热度趋势图，二者均以日为单位，展示了该搜索词近一个月的搜索情况。

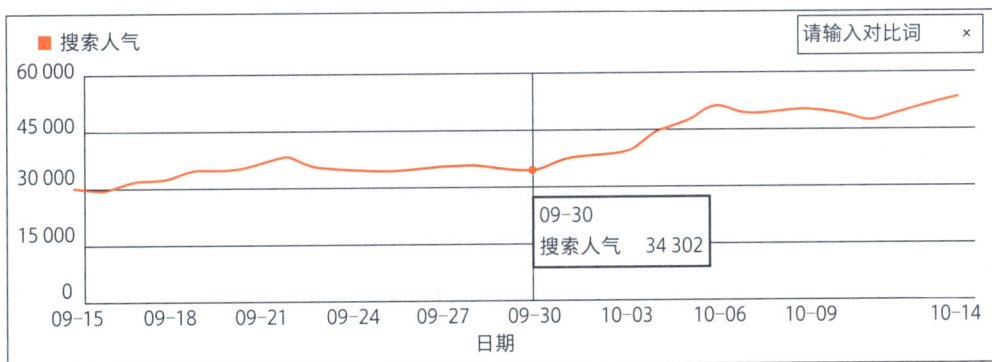

图 5-5　搜索词"女式毛衣"的搜索人气趋势图

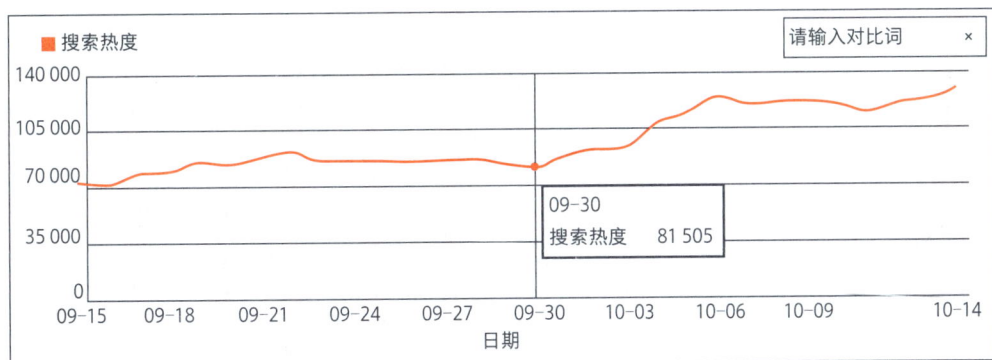

图 5-6　搜索词"女式毛衣"的搜索热度趋势图

数据显示，从 9 月 30 日起，搜索词"女式毛衣"的搜索人气和搜索热度迅速增长，目前虽增势渐缓，但仍呈上升趋势，说明"女式毛衣"需求量攀升，可以酌情考虑增加库存、活动促销或是上架新款等。

1. 搜索热度

搜索热度是指在所选的终端上，根据统计周期内搜索词的搜索次数拟合出的指数类指标，该数值越高，说明搜索次数越多。一个关键词被同一个人多次搜索，搜索次数记为多次。关键词一次搜索后，多次翻页查看搜索结果，搜索次数记为一次。

2. 搜索人气

搜索人气是指在所选的终端上，根据统计周期内的用户搜索人数拟合出的指数类指标，该数值越高，表示搜索人数越多。一个关键词被同一个人搜索多次，搜索人数记为一人。

（2）人群分析。从搜索人群的属性画像、购买偏好、支付偏好等维度对产品搜索词进行分析。

图 5-7 和图 5-8 为搜索"女式毛衣"的用户性别分析和年龄分析，从图 5-8 中

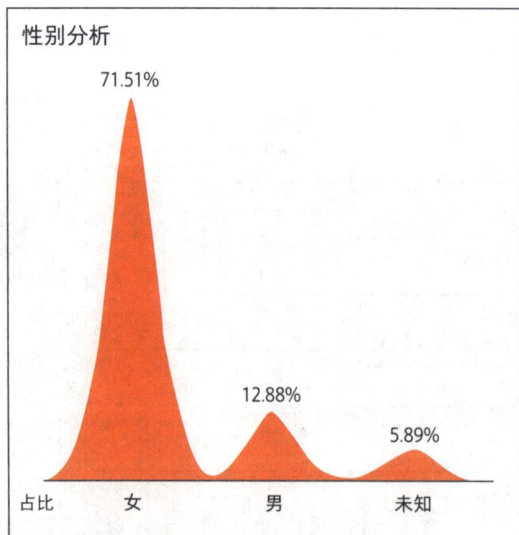

图 5-7　性别分析

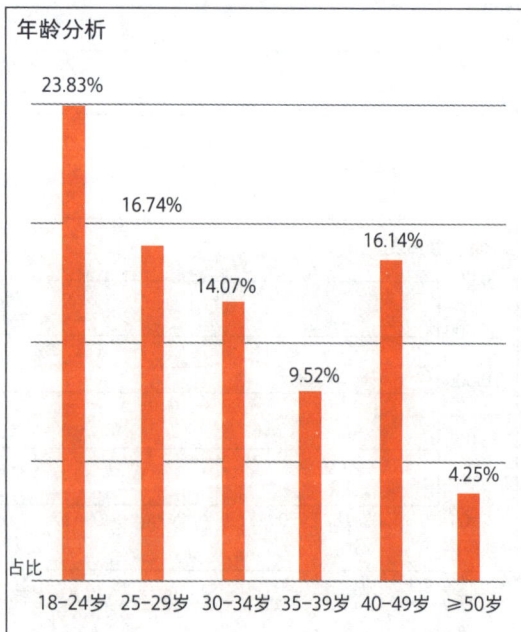

图 5-8　年龄分析

可以看出，"女式毛衣"的女性搜索占比较高，但也存在男性潜在用户；从图5-9中可以看出，18-24岁的用户为搜索主力军，25-29岁及40-49岁的用户紧随其后，可以针对不同年龄段的用户特点进行款式调整或卖点设计。此外，搜索人群的属性画像还包括职业分析和地域分析，全方位精细化指导商家进行数据化运营。

搜索人群的购买偏好主要包括品牌偏好和类目偏好，如图5-9和图5-10所示，搜索"女式毛衣"的用户最终选择"恒源祥"品牌众多，类目方面则以"毛针织衫"和"毛衣"为主。

搜索人群的支付偏好分析主要用于分析上述人群的价位偏好区域。如图5-11所示，针对搜索词"女式毛衣"，35-70元的产品点击人气最高，点击用户占比达21.35%，35元以下和320元以上的产品则相对较少。据此，店铺选择引流款时，可以考虑35-70元这个价格区间的产品。

| 品牌偏好 | | |
| --- | --- | --- |
| 排名 | 品牌名称 | 交易指数 |
| 1 | 品牌一 | 49 931 |
| 2 | 品牌二 | 9 894 |
| 3 | 品牌三 | 8 009 |
| 4 | 品牌四 | 7 451 |
| 5 | 品牌五 | 7 353 |

图 5-9　品牌偏好分析

| 类目偏好 | | |
| --- | --- | --- |
| 排名 | 品牌名称 | 交易指数 |
| 1 | 毛针织衫 | 77 338 |
| 2 | 毛衣 | 66 794 |
| 3 | 卫衣/绒衫 | 4 862 |
| 4 | 中老年女装 | 4 414 |
| 5 | 短外套 | 4 054 |

图 5-10　类目偏好分析

# 二、产品交易指数分析

## 1. 产品交易指数分析的维度

产品交易指数是对产品的总体支付金额进行指数化后的指数类指标，产品交易指数越高，代表支付金额越高。产品交易指数之间的差值不代表实际支付金额的差值，仅代表支付金额的高低。产品交易指数是产品在平台交易热度的体现，其分析维度主要包括店铺、商品和品牌三大类，可用于竞店、竞品和竞争品牌分析。

| 支付偏好 | | |
| --- | --- | --- |
| 女式毛衣 | | |
| 支付金额 | 点击人气 | 点击用户占比 |
| 35元以下 | 3 439 | 13.87% |
| 35-70元 | 5 295 | 21.35% |
| 70-110元 | 4 224 | 17.04% |
| 110-180元 | 4 665 | 18.81% |
| 180-320元 | 3 983 | 16.07% |
| 320元以上 | 3 188 | 12.86% |

图 5-11　支付偏好分析

## 2. 产品交易指数分析的内容

（1）市场排行分析。以日、周或月为时间单位，对店铺、产品或品牌进行指定终端下的交易指数对比分析，这对于制定店铺运营策略和打造单品爆款有着较好的参考价值。图 5-12 为生意参谋中"毛针织衫"类目下的店铺交易日排行榜，从中可以看出，在交易指数排行前三位的店铺中，第二位店铺的当日交易量较前一日稳中有升，其他两家店铺的交易增幅有较大提升。

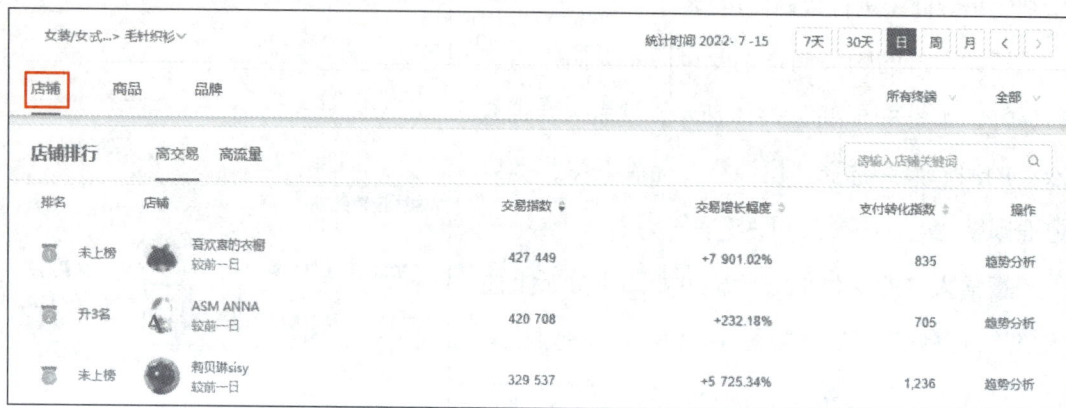

图 5-12　生意参谋中的店铺交易日排行榜

（2）交易趋势分析。查看店铺、产品或品牌在过去一段时间内的交易变化，分析成交量是下滑、上升还是稳定不变。图 5-13 为针对上述排行第一位的店铺进行的交易趋势分析，从中可以看到该店铺的交易指数在 9 月 26 日和 10 月 15 日达到了高峰值，10 月 15 日前交易量短暂下降，而流量却稳定上升，可以判断这一时期进行了促销预热。

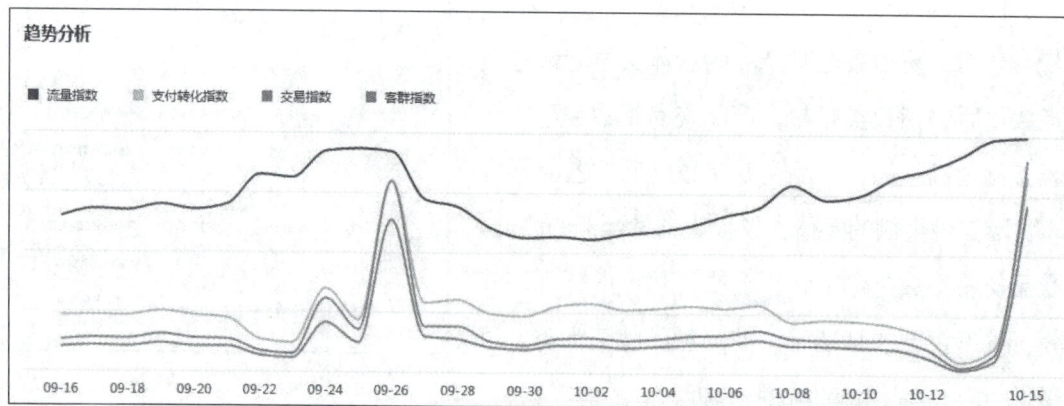

图 5-13　某店铺交易趋势分析

## 📋 1+X 考证提要

### 本单元需重点理解与掌握的内容

（1）产品搜索指数分析的维度：搜索词、长尾词、品牌词、核心词、修饰词等。

（2）产品搜索指数分析的内容：搜索趋势分析、人群分析。

（3）产品交易指数分析的维度：店铺、商品、品牌。

（4）产品交易指数分析的内容：市场排行分析、交易趋势分析。

# 单元三　产品能力数据分析

## 引导案例

　　2022 年 3 月 21 日，拼多多发布了 2021 年四季度及全年财报。财报显示，截至 2021 年 12 月 31 日，年度活跃用户数拼多多达到 8.687 亿个，同比增长 10%；京东约为 5.697 亿个；阿里巴巴中国市场约为 9.790 亿个，如图 5-14 所示。

　　作为下沉市场的忠实开垦者，拼多多年度活跃用户数已超过京东，这得益于拼多多的创新方式和团购模式、精准匹配的互动购物模式，拼多多的用户黏性数不断增加。目前，拼多多 App 在 2021 年四季度的平均月度活跃用户数为 7.334 亿个，较 2020 年同期的 7.199 亿，同比增长 2%。拼多多自 2018 年月活跃用户数迎来爆发式增长后，一直保持不同程度的持续增长，成为名副其实的"获客王"。

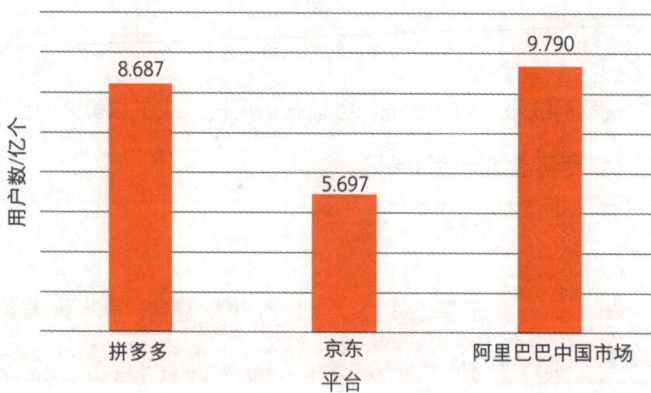

图 5-14　年度活跃用户数

（1）拼多多的获客模式是什么？

（2）试分析产品获客能力的提升有哪些途径？

产品能力总体分为产品获客能力和产品盈利能力两类，它是企业制定产品组合决策的基础。有效的决策依赖产品能力数据，借助 Excel 等工具，企业应利用科学的方法和手段，对产品能力数据进行深入挖掘、展开分析并做出判断。

# 一、产品获客能力分析

产品获客能力是电子商务经营活动的关键能力之一，如何付出最小的成本获取最多的客户，是提升产品获客能力的核心目标。

在电子商务环境下，流量越大，获客机会就越多。要提升产品获客能力，需要从以下三个关键点切入：千人千面，通过升级个性化用户体验提升获客能力；优化并拓展营销渠道，确保产品接触到更多潜在用户；提升自身价值，打造产品亮点。

产品获客能力的主要数据指标包括新客点击量和重复购买率。

## 1. 新客点击量

新客点击量是针对首次访问网站或者首次使用网站服务的客户进行的点击量统计。新客点击量越大，说明该产品的获客能力越强，新客户运营效果越好。此外，分析该指标对于抢占市场份额、评估网站的推广效果和发展速度，以及判断产品所处的生命周期阶段至关重要。例如，若新客点击量比例大于整体客户流失率，则说明产品处于发展成长阶段；若新客户的点击量比例与整体客户流失率持平，则说明产品处于成熟稳定阶段；若新客户的点击量比例小于整体客户流失率，则说明产品处于下滑衰退阶段。

例如，某网站 A、B、C 三款产品在本月及上月带来的新客点击量统计如表 5-1 所示。

表 5-1 某网站新客点击量统计表

| 产品 | 上月新客点击量 / 次 | 本月新客点击量 / 次 |
| --- | --- | --- |
| A 产品 | 8 645 | 9 692 |
| B 产品 | 20 422 | 29 828 |
| C 产品 | 21 484 | 17 329 |

将表 5-1 中的数据转化为如图 5-15 所示的折线图，以对 A、B、C 三款产品带来的新客点击量进行横向和纵向对比分析。

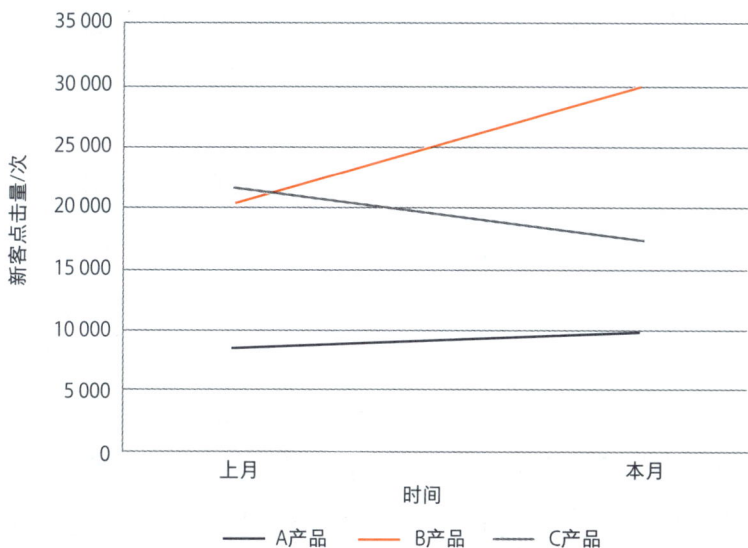

图 5-15 某网站新客点击量对比图

经过以上对比分析，可以得出以下结论：

（1）A 款产品的获客能力较弱。

（2）B 款产品带来的新客点击量较高，并且在持续上升，获客能力最强。

（3）C款产品带来的新客点击量较上月略有下降，但总数仍不容小觑，应及时分析原因，调整优化。

### 2. 重复购买率

重复购买率简称复购率，是针对某时期内产生两次及两次以上购买行为的客户进行的比例统计。任何企业都希望挽留更多的老客户，通过降低获客成本来提升产品获客能力，因此，对该指标的分析越来越引起企业的重视。

重复购买率越大，客户的忠诚度就越高，该产品的获客能力就越强，反之则越低。如果一家企业的产品没有人重复购买，则该企业是非常危险的。这意味着所有交易都是一锤子买卖，而所有的客户都是新客户，需要付出更大的获客成本，同时也不利于实现企业经营效益的可持续发展。

综上所述，复购率的重要性不言而喻。那么如何才能让用户产生持续购买行为呢？

（1）提升产品竞争力。影响用户复购的最大因素是产品本身。对于已经使用过产品的老客户而言，对产品的满意度越高，重复购买的概率就越大。随着互联网的发展，企业运营手段会越来越丰富，但根本上还是要依托产品本身的竞争力。提升产品竞争力，一方面需要保证产品质量，它是提高复购率的基础，使用户对产品产生信任；另一方面可以不断丰富产品类目提升复购率，并不局限于同一款产品的重复购买，复购率也可以是基于品牌、平台或者店铺的，单一品类的产品特别是低频次消费的产品，复购率往往较低，可以通过产品类目多元化来增加用户选择的空间。

（2）加强用户体验。除了产品内容，产品附加值及用户购物体验也可以帮助企业从众多同类产品中脱颖而出。通过完善的售前、售中、售后服务，以及简单顺畅的流程操作，可以大大改善用户的购物体验，帮助企业增加用户黏性，培养用户忠诚度。

（3）打造会员体系。打造会员体系，通过数据分析构建用户画像，实现分层管理和精细化营销，一是为了唤醒沉睡用户；二是为了刺激消费，增加购买频次。常见的做法有会员等级体系、会员尊享活动、积分换购、会员成长体系等。

复购率的统计分析和统计周期息息相关，需要结合产品的品类特性来综合考量，确定是以周、月、季度还是年为统计周期。对于快消品（如牛奶、零食等产品），购买周期较短，可以以月度复购率来观察；对于眼镜、手表等购买周期较长的产品，可以考虑年度复购率。

此外，运营阶段的不同对复购率的影响也很大。在拉新阶段，企业的重心是获取新用户，此时复购率较低；在留存阶段，企业的重心是新老用户的转化，复购率会有所增长；在活跃和转化阶段，企业的重心是用户向粉丝的转化，复购率必然会大大提升。

知识链接

《精益数据分析》一书中指出：

（1）90天内重复购买率达到1%~15%，说明企业处于用户获取模式，应把更多的精力和资源投入到新用户的获取和转化上。

（2）90天内重复购买率达到15%~30%，说明企业处于混合模式，应把更多的精力和资源投入到新用户转化和老用户留存、复购的平衡上。

（3）90天内重复购买率达到30%以上，说明企业处于忠诚度模式，应把更多的精力和资源投入到用户复购上。

# 二、产品盈利能力分析

产品盈利能力是指产品为店铺或企业获取利润的能力，研究的是利润与收入或成本之间的比率关系。一般而言，利润相对于收入或资源投入的比率越高，盈利能力越强；比率越低，盈利能力则越弱。

在实际分析时，由于利润的高低不仅取决于产品的运营，而且受到各个时期生产规模和产品结构变化的影响，因此产品盈利能力分析的指标依据企业性质的不同而略有变化。一般情况下，产品盈利能力分析包括产品结构分析、SKU分析、客单件分析和毛利率分析。

## 1. 产品结构分析

产品结构是指企业或店铺的产品中各类产品的比例关系，合理的产品结构必然是定位明确、比例适当、相互关联并相互促进的，它是店铺运营到一定阶段，进入良性发展的基础。分析产品结构，可以帮助企业及时理清经营思路，监控市场风向，合理安排库存，打造产品竞争优势，制定有针对性的推广策略，从而有效提升产品销量。

（1）产品结构分类。根据产品定位，可以将产品结构划分为形象产品、利润产品、常规产品、人气产品和体验产品。不同定位的产品在产品结构中的作用和特点如表 5-2 所示。

表 5-2　产品结构划分详表

| 产品定位 | 作用 | 特点 |
| --- | --- | --- |
| 形象产品 | 展示企业实力，树立品牌形象，提升消费者信心 | ● 价位通常处于店内最高层次水平<br>● 辨识度高，经过精心策划，包装体现出独特卖点<br>● 综合展现店内最高水平 |
| 利润产品 | 丰富销售搭配，提升利润 | ● 利润空间大，主要以提升销售利润为主<br>● 以人气和常规产品为准进行搭配销售 |
| 常规产品 | 用于日常销售，提供丰富选择 | ● 店内主要陈列产品，稳定投入一定的资源，与人气产品组合推广 |
| 人气产品 | 获取更多的自然流量，也称爆款产品、引流产品 | ● 聚焦资源投入，提升单品的人气，用于在搜索中获得更多的展现机会，从而获取更多的自然流量<br>● 通常价低质高，目标人群定位精准，曝光率、点击率和销售量都较高 |
| 体验产品 | 用于特定活动，吸引潜在新顾客，也称活动产品 | ● 拉低新顾客的初次购买门槛<br>● 为特定活动准备限时、限量、限价的产品 |

产品结构比例侧面反映了产品的销售比例，通常情况下，形象产品占 10% 左右，利润产品占 20% 左右，常规产品占 50% 左右，人气产品占 15% 左右，体验产品占 5% 左右，如图 5-16 所示。产品结构及其比例也不是固定不变的，需要在运营过程中根据第三方市场变化、季节变化，或者在引进新产品、现阶段的运营目标难以实现时，不断调整定位。

（2）产品结构分析方法。对产品结构进行分析，通常从两个角度切入：一是将所有目标产品按常规产品上架销售，一段时间后采集其运营数据，然后通过分析进行结构划分；二是产品结构已预先定位完成并已投入运营，一段时间后采集其运营数据，然后通过分析发现异常，调整优化。

| | 占比 |
| --- | --- |
| 形象产品 | 10% |
| 利润产品 | 20% |
| 常规产品 | 50% |
| 人气产品 | 15% |
| 体验产品 | 5% |

图 5-16　产品结构比例

不论选择哪种分析方法，产品结构分析都应基于真实的运营数据，然后根据不同定位产品的特点，确定合适的分析指标。例如，人气产品流量大、关注度高、对访客的吸引力高，要挑选人气产品或对其进行效果检测，通常可以对浏览量、人均停留时长、跳失率、支付转化率和收藏量这五个指标进行综合考量。

某淘宝网店以月为统计周期，对店内商品的浏览量、人均停留时长、跳失率、支付转化率和收藏量数据进行了采集，如图 5-17 所示。现通过 Excel 工具对相关指标进行分析，最终根据分析结果指导挑选一款最有潜质的商品作为人气产品进行主推，分析步骤如下：

| | A | B | C | D | E | F |
|---|---|---|---|---|---|---|
| 1 | 商品名称 | 商品浏览量 | 平均停留时长 | 详情页跳出率 | 支付转化率 | 商品收藏人数 |
| 2 | 婴儿料理机多功能家用搅拌小型迷你绞肉榨汁研磨器 | 12 188 | 226.19 | 20.40% | 3.11% | 587 |
| 3 | 迷你小风扇静音办公室宿舍床上便携式USB充电电扇 | 11 467 | 114.79 | 30.46% | 2.70% | 1 083 |
| 4 | 迷你静音加湿器卧室办公室小容量 | 8 879 | 146.62 | 25.33% | 2.45% | 475 |
| 5 | 除螨虫神器家用床上吸尘紫外线杀菌机 | 2 592 | 94.79 | 43.46% | 1.21% | 244 |
| 6 | 家用迷你蒸蛋器 小型早餐鸡蛋羹自动断电 | 17 747 | 273.30 | 23.51% | 1.49% | 1 164 |
| 7 | 家用玻璃电热水壶烧水壶自动断电大容量 | 11 299 | 132.33 | 29.35% | 2.51% | 591 |
| 8 | 小型迷你宝宝婴儿辅食机升级双头两档可调 | 11 206 | 247.80 | 58.20% | 1.44% | 1 067 |
| 9 | 烫衣服神器两档可调小型便携式手持电熨 | 6 143 | 54.97 | 47.37% | 3.79% | 165 |
| 10 | 小型迷你电饼铛家用双面加热煎饼机烙饼锅 | 4 797 | 70.93 | 58.29% | 2.29% | 442 |
| 11 | 多色不锈钢蒸煮电饭盒便携热饭神器 | 3 713 | 214.60 | 30.20% | 3.24% | 272 |
| 12 | 电风扇循环扇家用涡轮空气对流扇立体摇头 | 2 693 | 47.94 | 27.39% | 2.65% | 138 |
| 13 | 手持挂烫机家用小型电熨斗便携式 | 2 092 | 163.29 | 28.46% | 1.55% | 186 |
| 14 | 三层可插电蒸煮保温加热饭盒不锈钢电饭盒 | 1 751 | 237.48 | 42.23% | 1.12% | 149 |
| 15 | 养生壶全自动加厚玻璃多功能保温电热烧水壶 | 1 280 | 47.34 | 63.27% | 1.80% | 59 |
| 16 | 可爱迷你加湿器车载创意大雾量床头便携喷雾器 | 10 805 | 248.29 | 39.47% | 1.61% | 332 |
| 17 | 电炖锅宝宝煮粥熬粥迷你婴儿辅食机 | 2 617 | 184.71 | 47.62% | 3.35% | 213 |

图 5-17　某淘宝网店商品的五个指标数据

步骤 1，人均停留时长筛选。

人均停留时长越长，说明页面对用户的吸引力越强，输出的有用信息越多，访客的转化率越大。本例中选取人均停留时长大于 60 秒的数据作为优质数据，利用 Excel 的“筛选”功能，将符合条件的商品筛选出来，结果如图 5-18 所示。

| | A | B | C | D | E | F |
|---|---|---|---|---|---|---|
| 1 | 商品名称 | 商品浏览量 | 平均停留时长 | 详情页跳出率 | 支付转化率 | 商品收藏人数 |
| 2 | 婴儿料理机多功能家用搅拌小型迷你绞肉榨汁研磨器 | 12 188 | 226.19 | 20.40% | 3.11% | 587 |
| 3 | 迷你小风扇静音办公室宿舍床上便携式USB充电电扇 | 11 467 | 114.79 | | 2.70% | 1 083 |
| 4 | 迷你静音加湿器卧室办公室小容量 | 8 879 | 146.62 | | 2.45% | 475 |
| 5 | 除螨虫神器家用床上吸尘紫外线杀菌机 | 2 592 | 94.79 | | 1.21% | 244 |
| 6 | 家用迷你蒸蛋器 小型早餐鸡蛋羹自动断电 | 17 747 | 273.30 | | 1.49% | 1 164 |
| 7 | 家用玻璃电热水壶烧水壶自动断电大容量 | 11 299 | 132.33 | | 2.51% | 591 |
| 8 | 小型迷你宝宝婴儿辅食机升级双头两档可调 | 11 206 | 247.80 | | 1.44% | 1 067 |
| 10 | 小型迷你电饼铛家用双面加热煎饼机烙饼锅 | 4 797 | 70.93 | | 2.29% | 442 |
| 11 | 多色不锈钢蒸煮电饭盒便携热饭神器 | 3 713 | 214.60 | | 3.24% | 272 |
| 13 | 手持挂烫机家用小型电熨斗便携式 | 2 092 | 163.29 | | 1.55% | 186 |
| 14 | 三层可插电蒸煮保温加热饭盒不锈钢电饭盒 | 1 751 | 237.48 | 42.23% | 1.12% | 149 |
| 16 | 可爱迷你加湿器车载创意大雾量床头便携喷雾器 | 10 805 | 248.29 | 39.47% | 1.61% | 332 |
| 17 | 电炖锅宝宝煮粥熬粥迷你婴儿辅食机 | 2 617 | 184.71 | 47.62% | 3.35% | 213 |

图 5-18　人均停留时长筛选

步骤 2，详情页跳失率筛选。

详情页跳失率越低越好，本例中选取详情页跳失率小于 50% 的数据为优质数据，利用 Excel 的“筛选”功能将符合条件的商品筛选出来，结果如图 5-19 所示。

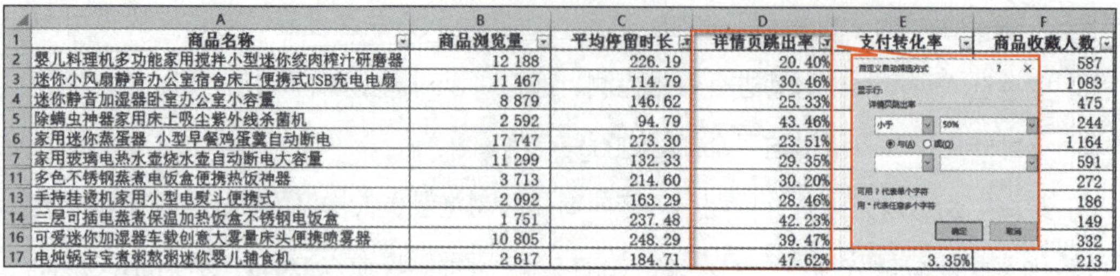

图 5-19　详情页跳出率筛选

步骤 3，支付转化率筛选。

支付转化率越高越好。本例中选取支付转化率大于 1.5% 的数据作为优质数据，利用 Excel 的"筛选"功能，将符合条件的商品筛选出来，结果如图 5-20 所示。

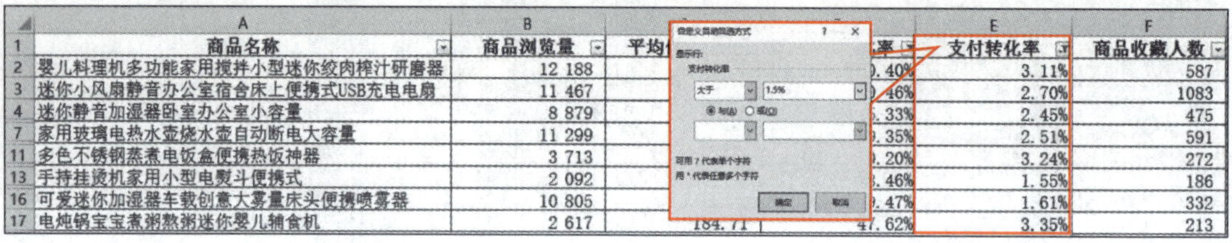

图 5-20　支付转化率筛选

步骤 4，收藏量筛选。

收藏量越大越好。收藏量又指收藏人数。商家可根据全店平均水平选择优质数据范围，本例中直接选取收藏人数大于平均水平的数据作为优质数据，利用 Excel 的"筛选"功能将符合条件的商品筛选出来，结果如图 5-21 所示。

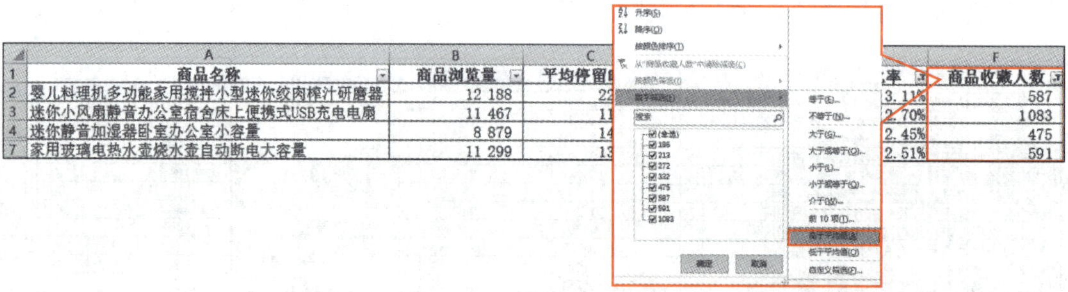

图 5-21　收藏人数筛选

步骤 5，浏览量排序。

将上述四个步骤筛选出来的数据用深色进行填充，然后清除筛选以显示全部数据，如图 5-22 所示。将所有商品按照浏览量的大小进行降序排列，结果如图 5-23 所示，但浏览量数据并不是越大越好，需要做综合判断。

| | A | B | C | D | E | F |
|---|---|---|---|---|---|---|
| | 商品名称 | 商品浏览量 | 平均停留时长 | 详情页跳出率 | 支付转化率 | 商品收藏人数 |
| 2 | 婴儿料理机多功能家用搅拌小型迷你绞肉榨汁研磨器 | 12 188 | 226.19 | 20.40% | 3.11% | 587 |
| 3 | 迷你小风扇静音办公室宿舍床上便携式USB充电电扇 | 11 467 | 114.79 | 30.46% | 2.70% | 1 083 |
| 4 | 迷你静音加湿器卧室办公室小容量 | 8 879 | 146.62 | 25.33% | 2.45% | 475 |
| 5 | 除螨虫神器家用床上吸尘紫外线杀菌机 | 2 592 | 94.79 | 43.46% | 1.21% | 244 |
| 6 | 家用迷你蒸蛋器 小型早餐鸡蛋羹自动断电 | 17 747 | 273.30 | 23.51% | 1.49% | 1 164 |
| 7 | 家用玻璃电热水壶烧水壶自动断电大容量 | 11 299 | 132.33 | 29.35% | 2.51% | 591 |
| 8 | 小型迷你宝宝婴儿辅食机升级双头两档可调 | 11 206 | 247.80 | 58.20% | 1.44% | 1 067 |
| 9 | 烫衣服神器两档可调小型便携式手持电熨 | 6 143 | 54.97 | 47.37% | 3.79% | 165 |
| 10 | 小型迷你电饼铛家用双面加热煎饼机烙饼锅 | 4 797 | 70.93 | 58.29% | 2.29% | 442 |
| 11 | 多色不锈钢蒸煮电饭盒便携热饭神器 | 3 713 | 214.60 | 30.20% | 3.24% | 272 |
| 12 | 电风扇循环扇家用涡轮空气对流扇立体摇头 | 2 693 | 47.94 | 27.39% | 2.65% | 138 |
| 13 | 手持挂烫机家用小型电熨斗便携式 | 2 092 | 163.29 | 28.46% | 1.55% | 186 |
| 14 | 三层可插电蒸煮保温加热饭盒不锈钢电饭盒 | 1 751 | 237.48 | 42.23% | 1.12% | 149 |
| 15 | 养生壶全自动加厚玻璃多功能保温电热烧水壶 | 1 280 | 47.34 | 63.27% | 1.80% | 59 |
| 16 | 可爱迷你加湿器车载创意大雾量床头便携喷雾器 | 10 805 | 248.29 | 39.47% | 1.61% | 332 |
| 17 | 电炖锅宝宝煮粥熬粥迷你婴儿辅食机 | 2 617 | 184.71 | 47.62% | 3.35% | 213 |

图 5-22　显示全部数据

| | A | B | C | D | E | F |
|---|---|---|---|---|---|---|
| 1 | 商品名称 | 商品浏览量 | 平均停留时长 | 详情页跳出率 | 支付转化率 | 商品收藏人数 |
| 2 | 家用迷你蒸蛋器 小型早餐鸡蛋羹自动断电 | 17 747 | 273.30 | 23.51% | 1.49% | 1 164 |
| 3 | 婴儿料理机多功能家用搅拌小型迷你绞肉榨汁研磨器 | 12 188 | 226.19 | 20.40% | 3.11% | 587 |
| 4 | 迷你小风扇静音办公室宿舍床上便携式USB充电电扇 | 11 467 | 114.79 | 30.46% | 2.70% | 1 083 |
| 5 | 家用玻璃电热水壶烧水壶自动断电大容量 | 11 299 | 132.33 | 29.35% | 2.51% | 591 |
| 6 | 小型迷你宝宝婴儿辅食机升级双头两档可调 | 11 206 | 247.80 | 58.20% | 1.44% | 1 067 |
| 7 | 可爱迷你加湿器车载创意大雾量床头便携喷雾器 | 10 805 | 248.29 | 39.47% | 1.61% | 332 |
| 8 | 迷你静音加湿器卧室办公室小容量 | 8 879 | 146.62 | 25.33% | 2.45% | 475 |
| 9 | 烫衣服神器两档可调小型便携式手持电熨 | 6 143 | 54.97 | 47.37% | 3.79% | 165 |
| 10 | 小型迷你电饼铛家用双面加热煎饼机烙饼锅 | 4 797 | 70.93 | 58.29% | 2.29% | 442 |
| 11 | 多色不锈钢蒸煮电饭盒便携热饭神器 | 3 713 | 214.60 | 30.20% | 3.24% | 272 |
| 12 | 电风扇循环扇家用涡轮空气对流扇立体摇头 | 2 693 | 47.94 | 27.39% | 2.65% | 138 |
| 13 | 电炖锅宝宝煮粥熬粥迷你婴儿辅食机 | 2 617 | 184.71 | 47.62% | 3.35% | 213 |
| 14 | 除螨虫神器家用床上吸尘紫外线杀菌机 | 2 592 | 94.79 | 43.46% | 1.21% | 244 |
| 15 | 手持挂烫机家用小型电熨斗便携式 | 2 092 | 163.29 | 28.46% | 1.55% | 186 |
| 16 | 三层可插电蒸煮保温加热饭盒不锈钢电饭盒 | 1 751 | 237.48 | 42.23% | 1.12% | 149 |
| 17 | 养生壶全自动加厚玻璃多功能保温电热烧水壶 | 1 280 | 47.34 | 63.27% | 1.80% | 59 |

图 5-23　浏览量排序

步骤 6，确定人气产品。

通过图 5-22 的分析可得，"婴儿料理机多功能家用搅拌小型迷你绞肉榨汁研磨器""迷你小风扇静音办公室宿舍床上便携式 USB 充电电扇"和"家用玻璃电热水壶烧水壶自动断电大容量"三款商品在浏览量、人均停留时长、跳失率、支付转化率和收藏量这五个维度上都表现得比较好，适合打造人气产品，但由于商品"迷你小风扇静音办公室宿舍床上便携式 USB 充电电扇"有很强的季节性，因此需要再考虑时机。至此，仍有两款商品备选，商家可根据自身的实际情况，继续选取其他指标进一步筛选，如产品的生命周期、毛利率等。

**想一想**

利润产品应如何确定？用于利润产品分析的指标有哪些？

## 2. SKU 分析

SKU（Stock Keeping Unit）即库存进出计量的基本单元，可以以件、盒、托盘等为单位。SKU 现已被引申为产品统一编号的简称，针对电商而言，SKU 指商品的销售属性集合，每款商品均对应唯一的 SKU，如果一款商品有多色，则有多个 SKU。

SKU 分析是基于单品进行的，分析内容通常包括 SKU 定价是否合理、商品属性是否符合用户偏好、SKU 结构是否合理、营销是否有效、访客行为偏好分析和销售趋势分析等。

SKU 分析的维度众多，分析方法也并不唯一。通常情况下，以收藏转化率、加购转化率、支付转化率、支付金额为研究对象。例如，某店铺商品 SKU 销售数据如表 5-3 所示。

**表 5-3　某店铺商品 SKU 销售数据表**

| 商品 | 访客数/人 | 支付金额/元 | 支付件数/件 | 支付买家数/人 | 加购件数/件 | 加购人数/人 | 收藏人数/人 |
|------|-----------|-------------|-------------|---------------|-------------|-------------|-------------|
| 白色卫衣 | 1 707 | 28 356 | 417 | 184 | 673 | 320 | 401 |
| 黑色卫衣 | 2 123 | 28 832 | 424 | 223 | 505 | 447 | 348 |
| 红色卫衣 | 668 | 6 596 | 97 | 77 | 289 | 169 | 143 |
| 黄色卫衣 | 1 808 | 29 716 | 437 | 196 | 557 | 441 | 384 |
| 蓝色卫衣 | 490 | 5 916 | 87 | 56 | 205 | 102 | 102 |
| 绿色卫衣 | 250 | 2 992 | 44 | 30 | 88 | 58 | 79 |

根据表 5-3 中的数据计算转化率，结果如表 5-4 所示。

**表 5-4　某店铺商品 SKU 转化率**

| 商品 | 收藏转化率/% | 加购转化率/% | 支付转化率/% |
|------|--------------|--------------|--------------|
| 白色卫衣 | 23.49 | 18.75 | 10.78 |
| 黑色卫衣 | 16.39 | 21.06 | 10.50 |
| 红色卫衣 | 21.41 | 25.30 | 11.53 |
| 黄色卫衣 | 21.24 | 24.39 | 10.84 |
| 蓝色卫衣 | 20.82 | 20.82 | 11.43 |
| 绿色卫衣 | 31.60 | 23.20 | 12.00 |

为了清晰地观察支付金额与转化率之间的关系，可以将表 5-4 中的数据转化为

柱状折线组合图，如图 5-24 所示。

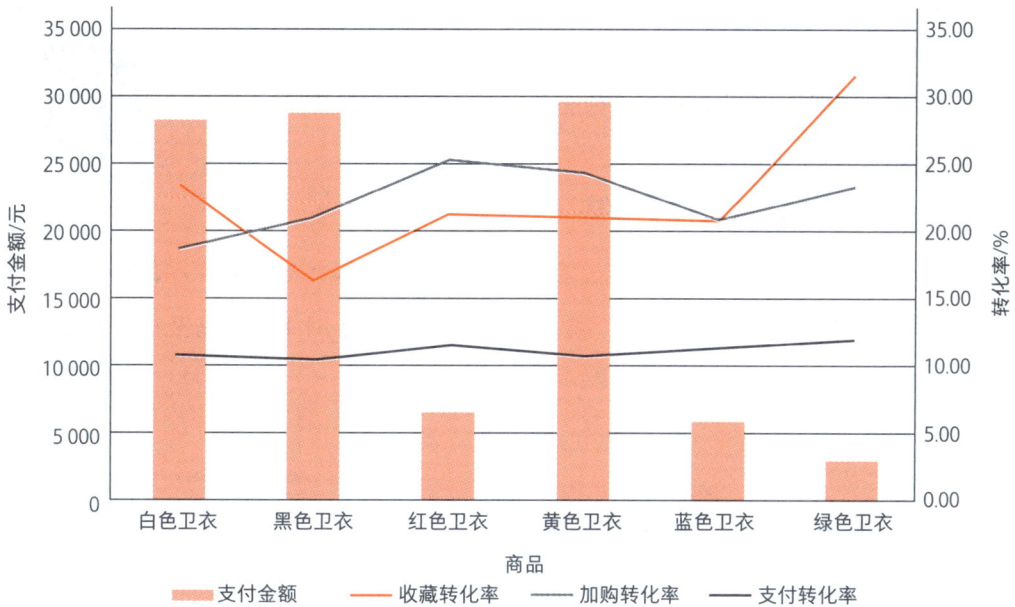

图 5-24　某店铺商品 SKU 分析

通过图 5-25 的对比分析，可以得到以下结论：

（1）支付金额的高低与转化率的高低并不完全同步。

（2）收藏转化率、加购转化率及支付转化率相对的趋势比较统一。

（3）爆款 SKU 为黄色卫衣、黑色卫衣、白色卫衣。

（4）红色卫衣、蓝色卫衣及绿色卫衣的转化率并不低，但支付金额却非常小，主要原因在于其访客数过低，可以考虑展示度不够或者主图有待优化。

### 3. 客单件分析

客单件是指统计时间内，每一位成交客户平均购买产品的数量，即平均交易量，其计算公式是：

客单件 = 交易总件数 ÷ 交易笔数

网店的销售额由客单价和客流量共同决定，而客单件则是影响客单价的重要指标。在流量相同的前提下，客单件越多，客单价越高，销售额也就越高。提升客单件的主要途径在于尽可能唤起顾客的购买欲望，包括产品组合多元化、关联推荐、促销活动和推销技巧等。

1. 客单价

客单价指每一个顾客平均购买产品的金额，即平均交易金额。

2. 客单件

客单件指每一个顾客平均购买产品的件数，即平均交易件数。

微课：如何
提升客单件

例如：某网店是一家品牌运动鞋专营店，最近 7 天的访客数是 16 000 人，支付订单数是 1 600 单，支付总件数为 2 000 件，销售额为 560 000 元，计算该网店最近 7 天的客单价和客单件。

$$客单价 = 560\ 000 ÷ 1\ 600 = 350（元）$$

$$客单件 = 2\ 000 ÷ 1\ 600 = 1.25（件）$$

### 4. 毛利率分析

毛利率是商品毛利润占销售额的百分比。计算公式为：

$$毛利率 =（销售收入 - 销售成本）÷ 销售收入 × 100\%$$

显然，最终影响产品毛利率的因素本质上有两个：一是产品销售成本，二是产品销售收入。因此，对产品毛利率的分析应从这两个方面展开。

① 产品销售成本分析。产品销售成本包括产品的生产成本、运输成本、仓储成本、包装成本、推广成本和人力成本等。成本越高，利润越低。

成本分析是在各类成本相加的基础上进行的。在电商领域，除去采购成本外，考虑如何有效摊薄仓储物流方面的费用，是节约成本开支的重要途径。

② 产品销售收入分析。影响产品销售收入的因素主要包括产品销售单价和产品销售数量。产品销售数量的变化对毛利率有直接影响，在产品销售价格不变的情况下，产品销售数量越大，毛利率越高，二者成正比关系。同理，产品销售单价与毛利率成正比关系，但产品销售单价并不是越高越好，因此不能简单地追求单价最大化。

> **实训专区**
>
> 　　调取源数据 5-1，统计重复购买的用户数，并计算复购率，试从复购率的角度分析该店铺的产品获客能力。

### 本单元需重点理解与掌握的内容

（1）产品能力分析包括产品获客能力和产品盈利能力。

（2）产品获客能力分析：新客点击量、重复购买率等。

（3）产品盈利能力分析：产品结构分析、SKU 分析、客单价分析、毛利率分析。

## 竞赛直达

### 赛题一：产品交易指数分析

背景：原牧纯品旗舰店是一家经营冷冻鸡肉食品，如鸡翅中、鸡腿等的淘宝网店。在新的一年开始之际，部门经理安排小周对本行业的交易变化趋势进行分析，找到该行业产品的淡旺季变化规律，为合理制作出自身本年度的运营规划提供指导。

要求：调取源数据 5-2，请选用适合的图表对该行业"2019—2021 年月度交易指数"数据进行可视化，通过该可视化结果判断其发展趋势，并找到该行业产品的淡旺季变化规律。

### 赛题二：产品 SKU 分析

背景：某数码专营店上新一批电子产品，并将其中一款儿童电话手表作为本阶段的主打产品。经过一段时间运营后，部门经理安排小亮以近 7 天的销售数据为准，对该产品进行 SKU 分析，以进行进一步的运营计划调整。

要求：调取源数据 5-3，根据题目背景得出爆款 SKU，然后观察加购件数最多的颜色和支付件数最多的套餐。

## 大数据定位消费者需求，"厨房经济"持续上扬

近两年，"厨房经济"走上快增长车道，而空气炸锅无疑是家电界的一颗璀璨新星。鲸参谋数据显示，2022 年 1 月份，京东平台空气炸锅月销量超过 120 万件，销售额超过 4.6 亿元，同比增长约 360%，创近两年的历史新高。

空气炸锅少油或无油的特点，加上适合厨房小白的简便操作，满足了单身年轻人对于健康与便捷的双重需求。此外，"Z 世代"群体逐渐成为新的消费主力，他们对烹饪有兴趣但又没有时间、空间与经验，空气炸锅成了一个省时省心的选择。

在经过短视频博主们类似于"不用油也能炸薯条""万物皆可炸"等热门话题的宣传后，空气炸锅不仅用猎奇心理驱散了单身年轻人孤独感，更是直接激发了大部分用户的消费欲望。

千趣 GKURC（全球关键用户调查研究中心）2022 年 2 月 11 日数据显示，在"95后"人群希望添置的家电产品中，空气炸锅位居前列，占比为 25.11%。

家电产品的健康、智能模块和功能标配化，未来将成为产业升级和消费升级的趋势。新兴小家电品牌应着眼于消费升级、科技创新和品质提升，凭借数据优势，实现小家电产品人性化与智能化设计的创新突破，加强小家电生态化、平台化开发等，市场发展空间依然较大，这也意味着小家电市场还有较大的增长空间。

企业依靠大数据、云计算平台精确地定位目标消费者的需求，洞察市场消费需求变化，迅速完成产品的迭代升级，通过精准营销，助力空气炸锅这类新产品成为"黑马"。

---

🖊 法治导航

### 数据造假成点评类网站的"潜规则"

此前，乎睿数据提供的数据显示，马蜂窝的海量点评中，85% 以上来源于竞争对手网站，马蜂窝的 2 100 万条"真实点评"中，1 800 万条来自抓取其他网站。而马蜂窝在回应中先是承认了数据造假的问题，其次表示没有文中所述的那么多。业内人士表示，

刷单、刷量、刷分、搬运原创内容等已成为行业的大问题，数据造假成为一种严重阻碍行业发展的问题。

据业内人士介绍，在数据造假上，有两种造假的需求主体，一是商家，二是平台。对商家来说，在具有影响力的平台刷单、刷量，可以提升商家的排名和影响力，更多的好评和更靠前的影响力会影响消费者的消费决定，从而为自己赢得更多的生意。而平台也会利用"网络爬虫"等技术手段抓取用户信息和评论。

《消费者权益保护法》规定："消费者享有知悉其购买、使用的商品或者接受的服务的真实情况的权利"和"消费者享有公平交易的权利"。数据造假使得消费者在不真实的情况下交易，获得的商品可能远远低于预期或描述，商品与买家的付出完全不对等，消费者最基本的公平交易权无法保障。同时，数据造假也违反了《中华人民共和国反不正当竞争法》第八条的相关规定，经营者不得对其商品的性能、功能、质量、销售状况、用户评价、曾获荣誉等作虚假或者引人误解的商业宣传，欺骗、误导消费者。经营者不得通过组织虚假交易等方式，帮助其他经营者进行虚假或者引人误解的商业宣传。

由此可见，商家通过数据造假的"作弊行为"提高自己的信誉，造成商品热销的假象，引诱其他消费者购买，违反了诚实信用原则，扰乱了竞争秩序。

# 职业技能训练

## 一、单项选择题

1. 产品搜索指数是用户搜索相关产品关键词热度的数据化体现，从侧面反映了用户对产品的（　　）。

   A. 关注度和兴趣度 　　　　　　 B. 购买能力

   C. 购买频次 　　　　　　　　　 D. 忠诚度

2. 产品交易指数越高，代表（　　）越高。

   A. 支付人数 　 B. 支付件数 　 C. 支付金额 　 D. 客单价

3. （　　）直接代表了用户的搜索意图，可用于标题制作、分析用户行为动机、确定推广关键词、设定登录页内容等。

A. 品牌词　　　　B. 核心词　　　　C. 长尾词　　　　D. 搜索词

4. 某时期内，客户总数为 500 人，其中 80 人重复购买（不考虑重复购买了几次），交易金额为 35 280 元，则复购率为（　　）。

A. 16%　　　　B. 1.4%　　　　C. 88.2%　　　　D. 84%

5. 关于企业的形象产品，下列说法正确的是（　　）。

A. 价位通常处于店内最高层次水平　　　B. 价位通常处于店内平均层次水平

C. 价位通常处于店内最低层次水平　　　D. 形象产品只展示不售卖

## 二、多项选择题

1. 根据产品定位，可以将产品结构划分为形象产品和（　　）。

A. 利润产品　　　B. 常规产品　　　C. 人气产品　　　D. 体验产品

2. 影响产品毛利率的因素本质上有两个：（　　）。

A. 产品销售成本　　　　　　　　　B. 产品搜索指数

C. 产品交易指数　　　　　　　　　D. 产品销售收入

3. 产品的生命周期一般分为（　　）。

A. 投入期　　　B. 成长期　　　C. 成熟期　　　D. 衰退期

4. 产品需求分析是产品数据分析的内容之一，关于该内容下列说法正确的是（　　）。

A. 根据研究目的，确定典型用户特征的分析内容

B. 根据典型用户特征分析结果，收集用户对产品需求的偏好

C. 通过整理分析产品需求偏好，提出产品开发的价格区间、功能卖点、产品创新、包装等建议

D. 通过产品的不断迭代升级，保持用户对产品及品牌持久的黏性

5.《中华人民共和国反不正当竞争法》第八条规定：经营者不得对其商品的（　　）、曾获荣誉等作虚假或者引人误解的商业宣传、欺骗、误导。

A. 性能　　　　B. 质量　　　　C. 用户评价　　　　D. 销售状况

## 三、判断题

1. 产品搜索指数指用户实际的搜索次数。（　　）

2. 产品交易指数之间的差值不代表实际支付金额的差值，仅代表支付金额的高低。（　　）

3. SKU 指商品的销售属性集合，假如一款商品有 S、M、L 三个规格，则对应三个 SKU。（　　）

4. 为了避免顾客产生抵触心理，关联推荐只能选择与顾客购买产品功能相似的产品。（　　）

5. 产品销售单价与销售额成正比，因此为了提升销售额，可以尽可能地提高产品单价。（　　）

## 四、案例分析题

1. 某食品网店为保持竞争力，定期更新商品、调整类目。为了避免运营决策主观化，减少风险，需要时刻关注市场动向和用户需求。现计划针对店内"粽子"类产品进行运营决策调整，运营人员首先通过百度指数查看了关键词"粽子"的搜索指数，如图 5-25 和图 5-26 所示，请根据这两幅图进行产品搜索指数分析。

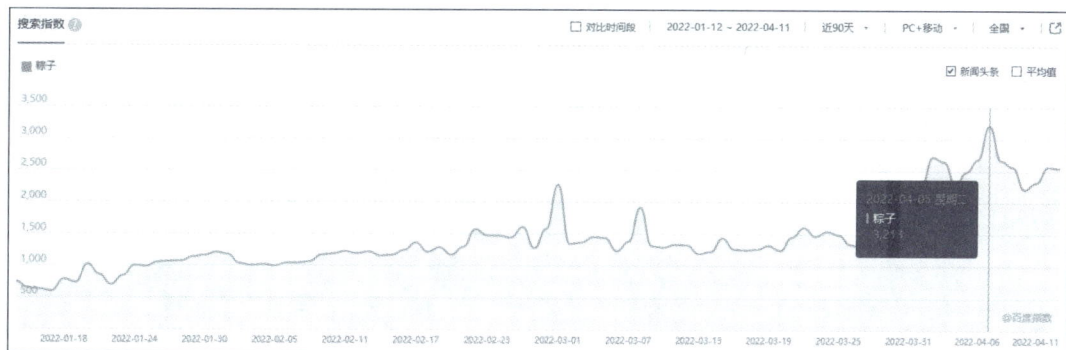

图 5-25　关键词"粽子"近 90 天的搜索指数

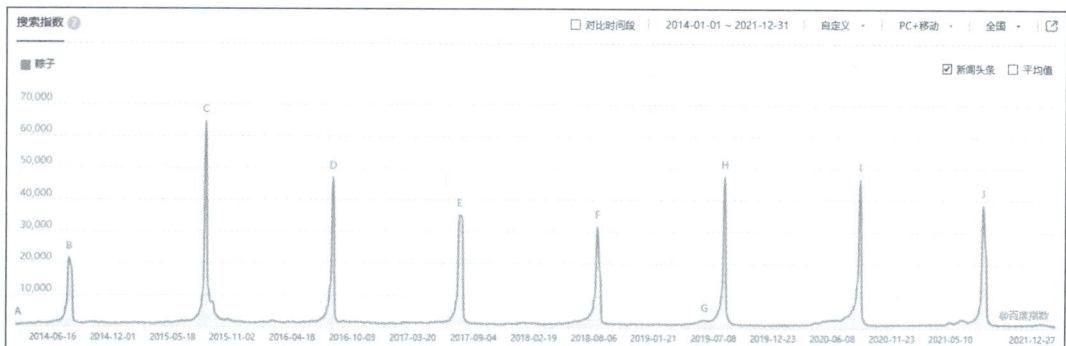

图 5-26　关键词"粽子"2014—2021 年的搜索指数

2. 某店铺选取了店内一款销量较好的商品，从后台导出该商品的所有 SKU 名称及其销售数据进行整理，如表 5-5 所示。现需要通过 SKU 数据对应转化率的计算，分析制定出有利的 SKU 策略。请结合表 5-5 中的数据进行 SKU 分析。

表 5-5　某店铺商品的 SKU 销售数据

| 商品 | 访客数 /人 | 支付金额 /元 | 支付件数 /件 | 支付买家数 /人 | 加购件数 /件 | 加购人数 /人 | 收藏人数 /人 |
|---|---|---|---|---|---|---|---|
| 雨伞柠檬黄 | 334 | 10 419 | 151 | 84 | 386 | 32 | 114 |
| 雨伞浅葱绿 | 577 | 8 418 | 122 | 69 | 497 | 221 | 50 |
| 雨伞樱桃粉 | 806 | 8 556 | 124 | 179 | 571 | 247 | 101 |
| 雨伞珊瑚橙 | 368 | 7 728 | 112 | 74 | 288 | 183 | 52 |
| 雨伞天空蓝 | 741 | 21 114 | 306 | 107 | 540 | 322 | 69 |
| 雨伞摩登灰 | 925 | 14 559 | 211 | 113 | 313 | 247 | 65 |
| 雨伞珍珠白 | 766 | 24 564 | 356 | 199 | 669 | 419 | 121 |
| 雨伞午夜黑 | 928 | 21 252 | 308 | 247 | 441 | 337 | 102 |

# 数据监控与数据分析报告撰写

## 学习目标

### 知识目标

◆ 熟悉电子商务常用数据指标及其含义
◆ 熟悉数据监控的一般流程
◆ 掌握数据监控报表制作的设计要素
◆ 了解数据分析报告的主要类型及各类型的特点

### 技能目标

◆ 能够完成数据监控报表的制作及异常数据的鉴别与分析
◆ 能够设计数据分析报告框架，并完成数据分析报告的撰写

### 素养目标

◆ 具备良好的数据安全意识和较强的数据判断能力，能够严谨地完成数据监控与异常数据鉴别与分析
◆ 具备较强的系统化思维、文字表达能力及一定的审美意识，能够完成数据分析报告的撰写与美化
◆ 弘扬社会主义法治精神，传承中华优秀传统法律文化，在数据监控中做到不侵权、不违法

## 思维导图

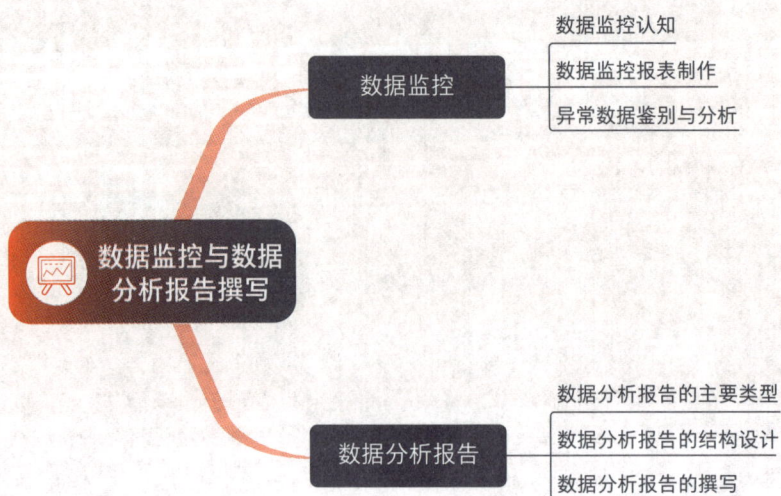

## 学习计划

- 知识学习计划
  _____
  _____
- 技能训练计划
  _____
  _____
- 素养提升计划
  _____
  _____
  _____

# 单元一  数据监控

## 引导案例

C实习作为大学生实践创新训练平台，迫切需要贴合用户使用习惯对平台制订有效的营销计划。在此背景下，该平台运营人员推出以"C实习小助手"为名的微信公众号，以满足大学生对C实习的应用需求。

"C实习小助手"开通一段时间之后，运营人员需要利用后台数据对微信公众号运营进行监控。其中，对微信公众号粉丝主要来源的分析是明确目标用户的关键步骤。表6-1为"C实习小助手"微信公众号粉丝来源细分统计表，从中可知用户来源主要分为公众号搜索、扫描二维码、图文页右上角菜单、图文页内公众号名称、名片分享及其他。从表6-1中可以直观地看出各粉丝来源的公众号粉丝数据分布（由冷色调渐变至暖色调表示数值由小变大）。

表6-1  "C实习小助手"公众号粉丝来源细分统计表                    单位：个

| 时间 | 公众号搜索 | 扫描二维码 | 图文页右上角菜单 | 图文页内公众号名称 | 名片分享 | 其他 |
|---|---|---|---|---|---|---|
| 2022 / 9 / 8 | 0 | 570 | 0 | 570 | 190 | 0 |
| 2022 / 9 / 9 | 0 | 1 140 | 0 | 2 090 | 0 | 570 |
| 2022 / 9 / 10 | 570 | 190 | 190 | 2 470 | 0 | 190 |
| 2022 / 9 / 11 | 0 | 570 | 0 | 2 660 | 380 | 190 |
| 2022 / 9 / 12 | 0 | 570 | 380 | 3 230 | 950 | 0 |
| 2022 / 9 / 13 | 0 | 570 | 190 | 3 610 | 190 | 0 |
| 2022 / 9 / 14 | 190 | 570 | 0 | 2 280 | 0 | 0 |
| 2022 / 9 / 15 | 0 | 190 | 0 | 950 | 0 | 190 |
| 2022 / 9 / 16 | 0 | 190 | 190 | 3 420 | 0 | 190 |
| 2022 / 9 / 17 | 0 | 190 | 0 | 570 | 0 | 0 |

| 时间 | 公众号搜索 | 扫描二维码 | 图文页右上角菜单 | 图文页内公众号名称 | 名片分享 | 其他 |
|---|---|---|---|---|---|---|
| 2022 / 9 / 18 | 0 | 0 | 190 | 570 | 190 | 0 |
| 2022 / 9 / 19 | 0 | 570 | 0 | 1 710 | 190 | 0 |
| 2022 / 9 / 20 | 1 140 | 570 | 0 | 2 660 | 380 | 380 |
| 2022 / 9 / 21 | 2 090 | 1 520 | 0 | 3 610 | 0 | 760 |

结合案例，思考并回答以下问题：

由表 6-1 可知，"C 实习小助手"公众号的粉丝主要来源于哪个渠道？请对该来源的粉丝特点进行简单分析，并对微信公众号如何吸粉提出简单建议。

# 一、数据监控认知

数据监控是及时、有效反馈数据异常的一种手段，通过对数据的监控，观察数据是否存在异常，进而分析数据，发现可能产生问题的苗头，然后将问题扼杀在萌芽阶段。

电子商务数据指标的监控方式主要包括人工监控和工具自动监控，无论选择哪种监控方式，都应该遵循一定的工作流程。

## 1. 制定监控目标

首先要明确监控的数据对象是什么、目的是什么、要解决什么业务问题，然后整理分析框架和分析思路。常见的监控对象主要有行业、竞争对手、客户，以及店铺日常运营等。如通过监控行业竞争，判断行业现状和竞争格局，预测行业发展走势和竞争对手的未来战略，从而优化自身发展策略；通过监控客户的购买行为、消费偏好等数据，分析客户价值，完成客户分类；通过对销售数据、推广数据、客服绩效数据等运营类数据进行监控，实时掌握企业的运营情况，帮助企业及时调整运营策略。

## 2. 明确监控的主要指标

根据数据监控目标，拆分数据监控的指标体系，进而对该指标体系下的数据指标对应的数据进行监控。关注每个环节的基础数据指标，监控各业务环节的基础数据。如果数据超出了正常的波动范围，就属于异常数据，通过对异常数据进行分析，可以快速定位企业哪个业务环节出了问题。

### 3. 分析各指标的影响因素

每个数据背后都有各自代表的意义。在熟悉电子商务常用数据指标及各指标之间关系的基础上，还需理解每一个监控数据背后的意义。以淘宝平台为例，商品详情页是店铺的主要流量入口，所以商品详情页中的浏览量、跳失率和收藏率都是关键数据，如果商品详情页的流量低，说明商品详情页点击率低，需要优化商品排名和主图；如果商品详情页的流量不低，但是跳失率高，说明商品详情页中的图片、描述、价格、评价、销量等有问题，需要优化商品详情页；如果商品详情页的收藏率高，说明商品比较受买家欢迎，此时卖家就需要分析商品受欢迎却没有形成转化的原因。

### 4. 数据预警

数据预警是通过各种数据维度的对比发现数据异常，并对已经存在的风险发出预报与警示。数据预警需要明确以下内容：

（1）指标确定。监控的指标包括量级指标与转化指标。量级指标即每个环节的数据指标。量级指标可以通过加工形成新的数据指标，如销售额和支付买家数都为量级指标，通过销售额除以支付买家数可以计算出客单价。转化指标反映每个环节的转化情况，通过监控转化指标可以快速定位出哪个环节出现了问题，如果下单转化率下降幅度很大，说明在商品价格、商品评价、商品详情页、客服引导话术等引导客户下单的环节出现了问题。

（2）每个指标正常波动范围的确定。对每个指标，都要根据历史数据设定一个正常波动范围，如表 6-2 所示，可以参考以下 4 个数据维度确认正常波动范围。如访客量环比前三天平均值的正常波动范围是 ±20%，如超出这个范围则为异常数据。

表 6-2　指标正常波动范围的确定方法

| 数据类型 | 正常波动范围设置方法 |
| --- | --- |
| 同比数据 | 与上周同一天同时段进行对比 |
| 环比数据 | 与前 N 天同一时段的平均值进行对比 |
| 每个环节的转化 | 与前 N 天每个环节的转化进行对比 |
| 每个小时的增幅 | 与前 N 天每个小时的增幅进行对比 |

（3）触发条件的确定。数据预警触发条件的确定，通常超出正常浮动范围就会

发出预警。

（4）预警周期与频次的确定。预警周期需要根据具体监控的数据指标进行调整，如在日常运营中对流量的预警周期通常是一天，频次为半个小时一次或一个小时一次。

（5）预警方式。在通常情况下，当数据出现异常时，电商平台会通过站内消息的形式进行提醒，监控人员需及时查看，对异常情况进行评判，需要上报时，可以通过即时通信工具向相关人员上报。

以上为数据有效监控的工作流程，当出现数据异常的时候，异常数据可以通过数据监控报表或数据监控工具体现出来。运营人员需要根据异常数据分析哪个环节出了问题，然后提出解决办法。

以大促期间的商品数据监控为例，在大促期间，通过商品流量的数据监控分析，可以优化商品渠道流量效果，提升大促中的商品流量和销售效果。在大促中，针对商品 SKU 加购数据反馈，可以对接大促中后期的发货安排，提前做好商品的打单发货、补货安排，提升店铺购物体验，避免库存缺失，导致销售额损失。

1. 商品实时数据监控

在大促中，可以根据访问商品实时数据反馈，了解商品不同时段的访客数、收藏量、加购人数及支付买家数；可以通过支付买家数分时段的趋势变化了解转化效果，对增长比较快的商品进行补仓，将售罄的商品改为预售，从而对核心商品进行转化价值提升，生意参谋中的商品核心指标监控情况如图 6-1 所示。

对商品流量数据进行监控，根据商品各流量渠道支付转化率效果，优化推广渠道，进而提升优质渠道产出，生意参谋中的商品流量数据监控情况如图 6-2 所示。商品流量数据监控主要包括以下两方面的数据反馈：

（1）商品访问数据反馈的主要指标包括商品访客数、商品浏览量、商品收藏人数、商品加购人数等。

（2）商品转化数据反馈的主要指标包括支付买家数、支付转化率、下单转化率等。

大促中商品流量数据监控表如表 6-3 所示。通过数据监控优化商品流量渠道效果，围绕销量靠前的商品优化大促期间的预算规划，并对流量渠道的获取方式进行调整，为店铺带来流量和转化率的提升。

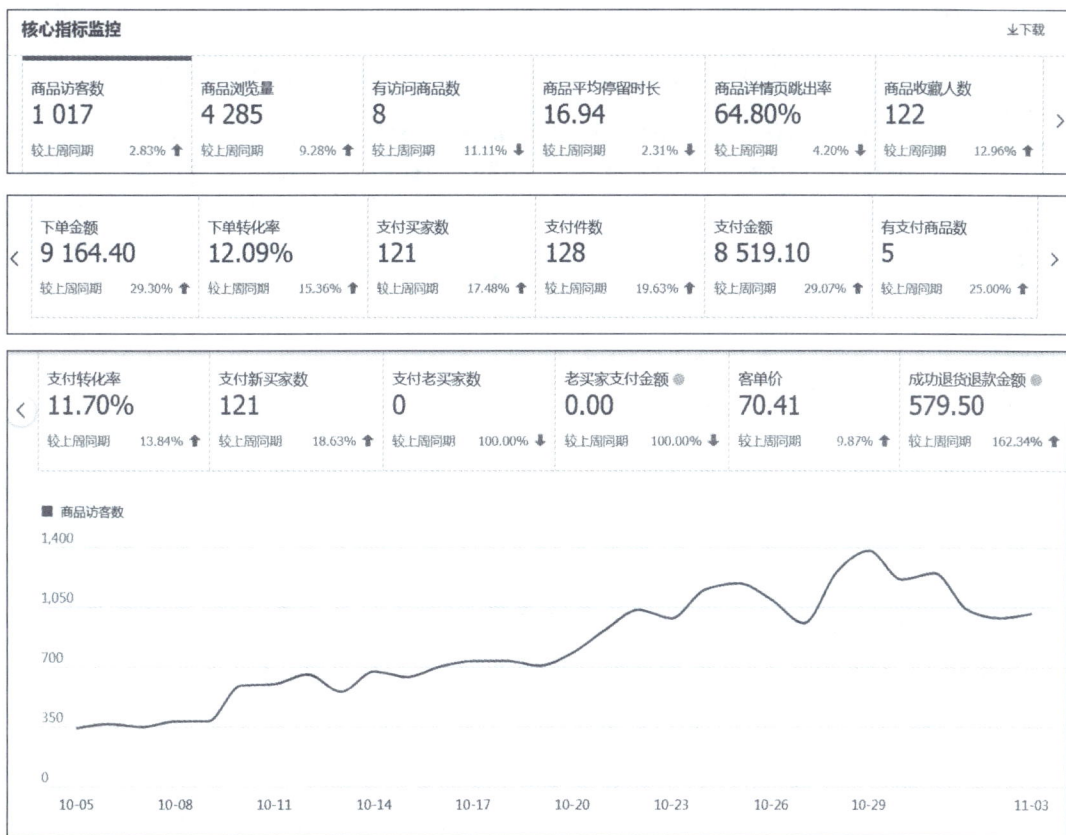

图 6-1　生意参谋——商品核心指标监控

图 6-2　生意参谋——商品流量数据监控

表 6-3　大促中商品流量数据监控表

| 大促中时间段 | 商品访问数据反馈 | | | | 商品转化数据反馈 | | | |
|---|---|---|---|---|---|---|---|---|
| | 商品访客数 | 商品浏览量 | 商品收藏买家数 | 加购人数 | 支付买家数 | 支付金额 | 支付转化率 | 客单价 |
| 时间段 1 流量反馈 | | | | | | | | |
| 时间段 2 流量反馈 | | | | | | | | |
| 时间段 3 流量反馈 | | | | | | | | |

2. 商品数据监控结果的应用场景

（1）商品来源应用场景。

场景一，抓取大促中实时支付转化率高的商品，进行首页、商品详情页装修位置的调整，提升优质商品的曝光效果，提升优质商品的转化率和销量。

场景二，监控大促中新品爆发效果及访客支付效果，帮助店铺筛选出后续商品，进行店铺后续商品孵化，提升店铺大促中后期的流量和销量。

（2）商品收藏加购应用场景。对大促前或大促中的收藏加购反馈效果进行分析，可以调整商品大促的投放方案。对于加购量大的商品，可以补充流量渠道投放预算，以提高商品促销效果。如表 6-4 所示，对大促前和大促中的商品访客数、商品加购数、收藏量、支付转化率、支付件数的监控，判断商品各 SKU 需要补货的件数，并及时反馈大促商品库存预警，进而及时进行商品补仓。

表 6-4　大促商品数据监控报表——及时反馈大促商品库存预警数据

| 日期 | 商品名称 | 商品访客数/人 | 商品加购数/件 | 收藏量/次 | 支付转化率 | 支付件数/件 | SKU信息 | 新增加购件数/件 | 支付件数/件 |
|---|---|---|---|---|---|---|---|---|---|
| 11.1 | 连衣裙 | 20 000 | 2 000 | 1 800 | 5% | 1 000 | 黑色 | 600 | 300 |
| | | | | | | | 米色 | 900 | 450 |
| | | | | | | | 粉色 | 500 | 250 |
| | | | | | | | | | |
| | | | | | | | | | |
| 11.11 | | | | | | | | | |

总的来说，对大促中店铺的商品流量按照时段实时监控反馈，可以帮助店铺在大促中调整商品推广渠道和推广方式，优化商品产值，针对商品库存 SKU 数据监控预警，提前布局商品发货、备货，提升大促中后期的商品价值和客户购物体验。

# 二、数据监控报表制作

数据监控通常需要结合数据报表来完成。数据分析项目包括原始数据获取及处理、数据分析整理、报表展现等多个组成部分。但是，从用户角度来讲，用户看不到交易的后台处理过程，需要通过报表的展现来了解数据分析结果，所以报表的设计在数据分析项目中显得尤为重要。

## 1. 数据监控报表的设计要素

（1）面向目标用户。报表是一种服务手段，从用户方便查看及使用角度出发，针对不同的目标用户需要有不同的设计偏向。

① 对决策层人员而言，报表需要简洁明了，简化操作过程，突出显示结果。一般决策层没有太多的时间去深入研究报表的细节，因此报表要把结果以最简单的方式直观地呈现出来，并且尽量减少操作步骤。

② 对管理层人员而言，报表需要重点突出、分析深入。管理层一般起到承上启下的作用，既要向决策层汇报，又要向下安排具体工作。在权限范围内，向决策层领导展示的内容也需要向管理层展示，并对问题进行深入分析，一方面要向管理层汇报问题的解决方案，另一方面协助管理层向下安排工作，解决具体问题。

③ 对执行层人员而言，报表需要解决具体问题，注重实用性。一线执行人员更关心如何帮助他们提高工作效率，解决实际工作中出现的具体问题，因此要求报表便于使用、有针对性。

（2）目标明确。要考虑制作该报表主要起什么作用，能让用户了解哪些信息、发现哪些问题，目前的指标选择是否合理。只有目标明确以后才能选择更合适的指标。这里的指标指的是衍生指标，如由客户数衍生的客户增长率等。

（3）重点突出。通过表格或者图形向用户传达的信息一定要重点突出，报表的使用者对于报表的结构不一定非常熟悉，如何能够让陌生的用户很快了解报表中有价值的信息，方便用户理解，就变得非常重要。例如，表格中的重点指标尽量靠左，如果是排名或者预警，要以特殊的颜色或者标志进行区分等。

（4）以业务划分为主，以指标划分为辅。用户往往需要的报表中的指标是多方面的。例如，既需要客户信息，又需要销售金额信息，这些信息都和业务内容密切相关，因此，设计报表的时候应该以业务划分为主，这样更容易满足用户的需求。而以指标划分为辅能够使指标归类更加明确，特别是权限控制更加合理，并且可以把指标划分作为分析的中间层数据，以备后续功能拓展使用。

以业务划分包括产品、运营、销售、客服、市场、财务、高层领导等。

以指标划分包括客户类指标、销售类指标、流量类指标等。

### 2. 数据监控报表的组成要素

每个报表都有三个关键组成要素：报表主题、报表指标、分析维度。

（1）报表主题。报表主题需要清晰地对应某个分析目标，它代表了用户期望从这个报表中获取到的信息，比如对客户价值进行分析，通常是基于客户的消费情况，描述该客户的价值状况，从而为客户细分、客户关系维护、企业决策提供数据支撑。只有把报表期望获取到的目标理解清楚，才能确定一个清晰的报表主题。

（2）报表指标。有了报表主题后，需要选择用哪些指标来支撑该主题的分析。例如，分析客户价值可以采用RFM分析模型，通过一个客户最近一次消费（Recency）、消费频率（Frequency）、消费金额（Monetary）三项关键指标来进行。这三项指标从不同的方面对客户的消费行为进行量化，从而帮助企业对客户情况进行分析。具体在指标值上，既可以采用数值，也可以采用基于数值衍生出来的各种百分比，如同比、环比、方差等多种形式。另外，指标还可以用复合指标的体现，比如对客服绩效考核得分来说，分值就是一个复合指标，而复合指标里面还包含着多个子指标，如通过客服引导获得的付款金额、旺旺回复率、响应时间等关键考核指标。

（3）分析维度。分析维度通常有时间维度和空间维度，不同的分析维度支撑起企业对趋势、发展分布、地域差异等进行对比分析，进而找出存在的问题。除了时间维度和空间维度外，更细化的产品维度、服务类别维度等对于更具体的定位问题有着重要作用。也可以对多个维度进行组合分析，然后找到其中的趋势或产生问题的原因。

### 3. 数据监控报表制作

（1）日常数据监控报表制作。日常数据监控报表制作需要围绕电子商务日常数据监控需求展开，明确需要达成的分析目标，如网店运营分析、销售分析、用户分析、竞品分析、员工绩效分析等，然后根据目标选择监控的数据指标搭建报表框架和采集数据，并通过初步分析与美化形成日报表、周报表、月报表。

## 知识链接

制作报表的一般工作流程如下：

步骤 1，明确数据汇报的需求。

步骤 2，构思报表的大纲。

步骤 3，选择报表数据指标。

步骤 4，搭建报表框架。

步骤 5，报表填制与美化。

接下来，以日常运营中员工的业绩监控为例，完成一个报表的制作与美化。

步骤 1，根据数据汇报需求，选择数据指标，搭建报表框架。本例中围绕员工的业绩监控，主要考核各员工负责的访客数、成单数、转化率、利润等数据指标。将目标数据进行整理，添加至 Excel 工具中，如表 6-5 所示。

表 6-5　某店铺销售数据报表

| 序号 | 日期 | 访客数 / 人 | 成单数 / 单 | 转化率 | 转化率变化 | 利润 / 元 | 利润变化 | 负责人 |
|---|---|---|---|---|---|---|---|---|
| 1 | 2022/9/24 | 2 659 | 1 023 | 38% | | 6 650 | | 小李 |
| 2 | 2022/9/25 | 3 211 | 1 066 | 33% | | 6 929 | | 小李 |
| 3 | 2022/9/26 | 1 524 | 655 | 43% | | 4 258 | | 小李 |
| 4 | 2022/9/27 | 4 512 | 1 899 | 42% | | 12 344 | | 小李 |
| 5 | 2022/9/28 | 2 356 | 1 514 | 64% | | 9 841 | | 小李 |
| 6 | 2022/9/29 | 3 522 | 1 899 | 54% | | 12 344 | | 小李 |
| 7 | 2022/9/30 | 5 612 | 3 699 | 66% | | 24 044 | | 小李 |
| 8 | 2022/10/1 | 7 825 | 4 658 | 60% | | 30 277 | | 小王 |
| 9 | 2022/10/2 | 6 521 | 2 568 | 39% | | 16 692 | | 小王 |
| 10 | 2022/10/3 | 5 621 | 2 410 | 43% | | 15 665 | | 小王 |

| 序号 | 日期 | 访客数／人 | 成单数／单 | 转化率 | 转化率变化 | 利润／元 | 利润变化 | 负责人 |
|---|---|---|---|---|---|---|---|---|
| 11 | 2022/10/4 | 8 510 | 4 012 | 47% | | 26 078 | | 小王 |
| 12 | 2022/10/5 | 5 601 | 2 100 | 37% | | 13 650 | | 小王 |
| 13 | 2022/10/6 | 4 589 | 1 956 | 43% | | 12 714 | | 小王 |
| 14 | 2022/10/7 | 5 800 | 2 316 | 40% | | 15 054 | | 小王 |
| 15 | 2022/10/8 | 4 921 | 1 998 | 41% | | 12 987 | | 小王 |
| 16 | 2022/10/9 | 3 980 | 1 895 | 48% | | 12 318 | | 小王 |

步骤 2，数据格式调整。通过设置字体类型、颜色、视图等完成表格字体背景的润色，数据格式调整结果如图 6-3 所示。

图 6-3　数据格式调整结果

步骤 3，报表填制与美化。

① 采用"迷你图"反映数据的变化情况。选中用于创建"迷你图"的数据单元格区域，切换到"插入"功能选项卡中，在"迷你图"组中，单击一种图表类型，目前有折线图、柱形图、盈亏图三种按钮，此处选择"折线图"，打开"创建迷你图"对话框。利用"位置范围"右侧的折叠按钮，选中显示"迷你图"的单元格，单击"确定"按钮，"迷你图"即可显示在上述单元格中，如图 6-4 所示。

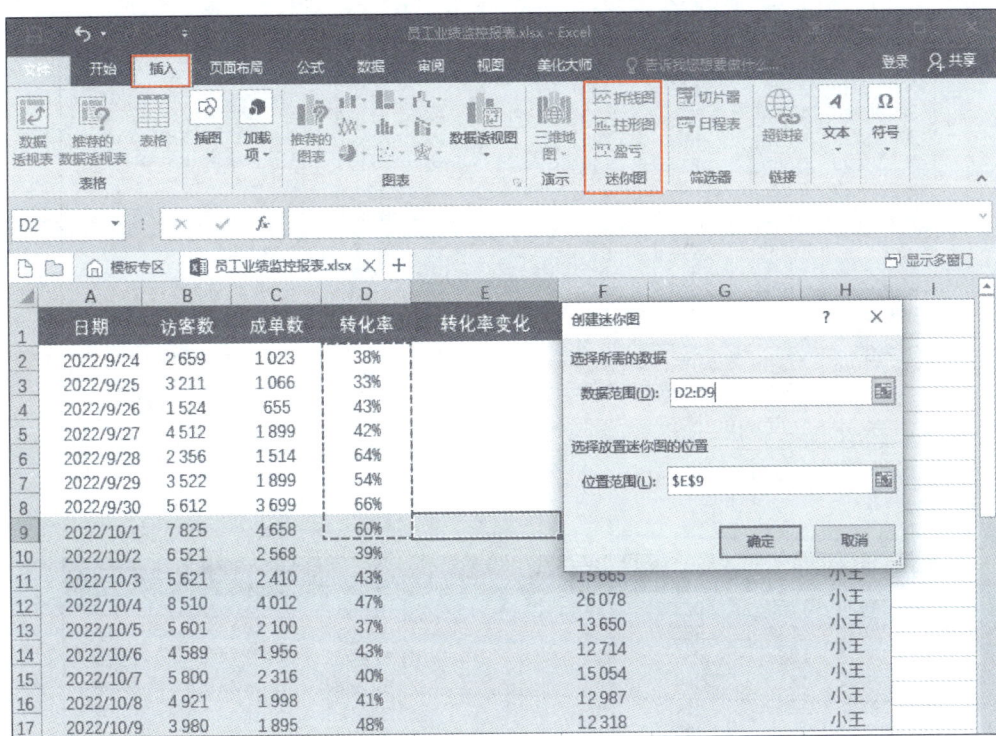

图 6-4　添加"迷你图"

---

### 知识链接

## 迷　你　图

"迷你图"实际上是在单元格背景中显示的微型图表，因此可以在单元格中输入文本并使用"迷你图"作为其背景。

当数据表行或列中呈现的数据非常重要，但很难一目了然地发现其变化规律时，可以通过在数据旁边插入迷你图的方式呈现。迷你图占用的空间非常小，能够以清晰简洁的图形表现形式，显示基于相邻数据的趋势。

---

插入"迷你图"后，选中"迷你图"所在的单元格，对"迷你图"进一步格式化处理，如图 6-5 所示。

折线图和柱形图等"迷你图"的插入方法类似，以此类推完成利润变化的柱形图的添加，如图 6-6 所示。

| 日期 | 访客数 | 成单数 | 转化率 | 转化率变化 | 利润 | 利润变化 | 负责人 |
|---|---|---|---|---|---|---|---|
| 2022/9/24 | 2 659 | 1 023 | 38% | | 6 650 | | 小李 |
| 2022/9/25 | 3 211 | 1 066 | 33% | | 6 929 | | 小李 |
| 2022/9/26 | 1 524 | 655 | 43% | | 4 258 | | 小李 |
| 2022/9/27 | 4 512 | 1 899 | 42% | | 12 344 | | 小李 |
| 2022/9/28 | 2 356 | 1 514 | 64% | | 9 841 | | 小李 |
| 2022/9/29 | 3 522 | 1 899 | 54% | | 12 344 | | 小李 |
| 2022/9/30 | 5 612 | 3 699 | 66% | | 24 044 | | 小李 |
| 2022/10/1 | 7 825 | 4 658 | 60% | | 30 277 | | 小王 |
| 2022/10/2 | 6 521 | 2 568 | 39% | | 16 692 | | 小王 |
| 2022/10/3 | 5 621 | 2 410 | 43% | | 15 665 | | 小王 |
| 2022/10/4 | 8 510 | 4 012 | 47% | | 26 078 | | 小王 |
| 2022/10/5 | 5 601 | 2 100 | 37% | | 13 650 | | 小王 |
| 2022/10/6 | 4 589 | 1 956 | 43% | | 12 714 | | 小王 |
| 2022/10/7 | 5 800 | 2 316 | 40% | | 15 054 | | 小王 |
| 2022/10/8 | 4 921 | 1 998 | 41% | | 12 987 | | 小王 |
| 2022/10/9 | 3 980 | 1 895 | 48% | | 12 318 | | 小王 |

图 6-5　添加"折线图迷你图"

| 日期 | 访客数 | 成单数 | 转化率 | 转化率变化 | 利润 | 利润变化 | 负责人 |
|---|---|---|---|---|---|---|---|
| 2022/9/24 | 2 659 | 1 023 | 38% | | 6 650 | | 小李 |
| 2022/9/25 | 3 211 | 1 066 | 33% | | 6 929 | | 小李 |
| 2022/9/26 | 1 524 | 655 | 43% | | 4 258 | | 小李 |
| 2022/9/27 | 4 512 | 1 899 | 42% | | 12 344 | | 小李 |
| 2022/9/28 | 2 356 | 1 514 | 64% | | 9 841 | | 小李 |
| 2022/9/29 | 3 522 | 1 899 | 54% | | 12 344 | | 小李 |
| 2022/9/30 | 5 612 | 3 699 | 66% | | 24 044 | | 小李 |
| 2022/10/1 | 7 825 | 4 658 | 60% | | 30 277 | | 小王 |
| 2022/10/2 | 6 521 | 2 568 | 39% | | 16 692 | | 小王 |
| 2022/10/3 | 5 621 | 2 410 | 43% | | 15 665 | | 小王 |
| 2022/10/4 | 8 510 | 4 012 | 47% | | 26 078 | | 小王 |
| 2022/10/5 | 5 601 | 2 100 | 37% | | 13 650 | | 小王 |
| 2022/10/6 | 4 589 | 1 956 | 43% | | 12 714 | | 小王 |
| 2022/10/7 | 5 800 | 2 316 | 40% | | 15 054 | | 小王 |
| 2022/10/8 | 4 921 | 1 998 | 41% | | 12 987 | | 小王 |
| 2022/10/9 | 3 980 | 1 895 | 48% | | 12 318 | | 小王 |

图 6-6　添加"柱形图迷你图"

② 添加数据条对数据突出显示。利用条件格式对需要突出显示的数据进行设置，在本例中可以对 10 月的成单数突出显示。首先框选需要处理的数据，然后单击"条件格式"按钮，在其下拉菜单中选择"数据条"选项，选定颜色突出显示，结果如图6-7 所示。

③ 利用数据透视表实现数据的自动计算与刷新。选定数据源插入数据透视表，在弹出的"创建数据透视表"对话框中完成数据区域的框选以及数据透视表输出区域的选择，如图6-8 所示。

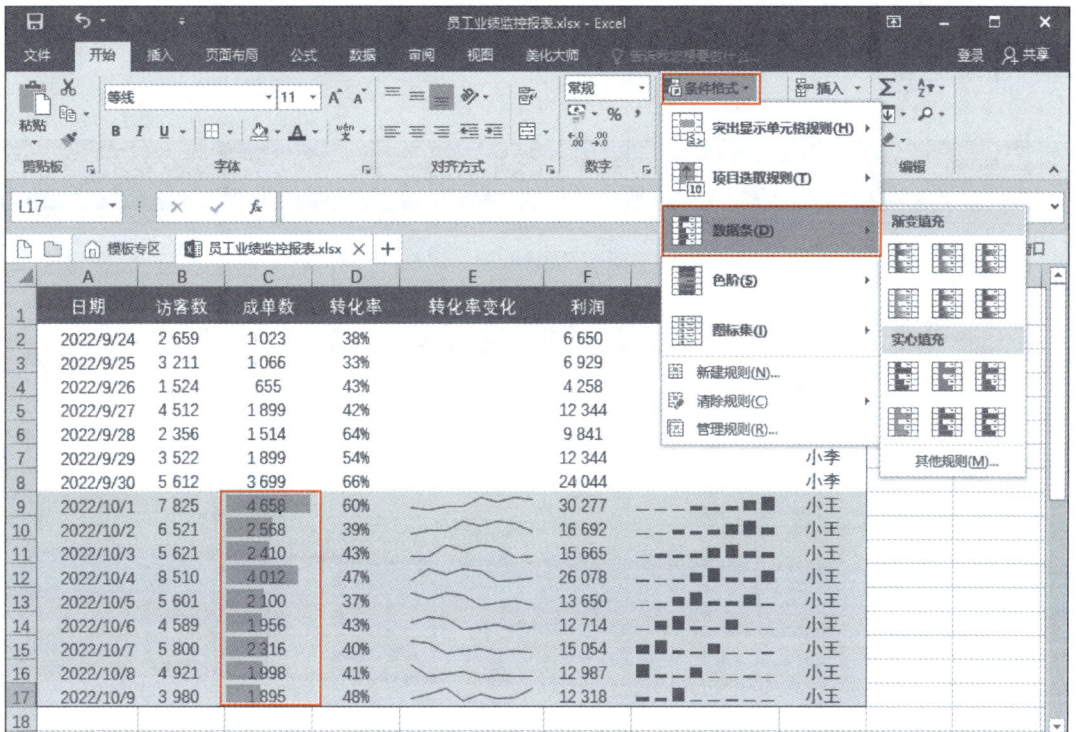

图 6-7　添加数据条对数据突出显示

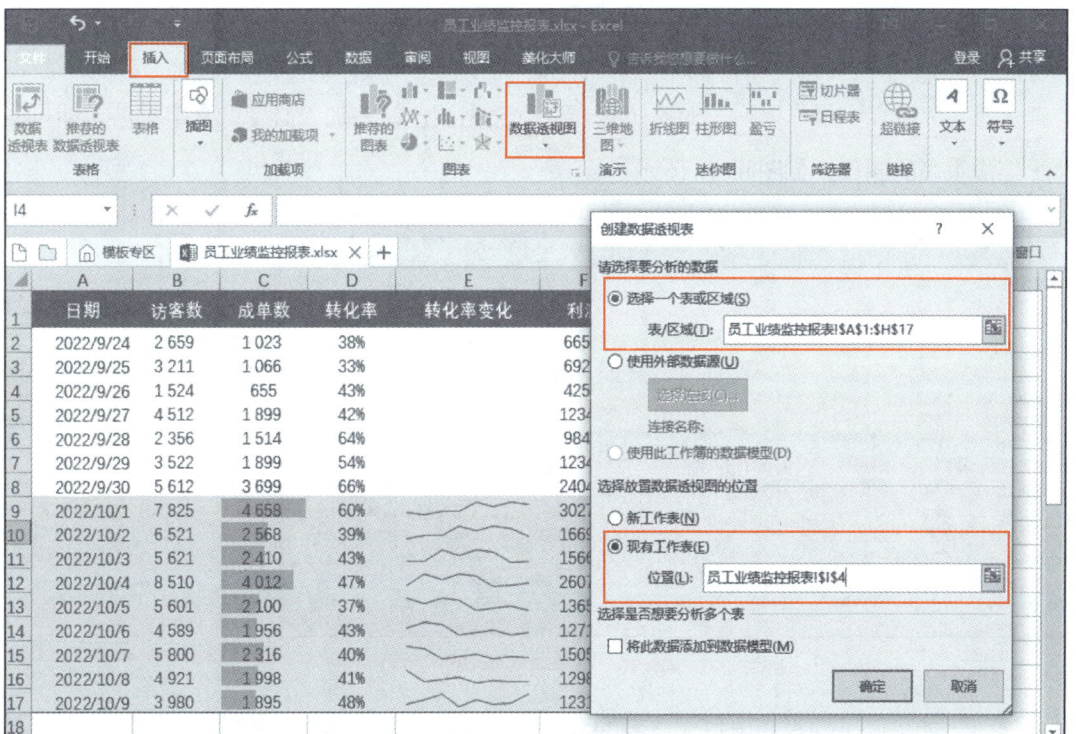

图 6-8　插入数据透视表

接着，在"数据透视表字段"区域完成数据分组与计算的数据对象选择，如图6-9所示。

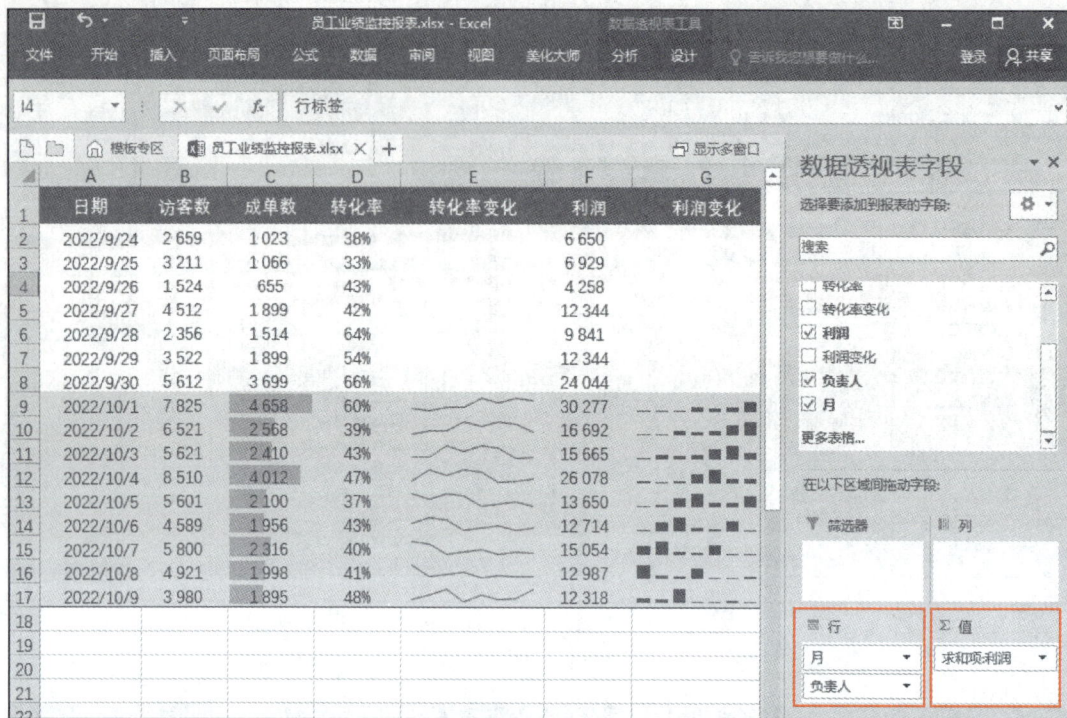

图6-9　数据透视表设置

完成以上操作以后，对整个报表进行美化润色，并加入必要的文字标注，即可完成报表的制作，如图6-10所示。

图6-10　完成报表制作

如果以上的报表中每天有新的数据需要更新，只需要在原始数据里加一行，在数据透视表里右击鼠标刷新即可完成此报表的内容更新。

📅 **知识链接**

### 报表设计的常见问题

（1）内容重点不突出，应把用户最需要的内容放在最显著的位置，并且进行突出显示。

（2）指标与衍生指标取舍不合理。

（3）指标设计与业务不符。

（4）数据自相矛盾。

（5）把报表做成一个查询系统，没有分析出用户真正想要的内容。

**实训专区**

按照上文讲述的数据报表制作过程，调取源数据6-1，完成员工业绩监控报表的制作。

（2）专项数据监控报表制作。专项数据监控报表旨在单独对某个维度的数据进行监控，为电子商务日常运营提供决策建议，专项数据监控报表的制作将围绕以下三个维度展开：

① 市场数据监控报表。市场数据监控报表需要结合行业数据、竞争对手数据展开，这里需要结合分析需求及监控需求，选中数据指标并搭建框架，如表6-6所示。

表 6-6　某店铺市场数据监控报表

| | 时间 | 行业平均利润 / 元 | 行业增长率 /% | 行业访客数 / 人 | 行业加购数 / 人 | 行业卖家数 / 个 | 行业客单价 / 元 |
|---|---|---|---|---|---|---|---|
| **行业数据** | 2022/11/1 | | | | | | |
| | 2022/11/2 | | | | | | |
| | 2022/11/3 | | | | | | |
| | … | | | | | | |
| **行业分析** | | | | | | | |

| | 时间 | 竞争对手一 | | | 竞争对手二 | | |
|---|---|---|---|---|---|---|---|
| | | 客单价 / 元 | 热销商品数 / 个 | 毛利率 /% | 客单价 / 元 | 热销商品数 / 个 | 毛利率 /% |
| 竞争对手数据 | 2022/11/1 | | | | | | |
| | 2022/11/2 | | | | | | |
| | 2022/11/3 | | | | | | |
| | … | | | | | | |
| 竞争对手分析 | | | | | | | |

② 运营数据监控报表。运营数据监控报表需要综合对客户行为数据、推广数据、交易数据、服务数据、采购数据、物流数据、仓储数据等进行呈现，与日、周、月报表类似，在制作报表时需要结合分析目标，灵活选择数据指标。

如某淘宝店铺在 2022 年 11 月 1 日—11 月 11 日参与了平台 11 月 1 日—11 月 10 日的预热活动及 11 月 11 日的正式活动，在活动期间需要对"双 11"期间每天移动端和 PC 端不同流量来源的各项数据进行监控，以便实时查看活动效果，调整运营策略，如表 6-7 所示。

表 6-7 某店铺"双 11"活动期间流量数据监控报表（2022 年 11 月 1 日 -11 月 11 日）

| 流量来源 | 来源明细 | 访客数 / 人 | 下单买家数 / 个 | 下单转化率 /% | 支付买家数 / 个 | 支付转化率 /% | 支付金额 / 元 | UV价值 / 元 |
|---|---|---|---|---|---|---|---|---|
| 付费流量 | 淘宝客 | | | | | | | |
| | 直通车 | | | | | | | |
| | 智钻 | | | | | | | |
| 自主访问 | 购物车 | | | | | | | |
| | 我的淘宝 | | | | | | | |
| 淘内免费 | 淘内免费其他 | | | | | | | |
| | 手淘首页 | | | | | | | |
| | 手淘搜索 | | | | | | | |
| | 手淘消息中心 | | | | | | | |

| 流量来源 | 来源明细 | 访客数/人 | 下单买家数/个 | 下单转化率/% | 支付买家数/个 | 支付转化率/% | 支付金额/元 | UV价值/元 |
|---|---|---|---|---|---|---|---|---|
| 淘内免费 | 手淘拍立淘 | | | | | | | |
| | 手淘找相似 | | | | | | | |
| | 手淘其他店铺 | | | | | | | |
| | 手淘我的评价 | | | | | | | |
| | 手淘微淘 | | | | | | | |

③ 产品数据监控报表。产品数据监控报表的制作围绕相关产品行业数据、产品盈利能力数据选择监控的数据指标，如表 6-8 所示。

表 6-8　某店铺产品数据监控报表

| 品类 | 时间 | 行业数据 | | | 店铺产品数据 | | | | | | |
|---|---|---|---|---|---|---|---|---|---|---|---|
| | | 访客数/人 | 搜索指数 | 交易指数 | 访客数/人 | 详情页跳出率/% | 销售数量/件 | 销售金额/元 | 退货率/% | 客单价/元 | 毛利率/% |
| 羽绒服 | 2022/11/1 | | | | | | | | | | |
| | 2022/11/2 | | | | | | | | | | |
| | 2022/11/3 | | | | | | | | | | |
| | … | | | | | | | | | | |
| 牛仔裤 | 2022/11/1 | | | | | | | | | | |
| | 2022/11/2 | | | | | | | | | | |
| | 2022/11/3 | | | | | | | | | | |
| | … | | | | | | | | | | |
| 连衣裙 | 2022/11/1 | | | | | | | | | | |
| | 2022/11/2 | | | | | | | | | | |
| | 2022/11/3 | | | | | | | | | | |
| | …… | | | | | | | | | | |

专项数据监控报表的详细制作步骤和日常数据监控报表的制作步骤一致，在报表的框架搭建完成后，将采集到的数据导入搭建好的报表框架中，并根据展现的需要进

行报表数据初步分析与美化，即可完成报表的制作。

### 4. 报表监控

报表监控包括两个方面：报表管理的监控与报表使用情况的监控。通过对报表管理的监控，可以在第一时间发现报表在运行过程中出现的问题，并且及时跟进解决，保证报表使用者的体验良好。通过对报表使用情况的监控，可以发现报表使用者的应用和报表的目标预期是否存在较大的差异，以便更好地发现报表设计的不足，及时对报表进行优化。

## 三、异常数据鉴别与分析

电子商务运营过程中难免会遇到数据异常的情况，如遇到店铺流量突然下降、转化率波动较大、销售额大幅度下降等情况，就需要运营人员结合数据报表对异常数据进行鉴别与分析，通过分析来明确造成数据异常波动的原因，找到日常运营工作和数据波动之间的相关性，从而找到促进数据增长的途径，改变数据结果。异常数据鉴别的一般步骤为：

步骤1，获取诊断的相关数据。

步骤2，对比分析，找出差距，分析异常原因。

步骤3，制定优化对策。

异常数据可以通过数据监控报表的异常数据波动反映出来，也可以借助数据监控工具进行查看。这里以生意参谋为例，讲解几类常见的异常数据鉴别与分析。

### 1. 行业异常数据鉴别与分析

卖家可以通过实时监控市场以及行业TOP排行了解行业动态，通过同周期对比发现数据异常。通过对行业TOP商家、商品、品牌排行的实时监控，识别高潜力竞争对手，实时监控竞争动态，帮助店铺了解竞争对手的情况。通过对行业客群、搜索客群、品牌客群、属性与产品分析等数据的监控，可以帮助店铺锁定热门人群特质及人群变化趋势，鉴别市场"红海"和"蓝海"，生意参谋中的市场监控板块如图6-11所示。

### 2. 商品异常数据鉴别与分析

（1）异常商品鉴别与分析。异常商品是指店铺所有终端截至当日出现"支付转化率低""支付下跌""流量下跌""高跳出率""零支付""低库存"数据的商品。

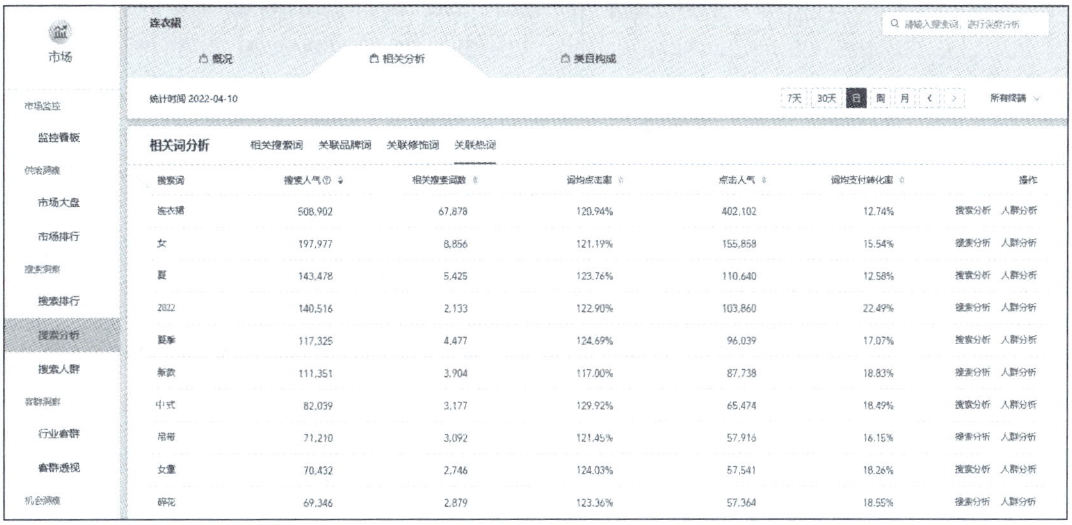

图 6-11　生意参谋——市场监控

如图 6-12 所示，"生意参谋"—"商品"—"异常商品"中有 6 个提示指标，各自的定义及出现异常后的优化建议如下：

图 6-12　生意参谋——异常商品鉴别

① 流量下跌的商品。最近 7 天浏览量较上一个周期 7 天下跌了 50% 以上。建议优化商品标题和商品描述，使用推广手段进行引流。

② 支付转化率低的商品。如果支付转化率低于同类商品的平均水平，建议优化商品标题和商品描述，通过促销优惠、提升客服专业度等提升买家下单转化。

③ 高跳出率商品。跳出率是指商品的浏览量中，没有进一步访问店铺其他页面的浏览量的占比。高跳出率商品是指跳出率高于同类商品平均水平的商品。建议优化

商品标题和商品描述，通过一定的推广方式引流，同时利用促销优惠提升买家的下单转化率。

④ 支付下跌商品，是指最近 7 天支付金额较上一个周期（7 天）下跌了 30% 以上的商品。建议优化商品标题和商品描述，增强引流，同时利用促销优惠提升买家的下单转化率。

⑤ 零支付商品，指 90 天内发布且最近 7 天内没有产生任何销量的商品。此类商品不会进入搜索索引。建议修改商品标题、属性等，重新发布上架，加强关联商品，增强引流。

⑥ 低库存商品，指最近 7 天加购件数 > 昨日库存量 ×80% 的商品。建议增加备货量，以便保证商品的正常销售。

（2）商品品质问题的鉴别与分析。登录店铺后台的卖家中心，通过"商品管理—体检中心—TOP 商品明细"可以查看 TOP 商品明细，如图 6-13 所示，可以从"问题程度（近 30 天）""商品销量（近 30 天）""商品销量增长率（近 15 天）""商品退货（近 30 天）"4 个维度查看 TOP10 商品品质问题的详细情况，店铺运营人员应及时关注并调整问题商品，提升店铺商品品质和客户满意度。

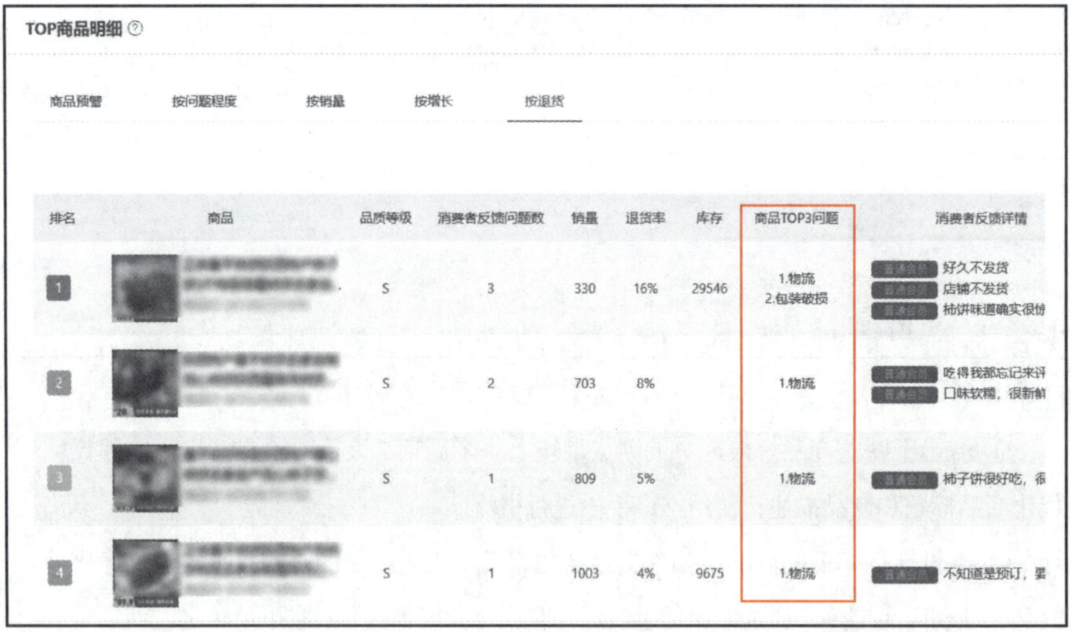

图 6-13　体检中心—TOP 商品明细

登录店铺后台的卖家中心，通过"商品管理—品质中心—权益与建议"可以查看店铺品质体感问题，店铺品质体感问题是购买过店铺商品的消费者对商品品质的反馈。如图 6-14 所示，最近 30 天店铺内的主要品质问题是由商品的新鲜度和物流引起的，分别占比为 52.63% 和 36.84%，除此之外，还出现了商品缺斤少两、包装破损的情况，需要卖家定期关注品质问题，并对其进行有针对性的优化。

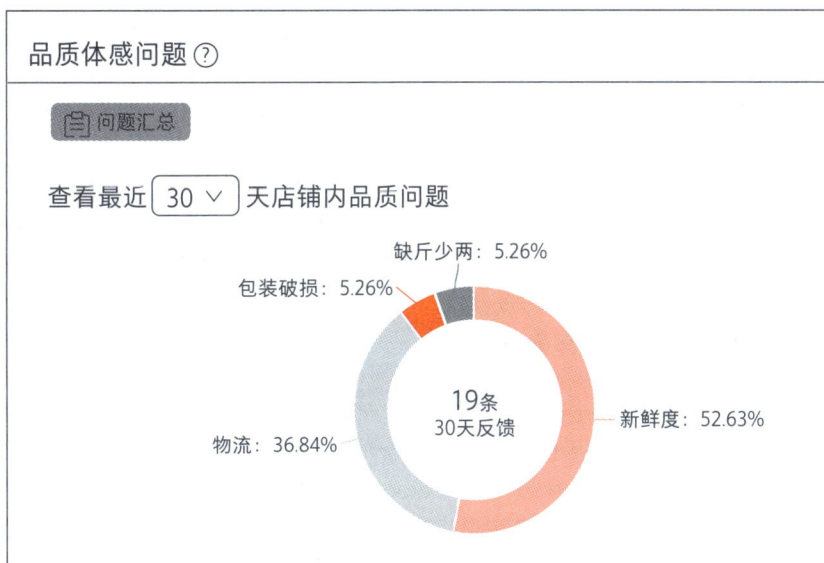

图 6-14　商品管理—品质中心—品质体感问题

### 3. 运营异常数据鉴别与分析

（1）店铺动态评分（DSR）下滑。店铺动态评分（DSR）是指客户对店铺"商品与描述相符""卖家服务态度""物流服务的质量"这三项的评判打分，如图 6-15 所示。这三项可以表达出客户在店铺的服务体验情况。

① 客户收到的商品是否和商品详情页描述一致。

② 客服在售前售后是否让客户满意。

③ 发出的快递和提供的服务能否让客户满意。

店铺的 DSR 一旦低于同行，最直观的影响就是店铺和单品的权重变低，尤其是新品的权重变低，而且不能参与报名一些大型官方活动。如图 6-15 所示，当 DSR 评分飘红（即评分高于同行业平均水平）的时候，很多卖家往往不会在意关于 DSR 的相关事项，只有当 DSR 飘绿之后，才开始着急应对。当店铺动态评分飘绿，评分低于同行业平均水平时，就说明 DSR 已经严重影响到商品的展现以及转化了。

图 6-15 店铺动态评分

因此，店铺应该做好预防工作，避免 DSR 评分出现异常：

① 主图、商品详情页不夸大宣传，不做实现不了的承诺。

② 客服态度至关重要，客服人员需要有专业知识、及时的响应速度，以及良好的回复态度。

③ 利用小赠品，让客户有意外惊喜。

④ 物流速度是最不可控的，这也是需要店铺重点维护的一个方面。

（2）物流数据异常。物流异常跟踪情况如图 6-16 所示。

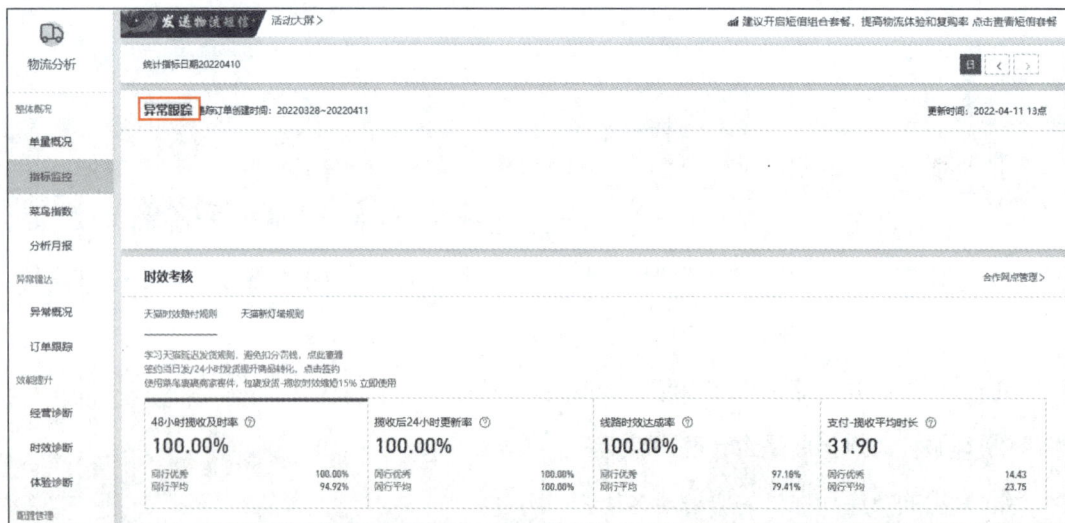

图 6-16 生意参谋——物流异常跟踪

对物流数据进行监控可以看到异常的物流信息，进而可以制定应对策略，主要包括以下几个方面：

① 实时追踪物流订单流转。通过物流核心数据总览，可以从订单角度出发，实时追踪订单创建、发货、揽收、签收等物流订单状态的流转，预警异常订单风险，从

时效和体验等角度监控，了解每日物流的情况。

访问路径为：生意参谋——物流分析——整体概况——指标监控。

② 设置物流异常预警。通过生意参谋"异常雷达"可以实时捕捉异常并触发消息提醒，结合行业物流规则和消费者物流反馈，设置物流订单异常风险预警点，即可在触发异常时推送信息给商家，商家通过查看异常订单的快递和地区分布，快速处理排除风险。

访问路径为：生意参谋——物流分析——异常雷达——异常概况。

③ 实时追踪订单状态。通过订单异常类型分组，可以准确定位到具体订单的异常原因，直观查看明细订单数据。

访问路径为：生意参谋——物流分析——异常雷达——订单追踪。

④ 找出问题物流线路，给出优化策略。通过对店铺内全物流线路时效覆盖的监控，定位到线路中发货、揽收和派送等各个环节存在时效风险的点，找出可以优化的线路分布。

访问路径为：生意参谋——物流分析——效能提升——时效诊断。

在页面点击具体单条线路的诊断操作，诊断线路为近 7 天和 30 天的物流时效评价，可以诊断定位线路物流时效问题的原因，提出优化建议及方案。

访问路径为：生意参谋——物流分析——效能提升——时效诊断——线路诊断。

⑤ 找到消费者体验问题，并分析原因。从核心关注的物流服务 DSR 出发，分析消费者集中的物流差评原因和因物流原因引起的退货退款，归纳定位到快递公司和线路的问题。

访问路径为：生意参谋——物流分析——效能提升——体验诊断。

（3）流量数据异常。如图 6-17 所示，通过浏览量、访客数、跳失率、平均停留时长等指标，可以对店铺流量进行直观分析，访客数、浏览量、支付转化率、客单价明显下降，或跳失率明显增高，都是异常数据的表现，在生意参谋"消息"列表中，会对数据异常进行实时反馈，需要运营人员对应分析，优化营销策略，生意参谋中的流量来源排行情况如图 6-18 所示。还可以通过对各流量来源的流量数据进行分析，发现优质流量渠道，进而对各流量渠道的投入预算进行调整。

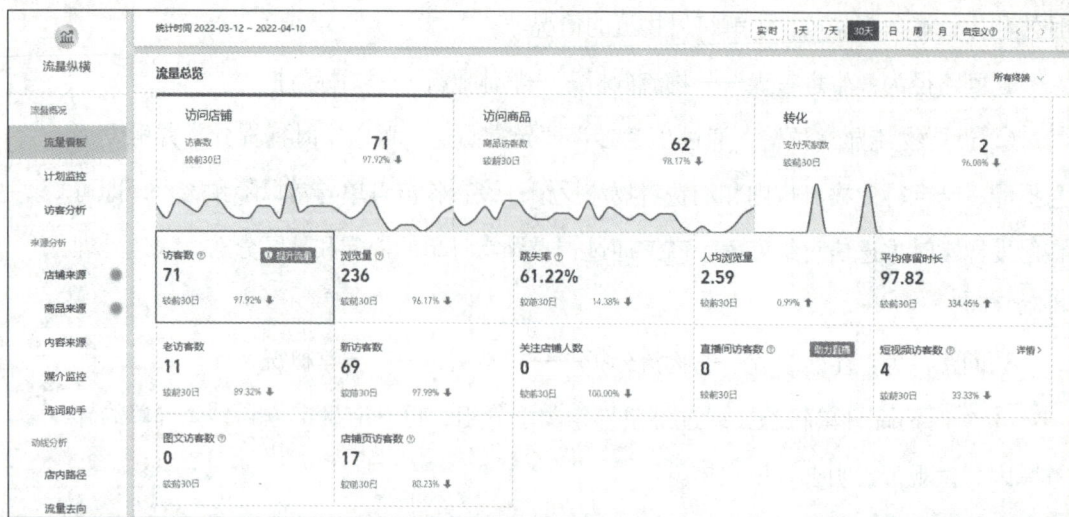

图 6-17　生意参谋——流量总览

图 6-18　生意参谋——流量来源排行

（4）店铺违规扣分。以淘宝平台为例，涉及的违规行为分为一般违规行为和严重违规行为。

一般违规行为包括滥发信息、虚假交易、延迟发货、描述不符、违背承诺、竞拍不买、恶意评价、恶意骚扰、滥用会员权利、未依法公开或更新营业执照信息等。

严重违规行为包括不当注册、发布违禁信息、出售假冒商品、盗用他人账户、泄露他人信息、骗取他人财物等。

如果店铺被查出来违规，如图 6-19 所示，一般有三个步骤。第一步与第二步是可以撤销的，第三步是无法撤销的。需要注意的是，特别严重的违规行为是无法撤销的，会被直接扣分。

图 6-19　体检中心——违规处理

第一步，"待您处理的违规"。此处展示需要进行申诉、编辑、下架、删除或者其他操作的记录，当卖家处理或提交申诉后，平台会再次检查，检查通过则删掉违规，不通过则继续提示或者进入下一步。

第二步，"小二审核中的违规"。此阶段是平台正在审核的阶段，如有需要补充凭证的情况，会回到待处理的违规中，让卖家及时补充；如果申诉通过，记录会自动清除；如申诉未通过，且无法再次申诉，违规就会出现在违规记录中。

第三步，违规记录。违规记录可以查看近两年直接判定且结果无法改变的违规记录，已经有处理结果的违规记录，以及全部申诉记录。这一步是没法申诉撤销的。如果扣分不超过 24 分，在该年的 12 月 31 日后进入下一年，这些违规记录会被撤销；如果扣分超过 24 分则进入下一年，平台会根据下一年的店铺表现，再审核是否撤销。

为了实时监控店铺违规情况，店铺运营人员需要每天登录店铺后台的卖家中心，通过"商品管理—体检中心"查看店铺数据提示。如图 6-20 所示，如每项数据都显示为 0，说明店铺非常健康，如果显示数字，即为违规的条数，要尽快处理。

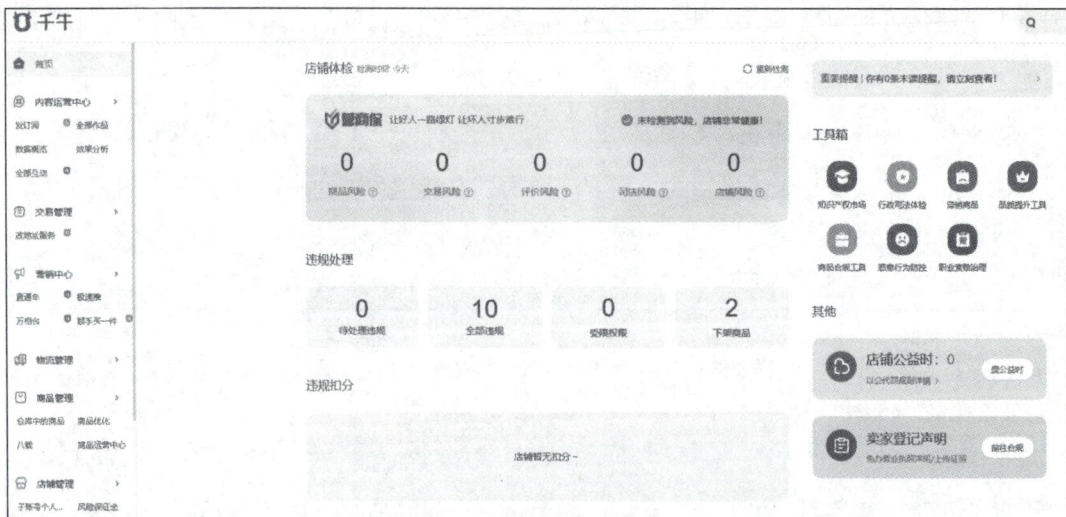

图 6-20　商品管理—体检中心

　　除此之外，运营人员通过"商品管理—体检中心—重要提醒"也能直观查看到当天、本周、本月三个时间维度的预警消息与处罚消息，如图 6-21 和图 6-22 所示，运营人员需要根据具体反馈内容及时做出处理。

图 6-21　体检中心—预警消息

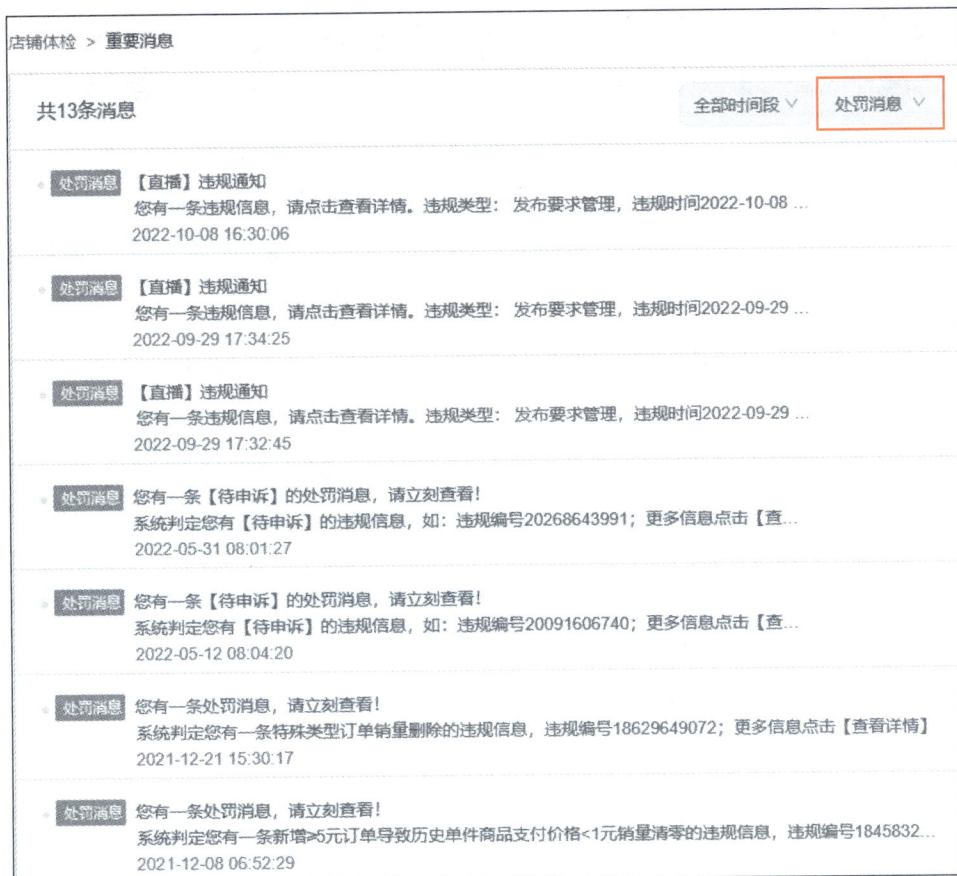

图 6-22　体检中心—处罚消息

店铺在日常运营中应该尽量避免违规行为的发生。如平台提示违规，且违规不超过 24 小时，应及时处理；如果已经提示违规，没有按要求删除或者申诉等处理，就会默认违规的存在，平台会按程序删除商品并扣分，这将严重影响店铺商品的展现量与流量。

---

**想一想**

除了上文列举的异常数据类型，你还知道哪些异常数据类型，请举例说明。

## 本单元需重点理解与掌握的内容

（1）数据监控的工作流程：制定监控目标—明确监控的主要指标—分析各指标的影响因素—数据预警。

（2）数据监控报表的设计要素：面向目标用户；目标明确；重点突出；以业务划分为主，以指标划分为辅。

（3）数据监控报表的组成要素：报表主题、报表指标、分析维度。

（4）掌握报表的具体制作过程，能够完成各类数据报表的制作。

（5）异常数据鉴别与分析的一般步骤：获取诊断的相关数据——对比分析，找出差距，分析异常原因——制定优化对策。

（6）能够对行业、商品、运营等常见的异常数据进行鉴别与分析。

# 单元二　数据分析报告

## 引导案例

一个创业团队计划在某电商平台售卖茶叶，由于地处云南，创业团队初步设想以云南特产茶叶滇红为主推产品。为了验证此想法的可行性，便于对该电商平台茶叶店铺市场进行分析，截取了部分分析结果如下：

1. 市场规模

截至目前，某电商平台现有茶叶类目店铺数量为 89 565 家，其中活跃店铺数量为 18 905 家。2021 年全年，该平台茶叶销售额为 93 亿元，预计未来连续三年销售增长超过 20%。2022 年 10 月 21 日，该平台数据搜索结果显示，茶叶类目共有商品 89.82 万款，月销 200 笔以上的产品共有 1 551 款。

通过对茶叶的主产区进行分析，发现茶叶的主产区也是主要发货地，在销量前

1 000 名的产品中，发货地布局如图 6-23 所示。

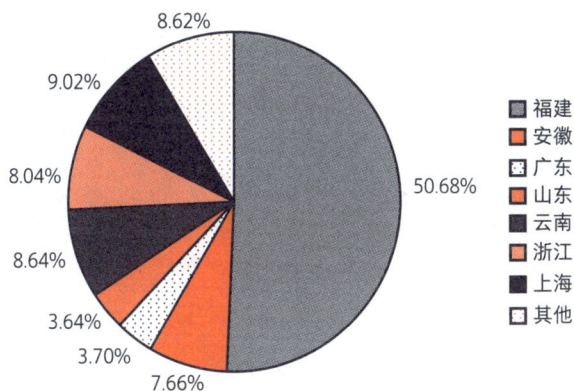

图 6-23　茶叶的发货地分布

### 2. 产品构成

目前，茶叶类目中的主要产品品类有：绿茶、红茶、乌龙茶、普洱茶、花草茶、白茶、黑茶、黄茶等。其中红茶排在第五位，占比约为 15%。按照 100 亿元的茶叶类目销售总额计算，红茶的年销售额在 15 亿元左右。

### 3. 主推款——滇红的市场状况

滇红属于茶叶类目下的红茶二级类目，红茶目前有产品 24.75 万款，主要产品为福建红茶（正山小种、金骏眉等）和西式袋泡红茶，滇红产品数量只占 7.8%，而销量前 50 名的红茶类目中，滇红就在其中。

滇红（云南红茶）品类约有产品 1.93 万款，其中 30 天内有销量的有 800 款左右，月销量超过 20 件的不到 300 款。滇红的销售价格区间主要分布在 20～200 元。其中 50～100 元的产品销量最高，20～50 元次之，占比分别为 35.45% 和 24.55%。滇红的发货地主要集中在产地云南，占比为 85%。

在滇红类目下有细分品类，主要有红螺系列（金碧螺、红碧螺、红丝螺、红金螺等）、红毛峰、金丝滇红等，其中销量最高的为红螺系列。

结合案例，思考并回答以下问题：

根据案例中的数据，该创业团队选择云南特产滇红为主推产品是否可行？建议定价范围在什么区间？

# 一、数据分析报告的主要类型

数据分析报告是数据分析过程和思路的最终呈现，数据分析报告的作用在于以特定的形式将数据分析结果展示给决策者，给他们提供决策参考和决策依据。

**知识链接**

## 数据分析报告的作用

1. 展示分析结果

以某种特定的形式将数据分析结果清晰地展示给决策者，使得他们能够迅速理解、分析、研究问题的基本情况、结论与建议等内容。

2. 验证分析质量

通过报告中对数据分析方法的描述、对数据结果的处理与分析等几个方面来检验数据分析的质量，并且让决策者能够感受到这个数据分析过程是科学严谨的。

3. 提供决策参考

大部分数据分析报告都是具有时效性的，因此所得到的结论与建议可以作为决策者在决策方面的一个重要参考依据。

---

由于数据分析报告的对象、内容、时间、方法等情况不同，因此存在着不同形式的数据分析报告类型。常用的数据分析报告有专题分析报告、综合分析报告和日常数据通报等。

## 1. 专题分析报告

专题分析报告是对社会经济现象某一方面或某一个问题进行专门研究的一种数据分析报告，它的主要作用是为决策者解决某个问题提供决策参考和依据。其特点是：

（1）单一性。专题分析报告不要求反映事物的全貌，主要针对某一方面或某一个问题进行分析，如用户流失分析、企业利润率分析等。

（2）深入性。由于专题分析报告内容单一，重点突出，因此便于集中精力抓住主要问题进行深入分析。它不仅要对问题进行具体描述，而且要对引起问题的原因进行分析，并且提出切实可行的解决办法。

## 2. 综合分析报告

综合分析报告是全面评价一个地区、单位、部门业务或其他方面发展情况的一种数据分析报告。例如，全国流动人口发展报告、某电商企业运营分析报告等。其特点是：

（1）全面性。综合分析报告反映的对象，无论是一个地区、一个部门还是一个单位，都必须站在全局的高度反映总体特征，做出总体评价，得出总体认识。在分析总体现象时，必须综合地反映对象各个方面的情况。

（2）关联性。综合分析报告要把互相关联的一些现象、问题综合起来进行全面系统的分析。综合分析不是对全部资料的简单罗列，而是在系统地分析指标体系的基础上，考察现象之间的内部联系和外部联系。这种联系的重点是比例关系和平衡关系，分析研究它们的发展是否协调、是否适应。因此，从宏观角度反映指标之间关系的数据分析报告一般属于综合分析报告，如某企业的销售额与销售成本之间的关系分析。

## 3. 日常数据通报

日常数据通报是以定期数据分析报表为依据，反映计划执行情况，并分析其影响因素和形成原因的一种数据分析报告。这种数据分析报告一般是按日、周、月、季、年等时间阶段定期进行，因此也叫定期分析报告。其特点是：

（1）规范性。以比较规范的结构形式编写数据分析部门的例行报告，定时向决策者提供。日常数据通报一般包括以下几个基本部分：反映计划执行的基本情况，分析完成或未完成的原因，总结计划执行中的成绩和经验，找出存在的问题，提出措施和建议。这种分析报告的标题也比较规范，一般变化不大，有时为了保持连续性，标题只变动时间，如《××××年×季度销售数据通报》。

（2）进度性。由于日常数据通报主要反映计划的执行情况，因此必须把计划执行的进度与时间的进展结合起来分析，观察比较两者是否一致，从而判断计划完成情况。因此，需要进行一些必要的计算，通过一些绝对数据指标和相对数据指标来突出进度。

（3）时效性。时效性由日常数据通报的性质和任务决定，它是时效性最强的一种分析报告。日常数据通报只有及时提供业务发展过程中的各种信息，才能帮助决策者掌握企业经营的主动权，否则将会丧失良机，贻误工作。

数据分析报告可以通过 Office 中的 Word、Excel 和 PowerPoint 系列软件来表现，这三种软件各有优劣势，具体如表 6-9 所示。

表 6-9　Office 各种软件制作报告的优劣势对比

| 项目 | Word | Excel | PowerPoint |
| --- | --- | --- | --- |
| 优势 | ●易于排版<br>●可打印装订成册 | ●可含有动态图表<br>●结果可实时更新<br>●交互性更强 | ●可加入丰富的元素<br>●适合演示汇报<br>●增强展示效果 |
| 劣势 | ●缺乏交互性<br>●不适合演示汇报 | ●不适合演示汇报 | ●不适合大篇文字 |
| 适用范围 | ●综合分析报告<br>●专题分析报告<br>●日常数据通报 | ●日常数据通报 | ●综合分析报告<br>●专题分析报告 |

**想一想**

电商企业日常运营常用的数据分析报告类型是什么？为什么？

## 二、数据分析报告的结构设计

数据分析报告要有一个好的框架，好的分析要有基础、有层次的，且层次明了，让读者一目了然，结构清晰、主次分明，这样才能易读易懂，同时也会吸引读者继续研读报告的内容。

数据分析报告具有一定的结构，但是这种结构并不是一成不变的。不同的数据分析师、不同性质的数据分析及不同的需求，得到的数据分析报告也有不同的结构。最经典的报告结构是"总—分—总"结构，它主要包括：引入部分、正文部分和结论部分，如图 6-24 所示。

总结各部分的撰写方法如下：

### 1. 引入部分

（1）标题页。标题页一般要写明报告的名称、数据来源、呈现日期等内容，要精简凝练，抓住读者的兴趣。标题是标题页的核心，需要有实现数据分析目的的效果，还应具有较强的概括性，可以用简洁、准确的语言表达出数据分析报告的核心分析方向，还可以直接将报告中的基本关系展现出来，从而加快读者对报告内容的了解。

① 数据分析报告标题的基本类型。

a. 交代型。交代分析主题，展现出时间等客观现象，如"2022 年国内手机市场运行情况及发展趋势分析"。

b. 提问型。以提问的形式来点明数据分析报告的问题，如"年货消费升级，谁在崛起"。

c. 概括型。叙述报告反映的事实，概括分析报告的中心内容，如"企业 2022 年总销售额增长了 20%"。

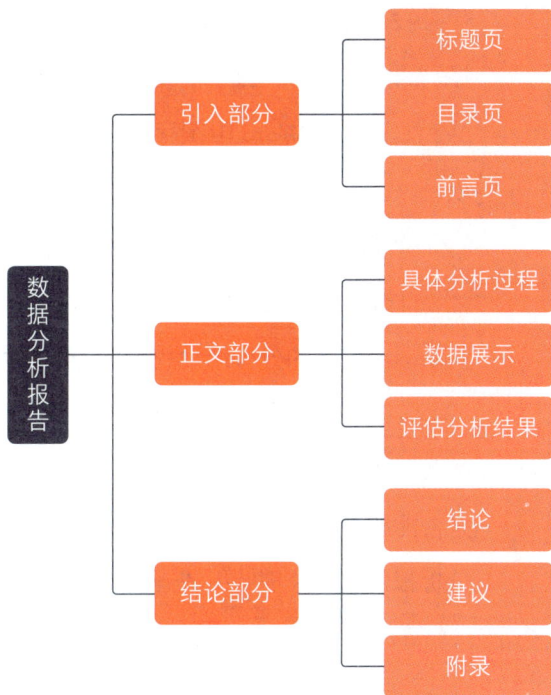

图 6-24　数据分析报告的一般结构

d. 直接型。用标题来展示分析报告的基本观点，如"年轻客户群体是企业的目标人群"。

② 标题的制作要求。

a. 直接。数据分析报告是一种应用性较强的文体，它直接用来为决策者的决策和管理服务，因此标题必须用毫不含糊的语言，直截了当、开门见山地表达基本观点，让读者一看标题就能明白数据分析报告的主题思想，加快对报告内容的理解。

b. 确切。标题的撰写要做到文题相符、宽窄适度，恰如其分地表现数据分析报告的内容和对象的特点。

c. 简洁。标题要直接反映出数据分析报告的主要内容和基本精神，就必须具有高度的概括性，用较少的文字，集中、准确、简洁地进行表述。

标题的撰写除了要符合直接、确切、简洁三个基本要求外，还应力求新鲜，独具特色，增强艺术性。要使标题具有艺术性，就要抓住对象的特征展开联想，适当运用修辞手法给予突出和强调，如"我的选择我做主——消费者对红茶市场的诉求分析"。在报告题目下方应注明报告的作者或所在部门的名称，便于之后参考使用，同时也应当添加完成报告的日期，体现出报告的时效性。

（2）目录页。目录是报告中各部分内容索引和附录的顺序提要，方便读者了解报告的内容名目，目录需要清晰地体现出报告的分析思路。

如果是在 Word 中撰写报告，在目录中还要加上对应的页码，对于比较重要的二级目录，也可以将其列出来。另外，目录也相当于数据分析大纲，它可以体现出报告的分析思路。但是，目录也不要太过详细，以免读者阅读起来觉得冗长、耗时。

此外，通常企业的高层管理人员没有充足的时间阅读完整的报告，他们对其中一些以图表展示的分析结论更感兴趣。因此，当书面报告中有大量图表时，可以考虑将各部分图表单独制作成目录，以便使用更有效。

（3）前言。前言的写作一定要经过深思熟虑。前言内容是否正确，对最终报告是否能解决业务问题，能否给决策者提供有效的决策依据起着决定性的作用。前言是分析报告的一个重要组成部分，主要包括分析背景、分析目的及分析思路。

① 分析背景。对数据分析背景进行说明，主要是为了让报告阅读者对整个分析研究的背景有所了解，阐述此项分析的主要原因、分析的意义，以及其他相关信息，如行业发展现状等内容。

② 分析目的。数据分析报告中陈述分析目的是让报告阅读者了解开展此次分析能带来何种效果，可以解决什么问题。有时可将分析背景和分析目的合二为一。

③ 分析思路。分析思路用来指导数据分析师如何进行完整的数据分析，即确定需要分析的内容或指标。这是分析方法论中的重点，也是很多人常常感到困惑的问题。只有在营销、管理理论的指导下，才能确保数据分析维度的完整性，分析结果的有效性和正确性。

## 2. 正文部分

正文部分是一篇数据分析报告的核心部分，必须与分析思路相结合，要以严谨科学的论证，确保观点的合理性和真实性。正文包括具体分析过程、数据展示、评估分析结果等内容。正文部分要以图文并茂的方式展示数据分析过程与分析结果，不仅需要美观，而且需要统一，不要加入太多的样式，给人留下不严谨的感觉。读者通过报告正文部分了解数据反映的情况，从而分析、研究问题的基本情况。正文在编写过程中应注意以下几个方面：

（1）科学严谨。一篇报告只有想法和主张是不行的，只有经过科学严谨的论证，才能确认观点的合理性和真实性，才能使人信服。

（2）结构清晰。分析报告的结构体现了分析师的分析思路和框架，结构一定要显而易见，符合常识，一步一步得出结论，给出观点，思路最好不要跳跃，以免不知所云，使读者产生阅读障碍。

（3）结论明确。数据结论一定要从数据中得出来，要严谨地切合数据分析的主题，最好一个分析模块只给出一个直接和主题关联的分析结论。一个特征可以从多个角度提取出多个观点和结论，但是一定要选择和主题相关性最强的，以免大量低相关信息打乱读者的思路。

（4）可视化。在数据分析报告中，需要大量使用各种图表进行展示，图表能够更加直观地将数据及分析结果呈现在读者面前。

（5）专业术语。根据读者的不同，决定是否要解释报告中的分析方法和专业术语，以便各类读者查看。

### 3. 结论部分

数据分析报告的结尾部分是对整个数据分析报告的综合与总结，是得出结论、提出建议、解决矛盾的关键所在，起着画龙点睛的作用。好的结尾可以帮助读者加深认识、明确主旨、引起思考。

（1）结论与建议。数据分析报告要有明确的结论、建议和解决方案，可以作为决策者在决策时的重要参考依据，其措辞必须严谨、准确。结论对整篇报告起到综合和总结的作用，应该有明确、简洁、清晰的数据分析结果。报告的建议部分是立足数据分析的结果，针对企业面临的问题而提出的改进方法，建议主要关注保持优势及改进劣势等内容，要密切联系企业的业务，提出切实可行的建议。

（2）附录。在数据分析报告中，附录并不是必备的，需要根据需求进行撰写，且每个内容都需要编号，以备查询。一般来说，在附录中补充正文应用到的分析方法、展示图形、专业术语、重要原始数据等内容，帮助读者更好地理解数据分析报告中的内容，也为读者提供一条深入研究数据分析报告的途径。

## 三、数据分析报告的撰写

### 1. 数据分析报告的撰写流程

数据分析报告的撰写流程可以总结为以下三个步骤：

（1）明确报告撰写目标。

① 确定最终的业务目标。

② 对问题进行拆分。

③ 确定必要输出的数据结果及分析结论。

（2）确定报告逻辑，设计报告结构。

① 根据问题拆分结果进行结构化。

② 明确合理的讲述逻辑。

③ 根据逻辑进行细化及补充，完成报告框架搭建。

（3）选择合适的呈现形式，完成报告撰写。

① 选择合适的数据。

② 选择合适的图表展现。

③ 整体报告的设计美化。

## 2. 数据分析报告的撰写原则

数据分析报告在撰写过程中需注意以下四项原则：

（1）规范性原则。数据分析报告要"以数据说话"，所使用的数据单位、专业术语一定要规范、标准统一、前后一致，要与业内公认的术语一致。所使用指标的数据来源要有清晰的说明，从数据管理系统采集的要说明系统名称，现场测量的要说明抽样方式、抽样量和测量时间段等。

（2）突出重点原则。数据分析报告一定要突出数据分析的重点。在各项数据分析中，应根据分析目标重点选取关键指标，科学专业地进行分析。此外，针对同一类问题，其分析结果也应当按照问题重要性的高低来分级阐述。

（3）谨慎性原则。数据分析报告的撰写过程一定要谨慎，基础数据必须真实、完整，分析过程必须科学、合理、全面，分析结果要可靠，内容要实事求是，不可主观臆测。

（4）创新性原则。创新对于数据分析报告而言，一是要适时地引入新的分析方法和研究模型，在确保数据真实的基础上，提高数据分析的多样性，从而提高质量，一方面可以用实际结果来验证或改进它们，另一方面也可以让更多的人了解全新的科研成果；二是要倡导创新性思维，提出的优化建议在考虑企业实际情况的基础上，要有一定的前瞻性、操作性、预见性。

总之，一份完整的数据分析报告，应当围绕目标确定范围，遵循一定的前提和原则，系统地反映存在的问题及原因，从而进一步找出解决问题的方法。

## 📅 知识链接

撰写数据分析报告的注意事项：

（1）数据分析要基于可靠的数据源。

（2）数据分析报告尽量图表化，且风格统一。

（3）数据分析报告分析结论要明确、精简、有逻辑。

（4）站在读者的角度去写分析报告，让报告具有可读性。

## 📋 1+X 考证提要

### 本单元需重点理解与掌握的内容

（1）数据分析报告的主要类型：专题分析报告、综合分析报告、日常数据通报。

（2）数据分析报告的结构设计：引入部分、正文部分和结论部分。

（3）数据分析报告的撰写原则：规范性原则、突出重点原则、谨慎性原则、创新性原则。

## 📱 竞赛直达

### 赛题一：直通车数据监控报表制作

背景：网店连续两年在国庆节假期开展了促销活动，并借助直通车推广为店铺引流。为了更好地记录和分析直通车推广效果，商家需要监控活动期间直通车推广的各项数据指标情况，并形成直通车推广数据监控报表。

要求：调取源数据6-2，可知该网店2021年及2022年国庆节假期期间部分直通车的推广数据，要求补充完整报表数据，并对比2021年与2022年同一时期的活动数据，完成直通车推广效果分析。

## 赛题二：2022 年第一季度店铺推广数据通报

背景：原牧纯品旗舰店在天猫平台主要经营以肉鸡、肉羊为主导的生鲜类产品。在 2022 年第一季度，网店选择了直通车和钻展两种推广渠道进行推广，第一季度结束后，运营人员需要编写第一季度网店推广数据分析报告，对网店各渠道推广效果进行总结，分析推广效果，反馈推广计划执行情况。

要求：调取源数据 6-3，根据背景内容和已知数据，补充完整报告内容，包括直通车推广各月份及各季度的投入产出比、点击转化率的计算，以及钻展各投入产出比的计算，并完成直通车及钻展推广的效果分析。（四舍五入，保留两位小数）

---

📺 **数据赋能**

## AI 监控守好检验检疫工作防线

境外病毒输入一直是海关检验检疫工作的重点。除了个人携带病毒外，境外物品，尤其是进口冷链食品存在较大的传播风险。据报道，2021 年 12 月上半月，广东拦截了 14 起冷链食品检测呈阳性事件。为进一步"外防输入"，切实保障进口冷链食品安全，大湾区采用亚略特提供的互联网＋冷链监管解决方案，该方案以大观视界为数据中台，通过分布式的 AI 边缘计算单元，将生物识别算法、行为分析能力与云端大数据平台相结合为大湾区冷链监管赋能。实现了进口冷链食品从提柜到进入集中监管仓的全程大数据监控。

管理成本和防控压力不断倒逼冷链管理手段升级，AI 数字化管理方案的实施在冷链领域也越来越常见。

在人员监管上，通过部署冷库中各环节的 AI 边缘计算感知单元，智能分析管理范围内的人员行为；在车辆监管上，通过 AI 边缘计算单元的全时段监测，系统能快速识别车辆所属公司、货柜号编码、车牌号等信息，并快速分析判断，发现不合规的情况就会自动预警。与传统冷库监管手段相比，智慧监管及风险管控方案大幅提高了监管效能。通过 AI 智能设备，系统能够实现 24 小时不间断检查，每天视频识别和智能分析超过 8 万次，是人工巡查效能的 3 000 倍。

海关检验检疫工作是一场漫长而艰苦的战斗，AI 在其中应当起到更多的作用，进一步发挥科技防疫的效能，让 AI 为"舌尖上的安全"保驾护航。

### 监控员工私人微信是违法行为吗？

一家企业的管理者由于对公司近期业绩不满意，怀疑是公司员工利用公司的客户资源接私单造成的，于是想要监控员工与客户的微信聊天记录。为了省去给员工配工作手机的钱，老板偷偷给员工私人手机安装了监控软件。那么监控员工私人微信是违法行为吗？

党的二十大报告明确提出："完善以宪法为核心的中国特色社会主义法律体系。"《中华人民共和国宪法》第四十条规定：中华人民共和国公民的通信自由和通信秘密受法律保护。除因国家安全或者追查刑事犯罪的需要，由公安机关或者检察机关依照法律规定的程序对通信进行检查外，任何组织或者个人不得以任何理由侵犯公民的通信自由和通信秘密。在我国，以下三种情况均属于侵犯隐私权的范畴：①公民享有姓名权、肖像权、住址、住宅电话、身体肌肤形态的秘密，未经许可，不可以刺探、公开或传播。②公民的通信、日记和其他私人文件不受刺探或非法公开，公民的个人数据不受非法搜集、传输、处理、利用。③公民的任何其他属于私人内容的个人数据，不可非法搜集、传输、处理、利用。因此该老板确实属于违法行为。

# 职业技能训练

## 一、单项选择题

1.（    ）是及时、有效反馈数据异常的一种手段。

  A. 数据统计      B. 数据分析      C. 数据采集      D. 数据监控

2. 数据监控报表的组成要素不包括（      ）。

  A. 报表主题      B. 报表目录      C. 报表指标      D. 分析维度

3. 异常数据鉴别的一般步骤不包括（　　　）。

    A. 异常数据更改

    B. 获取诊断的相关数据

    C. 对比分析，找出差距，分析异常原因

    D. 制定优化对策

4. 数据分析报告中的前言主要包括（　　　）。

    A. 标题、目录及前言

    B. 分析背景、分析目的及分析思路

    C. 分析背景、趋势及整体结论

    D. 分析目的、分析思路及分析框架

5. 以下不属于侵犯隐私权的是（　　　）。

    A. 企业经营者监控员工私人微信

    B. 公民自身享有姓名权、肖像权

    C. 未经许可，刺探、公开或传播他人住址、住宅电话

    D. 对公民个人数据进行搜集、传输、处理、利用

## 二、多项选择题

1. 以下关于数据指标正常波动范围确定的方法描述正确的是（　　　　）。

    A. 同比数据，与上周同一天同时段进行对比

    B. 环比数据，与前 N 天同一时段的平均值进行对比

    C. 每个环节的转化，与前 N 天每个环节的转化进行对比

    D. 每个小时的增幅，与前 N 天每个小时的增幅进行对比

2. 报表可以认为是一种服务手段，从用户方便查看及使用的角度出发，针对不同的目标用户需要有不同的设计偏向，以下说法正确的是（　　　　）。

    A. 对决策层人员，要把结果以最简单的方式直观地呈现出来，并且尽量减少操作步骤

    B. 向决策层人员展示的内容都需要向中层管理人员展示

    C. 对管理层人员而言，一方面要向管理层汇报问题的解决方案，另一方面要协助管理者向下安排工作，解决具体问题

D. 对执行人员而言，要求报表便于使用，有针对性

3. 店铺动态评分（DSR）下滑，会严重影响到商品的展现以及转化，店铺应该做好预防工作。以下描述正确的是（　　　　　）。

A. 主图、商品详情页不夸大宣传，不做实现不了的承诺

B. 客服态度至关重要，客服人员需要有专业知识、及时的响应速度，以及良好的回复态度

C. 利用小赠品，让客户有意外惊喜

D. 物流速度是最不可控的，只能由物流公司来维护物流的问题

4. 常用的数据分析报告有（　　　　　）。

A. 专题分析报告　　　　　　　B. 综合分析报告

C. 行业数据报告　　　　　　　D. 日常数据通报

5. 正文部分是一篇数据分析报告的核心部分，必须与分析思路相结合，要以严谨科学的论证，确保观点的合理性和真实性。以下对正文部分的描述正确的是（　　　　　）。

A. 正文部分要包括分析背景、分析目的及分析思路

B. 正文部分要以图文并茂的方式展示数据分析过程与分析结果

C. 正文部分的展示需要美观，可以风格多样，加入多种展示样式、丰富展示的类型

D. 正文在编写过程中应科学严谨、结构清晰、结论明确

## 三、判断题

1. 如果商品详情页的流量不低，但是跳失率高，说明商品详情页中的图片、描述、价格、评价、销量等有问题，需要优化商品详情页。（　　　）

2. 通过对行业客群、搜索客群、品牌客群、属性与产品分析等数据的监控，可以帮助店铺锁定店铺异常商品。（　　　）

3. 报表监控包括两个方面：报表管理的监控与报表使用情况的监控。（　　　）

4. 数据分析报告在撰写过程中需注意以下四项原则：规范性原则、突出重点原则、创新性原则及多样性原则。（　　　）

5. 一份完整的数据分析报告，应当围绕目标确定范围，遵循一定的前提和原则，

系统地反映存在的问题及原因，从而进一步找出解决问题的方法。（　　）

## 四、案例分析题

1. 某商品近 7 天的效果明细数据如表 6-10 所示，请找出该商品的异常数据，并分析出现异常的原因，提出初步的优化策略。

表 6-10　某商品近 7 天的商品效果明细数据

| 商品访客数 / 人 | 商品浏览量 / 次 | 平均停留时长 / 秒 | 详情页跳出率 |
| --- | --- | --- | --- |
| 1 609 | 3 125 | 30.97 | 90.39% |

2. 某商品近一个月的转化数据如表 6-11 所示，请分析该商品的转化情况，分析影响该商品转化的因素有哪些，应该如何优化商品转化数据。

表 6-11　某商品转化数据

| 商品访客数 / 人 | 收藏人数 / 人 | 加入购物车人数 / 人 | 下单购买人数 / 人 | 支付老客户数 / 人 |
| --- | --- | --- | --- | --- |
| 50 680 | 122 | 21 | 10 | 0 |

3. 以女装类目的连衣裙子类目为例，利用生意参谋中的交易指数分析该商品类目的市场行情，搭建《连衣裙市场行情分析报告》中的报告框架，并对分析思路进行简单阐述。

# 参考文献

[1] 吴洪贵. 商务数据分析与应用 [M]. 北京：高等教育出版社，2019.

[2] 商玮，段建. 网店数据化运营 [M]. 北京：人民邮电出版社，2018.

[3] 闵敏，方锐. 电商运营数据分析 [M]. 北京：高等教育出版社，2018.

[4] 胡华江，杨甜甜. 商务数据分析与应用 [M]. 北京：电子工业出版社，2018.

[5] 邵贵平. 网店数据分析 [M]. 北京：北京理工大学出版社，2017.

[6] 中国商业联合会数据分析专业委员会. 数据分析基础 [M]. 北京：中国商业出版社，2021.

[7] 黄成明. 数据化管理 [M]. 北京：电子工业出版社，2014.

## 郑重声明

高等教育出版社依法对本书享有专有出版权。任何未经许可的复制、销售行为均违反《中华人民共和国著作权法》，其行为人将承担相应的民事责任和行政责任；构成犯罪的，将被依法追究刑事责任。为了维护市场秩序，保护读者的合法权益，避免读者误用盗版书造成不良后果，我社将配合行政执法部门和司法机关对违法犯罪的单位和个人进行严厉打击。社会各界人士如发现上述侵权行为，希望及时举报，我社将奖励举报有功人员。

**反盗版举报电话** （010）58581999　58582371
**反盗版举报邮箱**　dd@hep.com.cn
**通信地址**　北京市西城区德外大街 4 号
　　　　　　高等教育出版社法律事务部
**邮政编码**　100120

### 读者意见反馈

为收集读者对教材的意见建议，进一步完善教材编写并做好服务工作，读者可将对本教材的意见建议通过如下渠道反馈至我社。

**咨询电话**　400-810-0598
**反馈邮箱**　gjdzfwb@pub.hep.cn
**通信地址**　北京市朝阳区惠新东街 4 号富盛大厦 1 座
　　　　　　高等教育出版社总编辑办公室
**邮政编码**　100029

### 防伪查询说明

用户购书后刮开封底防伪涂层，使用手机微信等软件扫描二维码，会跳转至防伪查询网页，获得所购图书详细信息。

**防伪客服电话** （010）58582300

### 网络增值服务使用说明

授课教师如需获取本书配套教辅资源，请登录"高等教育出版社产品信息检索系统"（http://xuanshu.hep.com.cn/），搜索本书并下载资源。首次使用本系统的用户，请先注册并进行教师资格认证。

高教社高职电子商务专业教师交流及资源服务 QQ 群：218668588